高等学校"十三五"规划教材

DAXUE TIYU JIAOCHENG
大学体育教程

主编　杜宇峰

西北工业大学出版社

西　安

【内容简介】 本书是根据教育部《高等学校体育工作基本标准》和《全国普通高等学校体育课程教学指导纲要》等文件精神要求,并结合国内外最新体育教学实践经验和研究成果编写而成的。全书共分为11章,包括概论、体育健康与运动保健、《国家学生体质健康标准》解读、田径、健美操、游泳、瑜伽、武术、跆拳道、篮球、足球、排球、乒乓球、羽毛球、网球,以及定向运动与野外生存等相关内容。书中不同运动项目的理论概述、技术要领和方法、项目竞赛规则与裁判法等对大学生开展体育活动、参与体育竞赛,以及自身体育锻炼等均具有较高的指导性和参考价值。

本书既可作为普通高等学校本科体育课程教材,也可作为体育课教师教学和体育爱好者学习健身的指导用书。

图书在版编目(CIP)数据

大学体育教程/杜宇峰主编. —西安:西北工业大学出版社,2018.3(2020.7重印)
ISBN 978-7-5612-5903-0

Ⅰ.①大… Ⅱ.①杜… Ⅲ.①体育—高等学校—教材 Ⅳ.①G807.4

中国版本图书馆 CIP 数据核字(2018)第 053212 号

策划编辑:蒋民昌
责任编辑:蒋民昌

出版发行	西北工业大学出版社
通信地址	西安市友谊西路127号 邮编:710072
电　　话	(029)88493844 88491757
网　　址	www.nwpup.com
印 刷 者	兴平市博闻印务有限公司
开　　本	727 mm×960 mm 1/16
印　　张	23.25
字　　数	430 千字
版　　次	2018 年 3 月第 1 版 2020 年 7 月第 2 次印刷
定　　价	45.00 元

编委会

主编　杜宇峰
编委　杜宇峰　武　军　侯　华
　　　郭　燕　张孟杰　周元兵
　　　安　涛　吴宇翔　刘葵阳
　　　窦　琳　孙　凯　卢晓春
　　　张　龙

前　言

根据教育部《高等学校体育工作基本标准》(教体艺〔2014〕4号和《国家学生体质健康标准(2014年修订)》(教体艺〔2014〕5号),以及《中共中央国务院关于加强青少年体育增强青少年体质的意见》和《全国普通高等学校体育课程教学指导纲要》的精神要求,为了进一步提高新时代普通高校体育的教学水平,树立"健康第一",促进大学生德、智、体、美、劳全面发展,我们组织教学一线的骨干教师,对多年来体育理论研究和教学成果进行了认真的梳理和总结,同时也借鉴了国内外近年来的先进教学经验,编写了《大学体育教程》一书,旨在帮助在校大学生对体育理论进行系统学习和对体育技、战术进行很好的掌握。

本书主要作为普通高校不同学制的公共体育课的教学用书。由于公共体育课的学时有限,教师可选择一些内容进行讲解,其他的内容可让学生在课余时间阅读。书中的许多理论和方法对大学生的健康具有直接的帮助。

本书由杜宇峰担任主编并统稿。编写人员分工为:杜宇峰编写第一章至第三章,杜宇峰、武军编写第四章,周元兵、郭燕编写第五章,卢晓春编写第六章,窦琳编写第七章,杜宇峰编写第八章,吴宇翔、侯华、刘葵阳、孙凯编写第九章,刘葵阳、安涛、杜宇峰、张龙编写第十章,张孟杰编写第十一章。

在本书编写过程中,参考、引用了本学科和相关学科的有关研究成果。在此,对书中直接或间接引用的理论和方法的专家、学者表示最诚挚的谢意!

由于水平有限,书中不足之处在所难免,恳请读者批评指正。

编　者

2017年12月

目 录

第一章 概论 1
    思考题一 5

第二章 体育健康与运动保健 6
    第一节 健康概述 6
    第二节 营养、体能和健康 11
    第三节 体育锻炼与心理健康 19
    第四节 运动损伤的预防和康复 27
    思考题二 38

第三章 《国家学生体质健康标准》解读 39
    第一节 我国《国家学生体质健康标准》制定的历史背景和实施的
           重要意义 39
    第二节 高等学校《国家学生体质健康标准》的测试项目及评分标准 46
    第三节 高等学校《国家学生体质健康标准》各项目测试的目的及
           操作方法 59
    第四节 高等学校实施《国家学生体质健康标准》的组织与管理 65
    思考题三 67

第四章 田径 68
    第一节 田径运动概述 68
    第二节 短跑 72
    第三节 接力跑 78
    第四节 中长跑 81
    第五节 跳远、跳高 86

第六节　铅球 ·· 95
　　思考题四 ·· 98

第五章　健美操

　　第一节　健美操的基本步伐体系 ·· 99
　　第二节　健美操的基本动作说明 ·· 100
　　第三节　健美操的常用上肢动作 ·· 109
　　思考题五 ·· 110

第六章　游泳

　　第一节　游泳运动概述 ·· 111
　　第二节　游泳的基本技术 ·· 114
　　第三节　游泳安全与卫生常识 ·· 135
　　思考题六 ·· 138

第七章　瑜伽

　　第一节　瑜伽概述 ·· 140
　　第二节　瑜伽呼吸及呼吸控制法 ·· 144
　　第三节　瑜伽体位法 ·· 145
　　第四节　大学瑜伽初级课程 ·· 145
　　思考题七 ·· 156

第八章　武术　跆拳道

　　第一节　武术 ·· 157
　　第二节　跆拳道 ·· 200
　　思考题八 ·· 217

第九章　篮球　足球　排球

　　第一节　篮球 ·· 218
　　第二节　足球 ·· 240
　　第三节　排球 ·· 254

目　　录

　　思考题九 …………………………………………………………… 270

第十章　乒乓球　羽毛球　网球 ……………………………………… 271
　　第一节　乒乓球 …………………………………………………… 271
　　第二节　羽毛球 …………………………………………………… 286
　　第三节　网球 ……………………………………………………… 306
　　思考题十 …………………………………………………………… 320

第十一章　定向运动与野外生存 ……………………………………… 321
　　第一节　定向运动概述 …………………………………………… 321
　　第二节　定向运动与地形知识 …………………………………… 326
　　第三节　定向运动中地图的使用 ………………………………… 337
　　第四节　定向运动基本技术训练与竞赛 ………………………… 344
　　第五节　野外生存前的物质准备 ………………………………… 350
　　第六节　野外生存的技能 ………………………………………… 354
　　第七节　野外急救的方法 ………………………………………… 357
　　思考题十一 ………………………………………………………… 361

参考文献 ………………………………………………………………… 362

第一章 概 论

一、体育概述

体育,是指以身体练习为基本手段,以增强人的体质,促进人的全面发展,丰富社会文化生活,促进精神文明建设和提高运动技术水平为目的的一种有意识、有组织的社会现象。它是社会总文化的一部分,受一定社会的政治和经济制约,为一定社会的政治和经济服务。

现今,体育已伴随着社会发展的节拍,出现了高度的分化,根据人们的个体和社会的不同需要和目标,现代体育可以分为学校体育、竞技运动和大众体育三部分。

二、体育教学的特点和目标

体育教学是指学生在教师有目的、有计划的指导下,积极主动地学习与掌握体育、卫生保健基础知识和基本技术、技能,锻炼身体,增强体质,发展运动能力,培养思想品德的一种有组织的教育过程,体育教学是实现学校体育目标的基本途径之一。

(一)体育教学的特点

体育教学包括体育理论知识的教学和体育技术技能的教学。在整个教学过程中,学生是主体,教师起主导作用。

体育教学具有下列特点:

(1)体育教学的活动方式以师生的身体活动为主。体育教学是一个教、学、练合一的过程,其中以练为主,在教中练,在练中学,通过对精选的教学内容,进行反复练习实践,达到理解教材的技术结构,掌握技能和发展体能的目的,在这一活动过程中体力活动和思维过程是紧密结合的,动脑、动口、动身体、动情感,教学活动可以形成充满愉悦的情境。

(2)体育教学是多种组织形式相互配合的教学活动。体育教学的大部分课是在室外进行的,课堂是操场,活动范围大,学生相互间的接触多。

(3)体育教学是促进学生身心发展的教学活动。在体育教学中学生通过多次反复的身体练习,不但形成了一定的运动技能,而且在练习中也承受了一定的生理负荷和心理负荷,从而对促进身体发展、增强体质、调节情感、培养兴趣、增强意志、体验成功和失败、促进积极思维和发展智力有着积极作用。

(二)体育教学的目标

体育教学的目标是指在一定时间和范围内,经过师生的共同努力所应达到的结果和标准,它是体育教学的出发点和归宿,并决定着体育教学的方向。

我国的体育教学目标是,通过体育教学使学生掌握体育、卫生保健知识,增强学生体质,促进身心发展,培养德、智、体全面发展的社会需要的人才。

体育教学的目标是通过体育理论课讲授和体育实践课教学完成的,应在教学中全面地加以贯彻,从传授教育、卫生保健基础知识、基本技术、基本技能入手,把提高学生对体育的认识能力和养成良好的锻炼习惯、锻炼身体、增强体质作为出发点和落脚点,将思想教育和培养能力贯穿于体育教学的全过程。

三、体育教学的基本规律

体育教学的基本规律是体育教学过程内部各种教学现象所存在的本质联系。体育教学与其他学科教学相比有其普遍的规律,如认识事物的规律、社会制约性规律、教育、教养发展相统一的规律等。此外,体育教学还有自身特殊的教学规律,主要表现在以下几个方面。

(一)学生身心发展规律

体育教学的对象是学生,学生的身心发展具有一定的规律性,在体育教学中制定体育教学目标,安排教学内容,采用相应的教学组织形式、教学方法和措施等,都必须从不同年龄、不同性别学生的身心发展的特点出发,符合他们的接受能力和体质状况,因材施教,才能促进学生身心发展。

(二)动作技能形成规律

动作技能形成规律,一般包括三个阶段,各个阶段都有各自的特点和教法要求。

1. 粗略掌握动作阶段

这个阶段的特点是大脑皮层兴奋过程扩散,处于泛化阶段,内抑制不够,表现出做动作很吃力,紧张不协调,缺乏控制力,并伴随着一些多余的动作,所以,在这一阶段的主要教学任务是帮助学生建立正确的动作表象和完整的动作概念,教师要充分运用直观教学,引导学生积极思维,把讲解、示范和练习有机地结合并交替进行。

2. 改进与提高动作阶段

这一阶段的特点是大脑皮层兴奋与抑制过程逐渐集中,内抑制逐步发展巩固,并初步建立起动力定型,能精确地分析与完成动作,表现在逐步消除了动作的牵强,紧张现象和多余的错误动作,动作变得准确、协调和轻松起来,但仍不够熟练,不能运用自如,这一阶段教学的主要任务是积极引导学生加深理解动作结构的内在联系,注意改进动作细节,不断提高动作质量,建立动作的动力定型,教师要引导学生在反复练习中,激发学生的积极思维,采用比较、分析方法,进一步掌握动作的技术细节。

3. 巩固与运用自如阶段

这一阶段的特点是大脑皮层兴奋过程高度集中,内抑制相当牢固,精确,形成牢固的动力定型,表现在能准确、熟练、省力、轻快地完成动作,并能灵活自如地运用,达到了自动化的程度,这个阶段仍须反复练习,不断提高动作自动化程度和机体工作能力。

四、体育教学内容安排的基本原则

(1)教育性原则。选编体育教学内容,要符合育人目标,有利于培养学生终身体育的思想,提高学生的体育文化素养,培养学生自立,自主和开拓进取的精神。

(2)实用性与趣味性相结合的原则。体育教学内容的选择,应以增强学生的体质为基准、有良好的锻炼效果和实用价值,还要考虑到学生的兴趣。

(3)符合学生生理特征的原则。体育教学内容要求符合不同年龄段学生的生理特点,以利于全面锻炼身体,增强体质。

(4)适应学生心理特征的原则。选编体育教学内容,要考虑学生心理特征对不同教学内容所表现出的认识水平。

(5)理论与实践相结合的原则。理论教材与实践教材是构成体育教学目标体系的两个方面,以锻炼身体的实践内容为主要特征,要真正掌握锻炼身体的手段与方法,就要深化对体育理论教材的认识,把体育与卫生保健教育紧密结合起来,科学地指导锻炼身体的实践活动。

(6)统一性与灵活性相结合的原则。基本教材是统一的,选用教材可以从实际出发,因地制宜,灵活选用。

(7)教材内容与《国家体育锻炼标准》相结合的原则。《国家体育锻炼标准》是国家鼓励青少年参加体育锻炼,向青少年进行爱国主义教育的一项基本的体育制度,它使体育教学有共同的目标。

五、体育课的类型和结构

1. 体育课的类型

(1)理论课。理论课是指按照教学计划,在室内讲授体育与卫生保健基础理论知识的课。

(2)实践课。实践课是指在操作上进行的实际从事运动动作练习的课,分为引导课、新授课、复习课、综合课和考核课5种类型。

2. 体育课的基本结构

体育课的结构,是指构成一节课的几个部分和各部分的内容安排顺序、组织教法以及时间分配等,分开始部分、准备部分、基本部分和结束部分。

六、体育课的负荷

体育课的负荷包括运动负荷(生理负荷)和心理负荷两种。

(一)体育课的运动负荷

1. 体育课运动负荷的概念和意义

体育课的运动负荷是指学生在课中做练习时身体所承受的生理负荷。在练习过程中,它反映学生身体生理机能一系列的变化,运动负荷的增加是逐步的、适度的,增加过快、过猛,不仅不能增强学生体质,而且有损身体健康,甚至会导致产生意外的伤害事故。所以,科学地合理安排课的运动负荷对增强学生体质,掌握和提高运动技术、技能,提高运动成绩,防止伤害事故都具有重要意义。

2. 检查与评定体育课运动负荷的方法

(1)观察法。主要从学生完成动作的质量、动作的准确性,控制身体的能力,学生的呼吸、汗量、脸色、面部表情、声音以及学生做练习时的积极性等方面来判断运动负荷是否合适。

(2)自我感觉法。以学生的主观感觉来判断运动负荷大小的一种方法,自我感觉包括饮食、睡眠、精神,对练习的兴趣和练习后的身体疲劳程度等方面。

(3)生理测定法。这是一种检查运动负荷较为客观的方法,它包括用仪器测量学生的心率、血压、吸氧量、呼吸频率、肺活量等方面的检查和评定。在一般学校的体育课中,通常采用的是较为简易的用手测定脉搏的方法来检查与评定课的运动负荷。

(二)体育课的心理负荷

心理负荷是指学生在体育课上对承受刺激产生心理反应的量和强度的总和。

在体育课上,学生在身体练习过程中,不仅承受一定的生理负担,而且也要承受一定的心理负担,根据课的目标和学生实际,合理安排好课的心理负荷,掌握并调节好学生在课堂上心理负荷的节奏,这也是衡量体育课质量的重要方面。

思考题一

1. 体育课的类型有几种?
2. 体育课的负荷包括几种?

第二章 体育健康与运动保健

本章摘要：本章主要介绍健康的概念，营养、体能和健康，体育锻炼与心理健康，运动损伤的预防和康复等内容。通过学习，学生应认识到体育锻炼的重要性，了解体育锻炼对健康的意义和影响健康的因素，掌握基本的保健理论、运动损伤知识以及基本的急救方法。

第一节 健康概述

健康是生命的象征，幸福的保证。人人需要健康，向往长寿，因为健康有利于你、我、他。

人的健康受到多种因素的影响，但体育锻炼对健康的影响最大。法国思想家伏尔泰有句名言："生命在于运动。"我国也有许多有关的谚语，如"强身之道，锻炼为妙""长流的水不腐，常练的人健康"等。现代医学和体育科学的研究也表明，体育锻炼是增进健康之法宝。

究竟什么是健康？何谓体能？体育锻炼对健康的益处表现在哪些方面？在实施一项锻炼计划前，需要做哪些准备工作？本章将对这些问题进行讨论和叙述。

一、健康的定义

(一)健康三维观

何谓健康？亘古及今，人们对其有不同的解释。以往，由于受传统观念和世俗文化的影响，往往将健康单纯理解为"无病、无残、无伤"。早在古希腊时代，医生就相信健康是身体完全平衡。我国《辞海》中，将健康定义为"人体各器官系统发育良好，功能正常，体质健壮，精力充沛，并且具有劳动效能的状态。通常用人体测量、体格检查和各种生理指标来测量"。在美国也有类似的叙述，健康专家贝克尔认为，健康是"一个有机体或有机体的部分处于安宁状态，它的特征是机体有正常的功能，以及没有疾病"。

然而，随着社会的发展和科学技术的进步，人们完全突破了原先的思维模式，对健康的概念有了新的认识。世界卫生组织对健康提出了一个明确和全面的定义:"健康是指在身体、心理学和社会各方面都完美的状态,而不仅是没有疾病和虚弱。"从而使对健康的评价不仅基于医学生物学的范畴,而且扩大到心理和社会学的领域。由此可见,一个人只有在身体和心理上保持健康的状态,并具有良好的社会适应能力,才算得上真正的健康。

上述三个方面的有机结合,可构成人的生命质量。在人的生命这个三维立方体中,身体、心理和社会三种属性的面积越大,则生命立方体的体积越大,在自然和社会中所占的位置也越高,与社会的接触面也越大,显示出该个体的生命质量也越高。反之,如果这三种属性的面积过小,则个体与社会的接触面也越小,生命质量就越低。许多健康者的经验告诉我们,生命体的质量越高,则健康长寿的可能性就越大。相反,个体如果心理压抑和自我封闭,则极易产生疾病,缩短寿命。这也说明,一个人只有从生物、心理和社会三个方面着手,才能有效地保证其健康幸福的生活,并提高生命的质量。

美国学者奥林斯提出了一种三维健康模式,强调从生物、心理和社会三个方面来评价人的生命状态。每个方面均包含着健康和疾病两极,由此得出关于人的健康状况的三维表象。

(二)健康五要素说

美利坚大学的国家健康中心提出了一个与健康三维观相似的健康定义,即个体只有身体、情绪、智力、精神和社会等五个方面都健康(也称健康五要素),才称得上真正的健康,或称之为完美状态。目前,也常用完美一词来替代健康。

1. 身体健康

身体健康不仅指无病,而且还包括体能,后者是一种满足生活需要和有足够的能量完成各种活动任务的能力。具备这种能力,就可以预防疾病,增进健康,提高生活质量。

2. 情绪健康

情绪涉及我们对自己的感受和对他人的感受。情绪健康的主要标志是情绪的稳定性,所谓情绪稳定性是指个体应对日常生活中人际关系和环境压力的能力。当然,生活中偶尔情绪高涨或情绪低落均属正常,关键是在生活的大部分时间里要保持情绪稳定。

3. 智力健康

智力健康指在长期的学习和生活中,大脑始终保持活跃状态。有许多方法可以使大脑活跃敏捷,如听课、与朋友讨论问题和阅读报刊书籍等。努力学习和勤于思考还能使我们有一种成就感和满足感。

4. 精神健康

精神健康对于不同宗教、文化和国籍的人意味着不同的内容,主要包括理解生活基本目的的能力以及关心和尊重所有生命体的能力。

5. 社会健康

社会健康指个体与他人及社会环境相互作用、具有和谐的人际关系和实现社会角色的能力。此能力将使我们在交往中有自信感和安全感,少生烦恼,心情舒畅。

健康的五个要素相互联系、相互影响。例如,身体不健康会导致情绪不健康;缺乏精神上的健康会引起身体、情绪和智力的不健康等。

在人的生命长河的不同时期,健康的某一要素可能会比另一些要素起更重要的作用,但持久地忽视某一要素就可能存在健康的潜在危险。只有每一个健康要素平衡地发展,才称得上处于完美状态,才能真正健康和幸福地生活,并享受美好人生。

完美状态或健康状态是通过健康的生活方式来形成和保持的,后者包括有规律的体育锻炼、营养适宜,消除不良习惯(如抽烟、酗酒和滥用药物等)以及控制精神压力等。不管目前的健康状况如何,都应该树立健康的生活方式,从而达到完美状态。怎样才能形成健康的生活方式呢?首先,应该清楚自己目前的生活方式,然后再通过自己的努力去改变生活方式中的不良之处。

(三) 身心关系

不管是健康三维观还是健康五要素说,概括地讲,健康诸因素之间的关系实际上是身心之间的关系。近30年来的研究表明,人的生理和心理之间存在着相互作用的关系。生理健康(即身体健康)有助于心理健康,例如,塔科(Turker)1990年的研究显示,生理健康水平较高的被试者其心理抑郁水平较低。同样,人体生理方面的疾病或异常情况会引起心理或行为方面的病症。例如,由于病菌的侵入使得大脑中枢神经或大脑神经中枢受到损伤,患者会神志不清,其对空间、时间和人物的定向能力将大为减退,记忆、推理和计算能力出现明显下降。再如,甲状腺的主要功能是控制人体的新陈代谢,甲状腺素分泌过多,使得人体的新陈代谢速度加快,个体便会产生紧张反应,表现为肢体颤动、情绪激动、注意力难于集中、焦虑不安和失眠等。反之,当甲状腺素分泌不足时,新陈代谢的速度减慢,患者的心理活动趋于迟钝,具体表现为反应缓慢,记忆力减退,且有抑郁倾向。

心理健康也同样影响着生理健康,古人云:"怒伤肝,喜伤心,忧伤肺,恐伤肾,思伤脾。"我国著名的心理学家潘菽教授曾指出:"事实表明,不仅有害的物质因素能造成各种各样的身体疾病和精神疾病,有害的心理因素也同样可以起到这样的作用。所谓心身疾病或心理生理疾病或如大家所熟悉的医源性疾病,就是明显的不良心理因素造成的。"据美国某综合性医院门诊部对前来就诊的病人进行研究的报告发现,65%的病人的疾病与社会逆境引起的压抑有关,35%的病人在很大程度上是由于情绪不好而引起疾病的。英国的一位医生曾调查了250名癌症患者,发现其中有156人在患病前经受过重大的精神打击,由此得出结论:压抑情绪易生癌。

综上所述,生理健康与心理健康的确是相互影响、相互作用的,生理健康是心理健康的基础,心理健康有助于生理健康。只有这两个方面保持和谐统一,才能真正达到健康的状态。

体育锻炼既是一种身体活动,也是一种心理活动,因此,体育锻炼不仅有助于身体健康,而且对心理健康也有着积极的作用。

二、体能的类别

体能也叫体适能,主要通过体育锻炼而获得。保持良好的体能可以使我们的身体更健康,精力更旺盛,生活更美好,寿命更能延长,生命更有价值。

每个人要获得健康都需要有一定的体能,但每个人所需的体能水平不尽相同,一个人良好的体能与其年龄、性别、体形、职业和生理上的缺陷(如糖尿病、哮喘病等)等因素有关。

一般来说,个体对体能的要求与其活动的目的有关。例如,运动员必须不懈地花大力、流大汗去提高力量、耐力、柔韧和速度等体能,才能提高运动成绩;而普通人只须用一般性的身体活动来维持这些方面的体能,就可以增进健康。另外,即使对同一个人而言,不同的时间、不同的环境所需的体能水平也迥然不一。

良好体能的保持与长期的锻炼密不可分,如果一个人的锻炼半途而废,那么,他的体能水平就不能保持,甚至还会下降。

身体锻炼是提高体能水平必不可少的重要途径。但须注意的是,良好的体能并不是完全靠身体锻炼就可以达到的,还与科学的饮食方法、良好的口腔卫生、足够时间的休息和放松等方面有关。

体能可分为两类:与健康有关的体能和与动作技能有关的体能。前者包括心肺耐力、柔韧性、肌肉力量、肌肉耐力、身体成分等,后者是指从事运动所需的速度、力量、灵敏性、协调性、平衡和反应等。

三、体育锻炼的益处

锻炼有益于健康。事实表明,参与有规律的锻炼会使我们身体棒、感觉爽,精力充沛地完成各项工作和任务。体育锻炼的最大作用在于全面增进健康,具体表现简述如下。

1. 预防心血管病

心血管病是当今世界上危及人类生命的头号杀手。据报道,在美国每死去的两个人中就有一个是心血管病,在我国,死于心血管病的人亦居首位。大量研究表明,参与有规律的体育锻炼可以显著地降低心血管病形成和发生的危险性。

2. 改善呼吸系统的功能

人在体育锻炼过程中呼吸过程加深,会吸进更多的氧气,排出更多的二氧化碳,从而使得肺活量增大、残气量减少,肺功能增强。经常锻炼的人由于身体适应能力较强,其呼吸显得平稳、深沉、匀和,频率也较慢,平均每分钟呼吸 6~8 次,而不锻炼的人平均每分钟呼吸 12~15 次。

3. 提高消化系统的功能

体育锻炼会增强体内营养物质的消耗,使整个机体的代谢增强,从而提高食欲。另外,体育锻炼还会促进胃肠蠕动和消化液分泌,改善肝脏、胰腺的功能,从而使整个消化系统的功能得到提高,为人的健康和长寿提供良好的物质保证。

4. 改善神经系统的功能

人的活动是在神经系统支配下的协调活动,坚持锻炼的人(特别是中老年人),常表现为机体灵活、耳聪目明、精力充沛,这正是神经系统功能健壮的表现。

5. 降低糖尿病发生的危险性

糖尿病的特征之一是人的血糖水平很高,如果病人不加控制,还会引起许多其他健康问题,如视力减弱和肾亏等。有规律的体育锻炼由于能控制血糖水平的提高,从而使个体产生糖尿病的可能性大大减小。

6. 预防骨裂

骨质疏松会引起骨裂,骨裂在各个年龄层次的人群中均会发生,在老年人(特别是老年女性)中比较普遍。

研究表明,有规律的体育锻炼可以通过提高骨质密度和骨的强度达到预防骨裂的目的。当然,体育锻炼对于骨质疏松病人也具有积极的治疗作用。

7. 保持身体活动的能力

人类老化的主要特征之一是身体活动能力的逐步衰退,尤其是 60 岁以后,身体活动能力的退步尤为明显。我国有句谚语:"老年勤锻炼,拐杖当宝剑。"事实表明,有规律的体育锻炼能使老年人身体活动能力的退化减慢。

8.控制体重与改变体型

众所周知,过分肥胖会影响人的正常生理功能,尤其是容易造成造成心脏负担加重,寿命缩短。如果一个人的皮下脂肪超过正常标准的15%～25%,那么,他的死亡危险率会增至30%。俗话说:"宁练筋长三分,不练肉厚一寸。"由于体育锻炼能减少脂肪,增强肌肉力量,保持关节柔韧性,因而可以控制体重,改善体形和外表。

9.减缓心理应激

体育锻炼有助于缓解人的心理应激。应激是对外部环境的一种身心反应,来自我们生活中的方方面面,如工作、学习、人际关系、生活等,体育锻炼则可使人忘却烦恼,心理放松。第九章详细介绍如何通过体育锻炼控制应激。

10.延年益寿

俗话说:"身体锻炼好,八十不算老;身体锻炼差,四十长白发。"大量的研究表明,有规律的体育锻炼可以延年益寿。有一项持续30年的研究显示,不锻炼的人比经常锻炼的人早逝的可能性为31%。那么,为什么有规律的体育锻炼有助于延年益寿呢?主要原因在于有规律的体育锻炼可以预防心脏病和癌症的发生。

第二节 营养、体能和健康

获得和利用食物的综合过程称为营养。有机体的生长发育、生命活动及各种脑力劳动和体力劳动的进行,都有赖于体内的物质代谢。体内进行物质代谢的过程必须不断地从外界摄取一定数量的食物。合理的营养意味着机体能够摄入保持身体健康所必需的所有营养成分,能促进生长发育、增强体能、增加免疫功能、预防疾病、提高工作效率和运动能力。营养缺乏或过剩,都将影响人体的生长发育,降低免疫功能,也易患各种疾病。因此,要充分发挥营养的保健作用,就必须提供符合卫生和健康要求的平衡膳食。

许多膳食是高热量、高糖、高脂肪和高钠的,这些过高的成分和许多疾病的发生密切相关,如心血管疾病、癌症、肥胖和糖尿病等。这些疾病都是现代社会中危及人类生命的最主要的杀手。然而,通过改变饮食就可以阻止这些疾病的发生。因此,每个人对营养知识的了解是非常重要的。本节着重介绍合理营养的基本概念,并提供健康膳食指导,同时探讨体育锻炼对营养的需求。

一、基础营养

存在于食物中、为健康身体所需要的物质称为营养素,可分为两大类,即三大营养素和微量营养素。三大营养素包括糖、脂肪和蛋白质,它们是构成机体组织和提供能量所必需的物质。微量营养素包括维生素和无机盐,它们的主要作用是维持细胞的功能。

(一)三大营养素

所谓平衡膳食是指膳食中的营养素能满足人体的需要,既不缺乏,又不过剩。因此,平衡膳食应该由大约58%的糖、30%的脂肪和12%的蛋白质组成。这些营养素是供给机体能量的物质。在正常生理状况下,糖和脂肪是主要的供能物质。在体育锻炼中,究竟是糖还是脂肪作为主要能源,运动强度起决定性的作用。蛋白质的基本功能则是修补组织。然而,当糖不足或机体处于应激状态时,蛋白质也作为能源物质。下面讨论三大营养素的功能。

1. 糖

糖是体育活动中最重要的能量来源,因为它是供给肌肉收缩的主要能源。

(1)单糖和双糖。葡萄糖是最值得注意的一种单糖,因为它是唯一的能够被机体以自身形式直接被利用的糖分子。作为能源,所有其他的糖都必须转变为葡萄糖才能被机体利用。饭后,葡萄糖以糖原(葡萄糖分子链)的形式储存在骨骼肌和肝脏中。此外,血糖(血液中的葡萄糖)常转变为脂肪储存在脂肪细胞中以备将来的能源利用。

身体需要葡萄糖维持正常生理功能,在中枢神经系统中葡萄糖是能量的唯一来源。若机体摄糖不足,将导致蛋白质转变为葡萄糖,从而使机体蛋白质分解。所以,膳食中的糖不仅是机体的直接能源,而且对节省蛋白质有重要影响。

其他类型的单糖包括果糖、半乳糖。果糖存在于水果和蜂蜜中,半乳糖存在于人和哺乳类动物的乳汁中。双糖包括乳糖、麦芽糖和蔗糖,乳糖和麦芽糖分别存在于奶和麦芽中,蔗糖由葡萄糖和果糖组成。这些双糖的特点是各自都必须转变为葡萄糖才能被机体利用。

(2)多糖。多糖既含有微量营养素,又具有产生能量所需的葡萄糖,大量存在于淀粉和植物纤维中。淀粉是存在于谷类、马铃薯和豆类等食物中的长链糖。淀粉在体内以糖原的形式储存。在体育活动中,当人体需要能量时,淀粉可快速提供机体能量。植物纤维是一种线状的、不能被消化的糖类,多存在于谷物、蔬菜和水果中,其基本形式是纤维素。由于纤维素不能被消化,因而它既不能提供能量又不能提供营养素,但它却是健康膳食不可缺少的成分。

近年来的研究表明,植物纤维增大了肠道的体积,而体积的增大有助于食物废物的形成和排出,因此减少了废物通过消化道的时间,降低了直肠癌发生的危险。植物纤维也被认为是减少冠心病和乳腺癌发生危险的因素之一,并可控制糖尿病患者血糖浓度的升高。某些植物纤维可使消化道中的胆固醇凝固,其在血液中的吸收,从而降低了血液胆固醇浓度。

2. 脂肪

脂肪是能量储存的有效形式,每克脂肪所产生的能量是每克糖或蛋白质的两倍多。膳食中过多的脂肪摄入易储存于人体的皮下和内脏周围的脂肪组织中。脂肪不仅来源于膳食中的脂肪,也来自于膳食中过多的糖和蛋白质的转化。尽管体内能合成脂肪,但脂肪中有些脂肪酸是人体不能合成的,必须由食物提供;这些脂肪酸称必需脂肪酸。因此,膳食脂肪是必不可少的,是这些必需脂肪酸(如亚油酸、亚麻酸等)的唯一来源,而这些必需脂肪酸又对保持机体的正常生长和健康的皮肤是非常重要的。

脂肪有保护内脏器官的作用,还能帮助脂溶性维生素 A、D、E、K 的吸收、运输和储存。

脂肪可分为单脂肪、复合脂肪和派生脂肪。

(1)单脂肪。单脂肪最通常的形式是甘油三酯。膳食中大约 95% 的脂肪为甘油三酯,它是机体脂肪的储存形式。在运动中脂肪被分解为甘油三酯并产生能量用于肌肉收缩。脂肪酸是甘油三酯的基本结构单位。脂肪酸分为饱和脂肪酸和不饱和脂肪酸。饱和脂肪酸一般来自动物,室温下为固体,也有一些饱和脂肪酸(如椰子油等)来源于植物。不饱和脂肪酸来自于植物,室温下为液体。

饱和脂肪酸和不饱和脂肪酸对健康有不同的影响。饱和脂肪酸能够增加血液胆固醇水平,易在冠状动脉形成脂肪斑块,从而导致心脏病的发生。不饱和脂肪酸一般分为单不饱和脂肪酸和多不饱和脂肪酸。20 世纪 80 年代早期营养学家认为多不饱和脂肪酸对机体是有益的,但近来的研究表明,多不饱和脂肪酸可降低对机体有益的高密度胆固醇(HDL 胆固醇)的水平,并提高对机体无益的低密度胆固醇(LDL 胆固醇)的水平;而单不饱和脂肪酸可降低 LDL 胆固醇的水平,所以单不饱和脂肪酸被认为是对机体危害最小的脂肪酸。

另一类不饱和脂肪酸 n-3 脂肪酸近来受到广泛的注意。此脂肪酸被认为有降低血液胆固醇和甘油三酯的功效。它存在于新鲜的和冷冻的一些深海鱼内,而罐装的这些鱼中由于其分子结构被破坏而没有此类脂肪酸。有些研究者认为每周吃 1~2 次含有此类脂肪酸的鱼,可降低心脏病发生的可能。

(2)复合脂肪。从健康角度来看,最重要的复合脂肪是脂蛋白,脂蛋白是蛋白质、甘油三酯和胆固醇的复合物。尽管脂蛋白有数种形式,但基本形式有两种,即低密度脂蛋白(低密度胆固醇)和高密度脂蛋白(高密度胆固醇)。低密度胆固醇中含有少量的蛋白质、甘油三酯和大量的胆固醇。因此它易在心脏的血管上形成脂肪斑块,并导致心脏病。一般认为,高密度胆固醇是好的胆固醇,而低密度胆固醇则是坏的胆固醇。

(3)派生脂肪。胆固醇是派生脂肪。尽管胆固醇不含脂肪酸,但因为它和其他脂肪一样不溶于水,故还称它为脂肪。胆固醇主要来源于动物性食物,如肉、牡蛎等。尽管食物中高胆固醇增加了心脏病发生的可能性,但一些胆固醇对维持正常生理功能是必需的,胆固醇是构成细胞和某些激素(如男、女性激素)的成分。

3. 蛋白质

蛋白质的基本作用是构建和修补组织,同时也参与维持机体的功能(包括合成酶、激素和抗体等),以调节机体代谢和抵抗疾病。如前所述,蛋白质在正常情况下并不是主要能源,然而在糖摄入不足的情况下,蛋白质可转变为葡萄糖供给能量。在糖摄入充足的情况下,食物中过多的蛋白质则转变为脂肪,储存在脂肪组织中作为能量储备。

蛋白质的基本结构单位是氨基酸,20种不同的氨基酸首尾连接构成功能各异的蛋白质。机体能够合成11种氨基酸,不必从食物中摄取,这类氨基酸称为非必需氨基酸。另外9种机体不能合成的氨基酸称为必需氨基酸。所含齐全的必需氨基酸并存在于动物性食物中的蛋白质叫完全蛋白。缺少1个或多个必需氨基酸并来自于蔬菜等食品中的蛋白质叫不完全蛋白。

在青春期,当生长发育加快时,膳食中蛋白质的需要量最大。在这个时期每天蛋白质的推荐量为1g/kg体重,妇女和青春期结束后的男性每天蛋白质的推荐量为0.8g/kg体重。由于现在人们从膳食中摄入过多的蛋白质,且大多为动物性蛋白质食品,这些食品又含有高脂肪,这就增加了心脏病、癌症和肥胖等发生的危险性。

(二)微量营养素

微量营养素是由维生素和无机盐组成的。在功能方面,微量营养素和三大营养素一样重要,是维持生命所必需的。尽管它们不能提供机体能量,但三大营养素的分解利用都离不开它们的参与。

1. 维生素

维生素指在维持许多机体功能方面起关键作用的一类小分子,特别是在机体生长和发育方面。按其能溶于水还是脂肪,维生素可分为两类,即水溶性维生素和脂溶性维生素,水溶性维生素包括维生素 B 族和维生素 C,它们由肾脏排出。脂溶性维生素包括维生素 A,D,E 和 K。由于这些维生素储存在脂肪中,因此,它们很可能在机体积聚达到中毒水平。

大多数维生素机体不能产生,必须由膳食供给,而维生素 A,D 和 E 则能由机体少量产生。由于维生素易在烹调中丧失,因此最好生吃和蒸蔬菜以保持其最大的营养价值。维生素存在于几乎所有的食物中,平衡膳食可供给所有的必需维生素,以维持身体功能。

近年来的研究表明,维生素和无机盐的一个新的功能是防止组织损伤,这对体育锻炼参加者来说是重要的。这一新作用将在本节的后面讨论。

2. 无机盐

无机盐指维持正常生理功能所需要的化学元素。像维生素一样,无机盐存在于很多食物中并在调节机体许多重要功能方面起很大作用,如维持神经冲动、肌肉收缩、酶功能和水平衡等。无机盐还构成机体成分,钙、磷、氟是构成骨骼和牙齿的重要成分。三个最重要的无机盐为钙、铁和钠。钙在骨骼形成中起重要作用,钙缺乏将导致骨质疏松;膳食中铁缺乏将导致缺铁性贫血,出现慢性疲劳;摄入高钠可导致高血压或心脏病。

(三)水

机体的 60%～70%是由水构成的。水参与机体所有重要的生命过程。对体育锻炼参加者来说,水是最重要的营养素。在炎热、潮湿的环境中进行大运动量锻炼时,人体将每小时通过排汗失去 1～3L 的水。若失去 5%的机体水,将导致疲劳、乏力和注意力不集中等。若失去 15%的机体水可能导致死亡。水对维持体温、消化吸收食物、造血和排泄废物等都是非常重要的。

水存在于所有食物中,特别是水果和蔬菜中。正常情况下,人体每天需要饮用相当于 8～10 杯水,还不包括引起体液过度损失的状态,如过度出汗、献血、腹泻和呕吐等。

二、健康膳食指导

(一)营养素与健康

为满足机体所需的三大营养素,一个人应该摄入大约 58%糖(48%的多糖和 10%的单糖)、30%左右的脂肪(其中 10%的饱和脂肪和 20%的不饱和脂肪)和

12%的蛋白质。成人每日蛋白质的需要量大约为0.8g/kg体重。

膳食专家曾提出了一些建议,认为应从四组基础食物中选择食物。这四组食物为豆类、粮食和坚果,水果和蔬菜,家禽、鱼、肉和蛋,奶制品。尽管这些建议仍有一定的意义,但缺点是没有阐明这些不同食物最理想的比例。中国营养学会根据营养学原则并结合国情制定了"中国居民膳食指南及平衡膳食宝塔"。"平衡膳食宝塔"形象地说明了健康膳食的最新推荐量。它把平衡膳食的原则转化成各类食物的质量,并以直观的宝塔形式表现出来,便于日常生活中实行。

膳食中用平衡膳食宝塔可达到两个重要的目标。第一是将可能产生疾病的相对膳食比例减少到最小。第二是将营养丰富的食物(如含有高微量营养素的食物)增加到最大。因此,通过与平衡膳食宝塔的比较,可以得到一个含三大营养素和微量营养素的合理的平衡膳食。

(二)热能与健康

膳食中摄入一定数量的热能物质对发展良好的膳食习惯是非常重要的。如前所述,膳食中出现的大部分问题,不是缺乏三大营养素,而是能量物质过剩。因此,应该检查自己总能量物质的摄入,防止膳食能量的摄入过高。

在检查自己膳食能量时,应记住两点:第一,避免从单、双糖中摄入过多的能量。大部分膳食中的双糖是蔗糖。单糖的主要营养问题是不含有丰富的营养素。换言之,单糖含有高热能却几乎不含微量营养素。第二,限制膳食中能量物质脂肪的摄入量。脂肪是高能量物质,同时也含有高胆固醇,每克脂肪所含的能量是每克糖和蛋白质的两倍(1g脂肪含9.1千卡热能,1g糖含4.6千卡热能,1g蛋白质含4.6千卡热能),限制膳食中的脂肪摄入可减少心脏病发生的危险和能量过剩导致的肥胖。

(三)应该避免的食物

在前面已经列出了在膳食中应包括的三大营养素和微量营养素,为了保持健康,应该记住将有些食物减少到最小,因为这些食物与许多健康问题密切相关。即使现在还没有这些健康问题,也应该注意饮食习惯,否则在以后的生活中就可能出现这些健康问题。

首先,应该避免那些含有高脂肪的食品,无论是饱和脂肪还是不饱和脂肪都与心脏病、肥胖和某些癌症密切相关。此外,人们常常忽略膳食中脂肪比蛋白质或糖对形成身体脂肪有更大的可能性。胆固醇是一个维持身体功能所必需的物质,但胆固醇太高可引起心脏病,因此,食用低胆固醇的食物可降低发生心脏病的危险。

冠心病的发生率与膳食中胆固醇含量密切相关。减少1%的食物胆固醇摄入可降低2%的冠心病的发生率。高胆固醇食品其脂肪含量也较高。我们常用膳食中胆固醇/饱和脂肪指数来反映某些食物对心血管系统的危害。

盐(氯化钠)是必需的微量营养素,但机体的每日需要量较小(小于1/4匙)。排汗量较大的人,其需要量可增加到1.5匙/天。世界卫生组织建议每人每日食盐用量不超过6g为宜。人体应该避免摄入过多的盐,因为高盐是引起高血压的一个很重要的原因。

膳食中少盐的国家,其国民高血压的发生率极低。因此,即使还没有患高血压,也应该在膳食中减少每日盐的摄入量。

据估计一般人每天膳食中摄入的食糖是以蔗糖这样的糖形式摄入的。蔗糖是用来做糕点、糖果、冰淇淋、甜饮料、甜食品和其他食物的。有研究认为过多摄入这些单糖与许多健康问题(如儿童多动症、糖尿病)密切相关,但也有研究认为尚没有足够的证据支持这一观点。然而,过多摄入这些糖,对机体有许多不良影响。首先,大量的食糖增加了膳食中的热能,这就易产生肥胖,而肥胖则又可导致许多健康问题(如糖尿病)。此外,由单糖提供的热能被认为是"空的"热能,因为它不能提供机体所需的微量营养素用于三大营养素的代谢。

因此,多糖对机体更有利,因为它们可提供多种微量营养素。其次,食糖也易产生龋齿,尽管吃过甜食后刷牙可以防止这些问题的产生,但是它不能解决其他摄糖过度所带来的问题。

由于食糖有不良后果,因而应该注意控制食糖。

和蔗糖一样,酒精也提供了"空的"能量。此外,长期饮酒将导致机体储存的某些维生素消耗,这会引起严重的维生素缺乏症,因此应该限制酒精的摄入。

(四)特殊的膳食补充

人体在许多状态下需要一些特殊的膳食补充,特别是那些以体力活动为生活方式的人群。下面列出一些需要补充的营养素

1. 维生素

如前所述,食用平衡膳食的健康人群一般不需要补充维生素,而那些饮食不良或患病者,他们不能得到合理的营养。在感冒期间,增加维生素C的摄入可减缓感冒症状。

2. 铁

铁是红细胞的一个基本成分,红细胞可运送氧气到身体各组织中产生能量。若铁缺乏则红细胞生成减少,可导致运输到各组织的氧气减少而造成供能不足。

月经期妇女、孕妇和哺乳期妇女应该得到足够的铁。实际上仅有一半的哺乳期妇女得到每天所需15mg的铁。5％的人患有缺铁性贫血。除非医生建议他们补铁，否则这些人不知道额外补充铁。他们可以通过改变膳食结构，得到推荐膳食中供给的铁。

3. 钙

钙是体内最丰富的无机盐，它是骨骼和牙齿的基本成分，并能维持神经和肌肉的功能。充足的钙对孕妇和哺乳期妇女特别重要。有证据表明，钙还有助于防止结肠癌。11～24岁的男女每天的钙摄入膳食推荐量为1 200mg，在此年龄阶段补充充足的钙对以后年龄段防止骨质疏松至关重要。据调查，60岁以上的妇女有1/4的人患有骨质疏松。24岁以上的成年人钙的膳食推荐量为800mg，这个推荐量为保持强壮骨骼和防止骨折所必要的。一些研究表明，易发生骨质疏松的妇女每天钙的摄入量应该为1 000～1 500mg。

三、营养与体能

有关体能和营养的错误观点每年都在增加。广播、电视、报纸和杂志中的广告是这些谬误的主要来源。成功的运动员常常被看成专家，他们赞同这些营养产品，并试图说服大众某个特殊食品或饮料对他们的成功起了主要作用。尽管大部分这些观点是商业炒作，未受到研究的支持，但这些观点似乎已被许多人接受。事实上，从来就没有什么神奇的食物可以改善体能。这一节将讨论有规律地从事体育锻炼者的特殊营养需要。

运动中能量消耗的增加，加大了对能量的需求。体育锻炼中提供机体能量的主要物质是糖和脂肪。在运动时并不缺少脂肪，因为即使很瘦的人也有足够脂肪提供能量。然而，在大强度和长时间的运动中，肝脏和肌肉中的糖可降低到临界水平。

（一）糖与体能

糖作为能源在运动中起关键作用，所以体育科学家建议参与运动的人应该增加膳食中多糖的摄入，摄入范围为摄入总能量的58％～70％，但需将脂肪的摄入减少到总能量的18％。在进行大强度运动时，肝脏和肌肉中的糖原消耗过大，导致了疲劳发生。运动强度决定了糖和脂肪谁是运动中的主要能量来源。

糖果生产商提出了一个错误概念，认为在需要时糖果能够给你一个快速的能源补充。在运动前摄入糖果真能提供一个快速的能量供给吗？答案是"不能"。事实上，这种补糖的方法至少存在两个问题，第一，作为能源物质的糖果含有最少量的微量营养素。第二,假如在运动前补糖,会导致血糖水平快速升高,这样造成了激素的重新调配,进而使血糖低于正常水平,导致疲劳产生。在这种情况下,糖果对运动是不利的。增加膳食中多糖的百分比,且保持足够的能量摄入,能够保证肌肉和肝脏中糖的供能,以满足大强度运动活动的需要。

(二)蛋白质与体能

在进行力量练习的人群中,一些人错误地认为必须补充额外的蛋白质才能促进肌肉生长和强壮。事实上,许多力量练习时消耗的大量蛋白质可以被正常的膳食蛋白所补充。因此,从事力量练习者增加的能量需要应该来自于食用合理平衡膳食宝塔中的食物,而不是简单地额外补充蛋白质。总之,进行力量练习的人不仅要补充三大营养素,而且也要补充促进能量产生所需要的微量营养素。

(三)维生素与体能

一些维生素生产者声称服用大剂量的维生素可以提高运动能力。这种说法基于以下观念,即运动增加了能量需要,而维生素具有分解食物转换为能量的作用,额外补充维生素对能量的产生有作用。但是现在尚没有确切的证据支持这种说法。肌肉收缩的能量供给并没有因为维生素的补充而增加。事实上,大剂量地补充维生素可能造成维生素和其他微量营养素之间的脆弱平衡的失调,也有可能出现维生素的中毒反应。

(四)抗氧化剂与体能

近来的研究发现某些维生素和一些无机盐有新的功能。这些维生素和无机盐可作为抗氧化剂,对细胞具有保护作用。抗氧化剂是一些化学物质,它可阻止氧对细胞的损害,即可阻止氧自由基对细胞的攻击。体内不断产生自由基,而过多的自由基产物与癌症、肺病、心脏病和衰老过程密切相关。若在自由基产生时,抗氧化剂能够和自由基结合,这样就大大地降低了自由基的毒性。因此,增加抗氧化剂的水平对健康不仅有益,而且可以预防肌肉损伤和疲劳。几种微量营养素被认为是强有力的抗氧化剂,这些抗氧化剂是维生素 A,E 和 C,锌和硒等。

第三节 体育锻炼与心理健康

体育锻炼有助于身体健康,这是许多人所熟知的事实。有些人在自己体弱多病、身体状况不佳时,除了服药打针外,也会考虑通过体育锻炼来增强体能,恢复健康。然而,当某人在学习、工作或生活中遭受挫折而情绪低落,或出现明显的心理障碍时,却很少会想到通过体育锻炼来改善情绪,消除心理障碍。实际上,体育锻炼既是身体活动,又是心理活动和社会活动,因此,体育锻炼不仅有利于身体健康,而且对于人的心理健康和社会适应具有积极的促进作用,从而提高人的生活满足感和生活质量。本节首先一般性地讨论体育锻炼对心理健康的影响;其次,详细叙述现代社会中人们普遍存在的心理问题——应激;最后,介绍控制应激的方法。

一、体育锻炼对心理健康的影响

(一)体育锻炼可促进心理健康

体育锻炼对心理健康的积极影响主要表现在以下几个方面。

1. 改善情绪状态

情绪状态是衡量体育锻炼对心理健康影响的最主要的指标。人生活在错综复杂的社会中,经常会产生忧愁、紧张、压抑等情绪反应,体育锻炼则可以转移个体不愉快的意识、情绪和行为,使人从烦恼和痛苦中摆脱出来。大学生常因名目繁多的考试、相互间的竞争以及对未来工作分配的担忧而产生持续的焦虑反应,经常参与体育锻炼可使自己的焦虑反应降低。

2. 提高智力功能

经常参加体育锻炼可以提高自己的智力功能,不仅使锻炼者的注意、记忆、反应、思维和想象等能力得到提高,还可以使其情绪稳定、性格开朗、疲劳感下降等,这些非智力成分对人的智力功能具有促进作用。

3. 确立良好的自我概念

自我概念是个体主观上对自己的身体、思想和情感等的整体评价,它是由许许多多的自我认识所组成的,包括"我是什么人""我主张什么""我喜欢什么""我不喜欢什么"等。由于坚持体育锻炼可使体格强健、精力充沛,因而体育锻炼对于改善人的身体表象和身体自尊至关重要。

身体表象是指头脑中形成的身体图像。身体表象障碍在正常人群中是普遍存在的,据报告,54%的大学生对他们的体重不甚满意。与男性相比,女性倾向于高估她们的身高和低估她们的体重,而且,身体肥胖的个体更可能有身体表象和身体自尊方面的障碍。身体自尊主要包括一个人对自己运动能力的评价,对自己身体外貌(吸引力)的评价,以及对自己身体的抵抗力和健康状况的评价。身体表象和身体自尊与整体自我概念有关,无论男性还是女性,对身体表象的不满意会使个体自尊变低(自尊指自我概念的积极程度),并产生不安全感和抑郁症状。有研究表明,肌肉力量与身体自尊、情绪稳定性、外向性格和自信心呈正相关,并且加强力量训练会使个体的自我概念显著增强。

4. 培养坚强的意志品质

意志品质指一个人的果断性、坚韧性、自制力以及勇敢顽强和主动独立等精神,意志品质既是在克服困难的过程中表现出来的,又是在克服困难的过程中培养起来的。在体育锻炼中要不断克服客观困难(如气候条件的变化、动作的难度或意外的障碍等)和主观困难(如胆怯和畏惧心理、疲劳和运动损伤等),锻炼者越能努力克服主、客观方面的困难,也就越能培养良好的意志品质。从锻炼中培养起来的坚强意志品质能够迁移到日常的学习、生活和工作中去。

5. 消除疲劳

疲劳是一种综合性症状,与人的生理和心理因素有关,当一个人的情绪消极,或任务超出个人的能力时,生理上和心理上都会很快地产生疲劳。大学生持续紧张的学习压力极易造成身心疲劳和神经衰弱,保持良好的情绪状态和参加中等强度的体育锻炼则可以使他们身心得到放松。

6. 治疗心理疾病

体育锻炼被公认为是一种心理治疗方法。美国的一项调查显示,1 750 名心理医生中,80%的人认为体育锻炼是治疗抑郁症的有效手段之一,60%的人认为应将体育锻炼作为一种治疗方法来消除焦虑症。在大学生中,有不少人由于学习和其他方面的挫折而引起焦虑症和抑郁症,通过体育锻炼可以减缓或消除这些心理疾病。

(二)决定体育锻炼产生良好心理效应的因素

决定体育锻炼产生良好心理效应的因素很多,主要有:

(1)喜爱体育锻炼并从中获得乐趣。这是体育锻炼产生良好心理效应的最重要因素,如果不喜爱或者不能从中获得乐趣,就不可能产生满足感和良好的情绪体验。

(2)体育锻炼应以有氧活动为主,避免激烈的竞争。有氧活动包括散步、跑步、游泳、骑自行车、跳绳、健美操等。当然,对于年轻人或大学生来说,从事自己所喜欢的球类运动也是很有益的。

(3)运动量应以中等强度为宜。研究表明,在体育锻炼过程中,心率最好控制在最大心率的 60%~80%之间,每次活动时间不少于 20min,每周 3 次或 3 次以上,这样才有利于心理健康。

(4)持之以恒地进行体育锻炼。体育锻炼对心理健康的积极效应只有在有规律的锻炼的基础上才能显示出来。有人在查阅了80篇研究报告后指出,随着身体练习总时间的增加,体育锻炼所产生的良好心理效应就会随之得到增强。

二、应激的征兆和模式

现代社会中,环境的严重污染、住房的高度拥挤、交通的阻塞不畅、就业机会的减少、人际关系的淡漠、生活节奏的加快以及竞争的日趋激烈等都会使人们产生心理上的压力和消极的应激反应。应激不仅与许多心身疾病有关,它还会对个体的工作效率和所要达到的目标产生影响。为了提高人的健康水平和生活质量,就必须有效地控制应激反应和矫正不良的行为习惯。这正是本节为什么要详细讨论应激的原因。

(一)应激的定义

应激是指个体对应激源或刺激所作出的反应。目前的研究认为,应激反应是一种包含有应激源、个体对应激源的评价以及个体的典型反应等因素相互作用的过程。

应激有积极的应激与消极的应激之分。塞利将人类对积极应激源的反应称之为好的应激,对消极应激源所作的反应称之为苦恼或忧伤。某种活动是产生积极的应激还是消极的应激,存在着一定的参考依据。例如,适度的体育锻炼是一种积极的应激源,它可以使个体变得更强壮、更适应;但是,过度的体育锻炼则可能导致个体身体的某些部位疼痛或身体受伤,使其变得苦恼。另外,某一事件是引起积极的应激还是消极的应激,还受个体认知评价的影响。例如,一个人认为用雪板滑降是一件有趣而富有刺激性的事,滑雪对其来说就是一种愉快的体验;另外一个人也尝试过滑雪,但他害怕寒冷的季节和摔伤,因此,他就将滑雪看成是一件令人烦恼的活动。

在生活与工作中,人需要一定程度的应激,这有助于提高生活的质量和工作的效率。一般而言,轻到中等程度的应激比较适宜,但适宜的应激个体之间有所不同。

(二)应激的征兆

处于消极应激状态下的人会显示某些征兆,但不同个体的征兆有所不同。通常认为,有下列几种比较典型的应激征兆。

1. 生理征兆

应激的生理征兆(如心跳加快、呕吐等)会引起一定的身体器官系统的变化。

例如,心跳加快反映了心肌的变化,呕吐反映了消化系统的变化,呼吸困难反映了呼吸系统的变化,经常性的头痛、疲劳、手颤抖反映了肌肉的紧张性变化,等等。

2. 焦虑与抑郁

在应激的心理征兆中,最通常的两种表现形式是焦虑与抑郁。焦虑是一种伴随着某种不祥之事而产生模糊的、令人不快的情绪,其中包含有紧张、不安、惧怕、愤怒、忧虑、烦躁和压抑等情绪体验。焦虑的产生通常没有显而易见的原因,它对于未来的不愉快的关注更甚于对当前情景的担忧。例如,当某人来到一个新单位时,对将会遇到的事情以及由此而产生烦恼的原因可能并不清楚,然而,正是这些不可名状的原因,使人处于不安情绪的控制之下,被焦虑所困扰。抑郁是指一种持久的心境低落状态,其特点是:对一般的活动失去兴趣、悲哀、缺乏活力、注意力不能集中等,这些情绪活动是由个体对事物的消极评价所引起的。

3. 睡眠障碍

失眠是应激的一种普通征兆,它会使个体的精力衰退。失眠产生的原因可能是对将要发生的事情感到焦虑或过于激动。例如,对将要逼近的考试过于关注和忧虑会产生失眠。虽然对某些人来说,一两个晚上睡不着觉是常有的事,但是,对另一些人来说,这可能是一种应激表现。

4. 性障碍

性障碍也可能是一种应激征兆,由忧虑引起的性障碍会进一步加重应激反应。国外有的心理学家认为性释放是减少紧张的一种方法,没有正常的性活动可能会导致一系列心理问题的产生。另外,怕怀孕、怕通过性途径传染上疾病也会导致应激。

5. 低自尊

在日常生活中,个体看待事物的方式常常会影响到应激的产生。低自尊的人倾向于以消极的方式看待外部环境,在遇到困难时,更容易打退堂鼓。由于不能找到解决问题的有效方法,他们更容易形成抑郁的情绪。正确地看待自己与他人将有助于降低应激水平。

(三)**应激源的类型**

应激源是指引起应激反应的刺激因素。引起应激反应的刺激因素有生理的、心理社会的和环境的。生理的应激源有热、冷、痛、饥饿、锻炼、睡眠不足、身体上的疼痛、性唤醒等;心理社会的应激源有家庭的期望、失去朋友、与其他重要人物发生矛盾、孤独、隔离、失业、失学、司法纠纷、抑郁、焦虑、恐惧等;环境的应激源有噪声、污染、洪水、恶劣的气候、人口膨胀等。在日常生活中,这些应激源都有可能会遇到。例如,对大学生来说,应激源可能是测验与考试,或是不喜欢某门课程、不喜欢某位教师、不喜欢与某些同学交往等。多数人都碰到过与家庭成员闹矛盾、对金钱过于关注、与所爱的人发生争执等问题。一种类型的应激源会激起另一种类型的应激源,例如,对期末考试的担忧(心理的)一直萦绕着个体,会使他产生失眠症状(生理的)。

如果一个人在近期内,生活变化比较大,那么,他患与心理因素有关的疾病或遭受意外的可能性将大为增加。

(四)应激模式

应激模式是从将生活情景中的中性事件看作忧伤的事情开始的。消极的认知评价出现后,紧接而来的是焦虑、神经质、愤怒等消极的情绪唤醒,随后出现的是心率加快、血压升高、出汗增加等生理唤醒,最后导致身心疾病、与家庭和朋友发生争执等不良结果。

让我们来看看在应激情景下,这个模式是如何工作的。假设你是位大学生,将在这个学期毕业,还没有拿到体育锻炼合格证(生活情景),你可能对自己说:"这是可怕的,我将不能毕业、找工作,我一定是太笨了,亲戚朋友将怎么看待我?"(将生活中的事件看作忧伤的)这将产生恐惧和对未来的不安全感、焦虑和对体育教师的愤怒(情绪唤醒)。这些不良情绪会导致心率增加、肌肉紧张和其他反应(生理唤醒)。最后,你可能形成紧张性头疼和肠胃不适(结果)。

如果对这个模式的任何一个阶段进行干预,将会使下一个阶段的反应不能出现。例如,假设你在毕业前没拿到体育锻炼合格证,你的评价是这样的:"现在没拿到体育锻炼合格证没关系,实际上,我的健康状况不错,老师、同学和我的关系不错,在他们的帮助下,我一定能拿到体育锻炼合格证。"在这种情况下,生活情景没有被看成是忧伤的,消极的情绪反应不会出现,伴随其后的生理唤醒也不会发生,最终,不良的结果更不会产生。另外,暂时没通过体育锻炼标准,可能会促使你更努力地锻炼,你的身体将变得更加健康、更加适应。

三、应对应激的放松方法

放松方法是以一定的暗示语集中注意,调节呼吸,使肌肉得到充分放松,从而调节中枢神经系统兴奋性的方法。放松的方法有多种,各种放松方法的共同点是:注意高度集中于自我暗示语或他人暗示语、深沉的腹式呼吸、全身肌肉的完全放松。

大脑与骨骼肌具有双向联系。心理紧张时,骨骼肌也会不由自主地紧张,而当心理放松时,骨骼肌则自然放松。反之亦然。因此,通过放松,可以使肌肉得到完全放松,从而降低心理的紧张度。

(一)自生训练

奥地利精神病学家舒尔兹提出的自生训练方法是目前普遍采用的一种放松技术。

自生训练包括想象手臂与腿是沉重的、温暖的。当想象这些情景时,能够使那些地方的血流量增加,这使得放松反应突然发生。在身体得到放松后,想象一下起镇静作用的情景(如在沙滩上的某一天,在绿树成荫的公园里,在夏日平静的湖面上)来放松头脑。自生放松练习要在他人指导语或自我指导语的暗示下缓慢地进行。

(二)呼吸锻炼

呼吸锻炼按如下方式进行:

(1)取一个舒适的位置,坐或躺下来,闭上眼睛。

(2)开始慢慢地呼吸,每次呼气与吸气的时候数数,从一数到三,以维持慢而有规律地呼吸模式。

(3)伸展四肢与呼吸相结合,可以获得更大的放松和减少应激。例如:吸气的时候,手臂向上伸,呼气的时候,手臂向下放。

在安静的室内进行这种锻炼 5~15 min。虽然呼吸锻炼不能减少所有的应激,但是,现有研究已经显示出,这也是减少应激的一种有效手段。

(三)沉思

练习沉思的技术将达到放松和内心平静的目的,沉思的方法有多种,常用的沉思方法是每日两次、每次安静地用 15~20 min 的时间,将注意力集中于一个单词或一种表象上,慢慢地而有规律地呼吸。沉思的目的是通过身体与心理的完全放松,达到减少应激的目的。这一技术的步骤如下:

(1)一开始,必须选择一个词或一个声音,在沉思的时候反复多次地重复这个词或声音。所选的词或声音应没有任何情绪色彩,它是完全放松的标志。

(2)开始沉思时,寻找一安静之处,闭上双眼,舒适地坐下来,进行深呼吸,使注意力不要分散。

(四)表象训练

表象训练又称念动训练、想象训练、心理演练等,它是指有意识地、积极地利用所有感觉在脑中对过去经历过的事进行重现或再创造的过程。使用这种技术能够降低个体的应激水平,其具体方法有如下几种。

1. 表象转移

这一方法是将个体从应激或失败的情景表象中转移至积极的情景表象中,具体实施时可采用"思维中止法",即当你脑中浮现应激情景并产生焦虑体验时,应大喝一声"停止",随后,想象愉快的情景。你应经常练习这一方法。

2. 回想成功的情景或经历

当一个人体验到焦虑时,他可以想象以前成功的经历或结果。克拉蒂(Cratty)曾报道过两个研究:一位大学长跑运动员在面临比赛应激情景时,回忆过去在中学比赛时的辉煌经历;另一位体操运动员在异国体操馆比赛感到紧张时,回想在本国体操馆比赛时受到观众热情支持的情景。结果发现,这两个运动员都降低了已经体验到的焦虑情绪。

3. 技能的表象训练

技能的表象训练有助于降低应激反应,尤其是在体育考试前应进行表象技能训练,可使自己将对成绩的担忧转移至对活动的注意上。例如,投篮考试前,可以首先想象自己正在一个无人的体育馆投篮,然后,想象自己在有同伴的情况下投篮,接下去想象所有的同学正注视着自己的情况下投篮,最后,可想象在同学发出对自己伤害性言语的情况下投篮。实施了这一方法后在随后的考试中即使面临各种应激情景时,也会面不改色手不软(指投篮)。

(五)休息和睡眠

减少应激与紧张的一种最有效方法是充分的休息与睡眠。休息好是抗击应激与疲劳的最好方法,最好是每晚睡 7～9 h,并且,由于身体自然荷尔蒙节律,建议每晚在接近相同的时间上床休息。除了晚上很好地睡眠外,白天午休 15～30min 也是减少应激的一种有效疗法。如果没有条件上床休息,靠着桌子伸伸腿、闭闭眼也可以。

总之,有多种方式成功地控制应激,关键是要找到最适合自己的技术,并加以坚持。为了确定哪种放松技术对你是最有效的,试试上面所介绍的每种技术,并对每种技术作出评定。

第四节 运动损伤的预防和康复

随着社会的发展和物质水平的提高,人们日益认识到健康的重要,越来越多的人加入到体育锻炼的队伍中来。这是因为他们认识到:"人虽不能享受生命的永恒,但体育锻炼却能延长生命之时钟。"然而,事物的存在和发展必然有其两重性,体育亦然。体育锻炼可以增进健康,防治疾病,延年益寿。但体育锻炼也常有运动性损伤、运动性疾病、甚至运动猝死的发生。因此,从某种意义上讲,体育锻炼本身是一把双刃剑,运用得好,人们受益匪浅;运用不当,适得其反。这就需要我们有科学锻炼的知识和实践,从而达到参与体育是为了享受体育之乐趣的目的。这一节将主要叙述运动损伤的起因、预防和康复训练等问题,以指导你科学有效地进行体育锻炼。

一、运动损伤的概述

(一)运动损伤的分类

体育运动过程中受到机械性和物理性方面因素所造成的伤害,称为运动损伤。运动损伤的分类方法很多,概括起来有以下几种。

1. 按损伤组织的种类分类

运动损伤可分为肌肉韧带的捩伤、撕裂、挫伤骨折、颅骨骨折、脊椎骨折、关节脱位、脑震荡、内脏破裂、烧伤、冻伤、溺水等。根据北京运动医学研究所的统计,由于运动所造成的严重创伤很少,大部分属小创伤,其中以肌肉、筋膜伤、肌腱腱鞘、韧带和关节囊伤最多,其次是肩袖损伤、半月板撕裂和髌骨软骨病。

2. 按运动创伤的轻重分类

不损失工作能力的轻伤;失掉工作能力 24h 以上,并需要门诊治疗的中等伤;需要长期住院治疗的重伤。

3. 按运动能力丧失的程度分类

受伤后能按锻炼计划进行练习的"轻度伤";受伤后不能按锻炼计划进行练习,须停止患部练习或减少患部活动的"中度伤";完全不能锻炼的"重度伤"。

4. 按损伤组织是否有创口与外界相通的分类

运动损伤可分为开放性损伤与闭合性损伤。

此外,根据发病的缓急,还可分为急性损伤和慢性损伤;根据病因,又可分为原发性损伤和继发性损伤等。

(二)运动损伤发生的原因

造成运动损伤的原因是多方面的,可分为直接原因和诱因。直接原因又可分为内部原因和外部原因;诱因可分为各项技术特点和解剖生理学特点。

1. 身体条件

年龄:青少年期骨骼发育尚未成熟,因此对外力的抵抗防御能力较弱。发育中的骨和软骨与成人相比也显得软弱。骨的长径生长与骨周围肌腱发育相比,前者显得较慢,所以在骨的突起部、肌肉肌腱附着部都容易发生损伤。

性别:黄种男性身体内脂肪含量平均是体重的13%,而女性高达23%。肌肉含量女性相对少于男性,所以膝关节部的运动损伤发生率女性比男性高。此外,女性激素呈周期性分泌,若月经紊乱,会造成雌激素分泌低下,已知这是造成疲劳骨折的原因之一。

体格、技能:体内脂肪多、体重重的人会使肌肉发达度减小,故身体的灵活性、耐久力相应也较差,更易造成损伤,尤其在抵御造成创伤的暴力时,体重重的人处于不利地位。屈肌群与伸肌群肌力之比是一个很重要的因素,很多情况下会造成肌肉撕裂伤。技术不熟练的锻炼者也更易发生损伤。

其他:在身体状况不良(慢性疲劳、贫血、感冒、痛经、睡眠不足等)的情况下,对意外事件缺乏敏锐的判断和快速准确的保护反应,就可能导致运动损伤。

2. 心理素质

从事冲撞性较强的运动(如足球)时,如果注意力不集中或集中持续时间不长,发生损伤的危险性增加。情绪不稳定、易急躁、急于求成,或在运动中因畏难、恐慌或害羞而犹豫不决的人,容易造成运动损伤。

3. 方法的因素

(1)质的因素。有些体育锻炼者由于不顾自身的条件而选择不适宜的运动项目,结果损伤的发生率提高。例如,年龄偏大的人进行足球运动,或试图采用蛙跳增强腰腿部肌肉力量,就会出现膝关节损伤;柔韧性练习时,韧带肌肉被动训练过度会造成肌肉撕脱。所以,体育锻炼要科学,并选择适合于自己身体条件的运动项目。

(2)量的因素。运动时间过长、运动量过大、运动频率过高等极易导致过度训练,过度训练是运动损伤的主要原因之一。过度训练是由于锻炼者接受的负荷量太大,使机体未得到充分恢复所致,其症状表现为静息心率加快、血压升高、睡眠不佳(失眠、多梦、易惊醒等)、食欲下降、体重减轻、无训练欲望、心情烦躁、易激怒、记忆力下降等。如过度训练不及时纠正,就会使人体免疫机能下降,这样增加了感染和慢性疲劳的发生率。

4. 环境因素

（1）自然环境。雨后路滑、光线不足、气温过高、过低或过于潮湿等，也能引起运动损伤。

（2）人工环境。锻炼者使用劣质器械，锻炼服装和鞋子不合适，缺乏必要的防护器具（如护膝、护踝、护腿等），运动场地不平坦或有小碎石或杂物，器械安装不牢固，器械的高低、大小与轻重不符合锻炼者的年龄、性别和训练水平的特点等，所有这些都能成为受伤的原因。

5. 诱因

诱因即为诱发因素，它必须在直接原因（如局部负担量过大，技术动作发生错误等）的同时作用下，才可成为致伤的因素。

各项运动技术的特点：由于各项运动项目都有自己的技术特点，人体各部位的负担量不尽相同，因此，各运动项目都会导致人体的易伤部位。例如网球运动易使锻炼者造成"网球肘"，长跑运动会导致锻炼者膝外侧疼痛症候群，等等。

解剖生理学特点：某些组织所处的特殊解剖位置在运动中易与周围组织发生摩擦和挤压，如肩袖。运动中由于相互间力学关系的改变，可导致负荷最大的组织发生损伤，如踝背伸 $60°\sim70°$ 发力跖屈时，跟腱处于极度紧张状态，但胫后肌及腓骨肌则比较松弛，若突然用力踏跳，可发生跟腱断裂等。

综上所述，由于各项运动都有其自身的特殊的技术要求，加之解剖生理学的特点，在直接原因的作用下，各项运动中所发生的运动损伤都具有一定的特点和规律。了解这些特点和规律，对于预防、诊断和治疗运动损伤有着重要的意义。

二、运动损伤的预防

参加体育锻炼的目的是为了增强体能，促进身心健康，而运动损伤的发生往往会使锻炼者的身心都受到一定的损害，因此，防患于未然就显得特别重要。锻炼者应采取一些运动损伤的预防措施，从而使体育锻炼健康安全而富有成效。

（一）运动损伤的预防重点

运动损伤的种类很多，各个运动项目对人体各部位的运动伤害各不相同。根据国内有关资料显示，运动员总地来说是小损伤多、慢性多、严重及急性者少。这些慢性的小损伤者中，有的是一次急性损伤后尚未完全康复就投练而变成慢性损伤，但更多的运动员是由于运动量安排不当造成局部过劳，最终导致过劳伤。因此，应注意对急性损伤作及时而正确的处理，并科学地安排运动量，以防各种组织劳损的发生。

在一般的学校体育运动中,锻炼者运动损伤的发生情况与运动员有相似之处,但也有较大差异。在体育课和课外活动中,学生急性损伤者相对较多,而劳损者较少。因此,要特别注意急性损伤的预防。但学生锻炼时也要注意合理安排运动量,以防发生劳损,其中尤以腱止装置部分的劳损和骨组织的劳损(如胫腓骨疲劳性骨膜炎、软骨炎等)较为多见。此外,学生锻炼时关节扭伤的发生率也较高,尤其以掌指关节及踝关节扭伤最为多见。因此,在从事球类和跑运动项目时应注意手指及足踝关节的扭伤。

(二)运动损伤的预防原则及基本方法

一般来说,在体育锻炼中运动损伤的预防应做好以下几个方面的工作:

(1)要从思想上对运动损伤的预防给予重视,并遵守体育锻炼的一般原则,同时,要加强身体的全面锻炼,提高机体对运动的适应能力。

(2)调节身体使处于良好的运动状态。

1)锻炼前应做好充分的准备活动。准备活动不但能使基础体温升高、肌肉深部的血液循环增加、肌肉的应激性提高和关节柔软性增强等,也能减少锻炼前的紧张感和压力感,这在很大程度上可以预防损伤的发生。

2)锻炼后应注意放松活动。放松活动是指在锻炼后通过放松方法使体温、心率、呼吸、肌肉的应激反应恢复到锻炼前的正常水平。

从预防损伤的角度来看,这同锻炼前的准备活动一样重要。根据不同的运动项目进行针对性的放松,可以防止锻炼后出现的肌肉酸痛,这有助于解除精神压力。

3)自我保护。锻炼者除了认真做好准备活动和放松活动外,也应了解和懂得初步处理锻炼后肌肉酸痛、关节不适的方法。肌肉酸痛的早期可做温水浴、物理疗法或自然按摩。

如果疼痛继续或者加重,应去医疗机构进行诊断治疗。同时锻炼中应密切注意自己的身体反应,及早发现运动损伤的早期症状,以便于早发现、早治疗、早康复。

(3)创造锻炼的安全环境。体育器具、设备、场地等在锻炼前都应进行严格的安全检查。例如,参加网球锻炼时球拍的重量、捏柄的粗细、网拍绳子的弹力应该适合锻炼者个人的情况;女性的项链、耳环等锐利物品在锻炼时应暂时不佩戴;锻炼者应根据运动的项目、脚的大小、足弓的高低选择一双弹性好的鞋子。

(4)注意科学锻炼。科学锻炼包括五大要素,即全面性、渐进性、个别性、反复性、意识性,前三个要素对预防损伤较为重要。全面性是指锻炼者应对体能进行全面训练,而不是单纯针对某一特定动作的反复练习。

渐进性是指锻炼者应逐步提高运动负荷和增加锻炼时间,以防机体一时不能适应而导致运动损伤。

个别性是指锻炼必须因人而异。性别、年龄、体力、技术熟练程度不同,活动量和方法也应不同。

(5)加强易伤部位训练。加强易伤部位和相对较弱部位的训练,提高它们的功能,是预防运动损伤的一种积极手段。例如,为了预防腰部损伤,应加强腰腹肌的训练,提高腰腹肌的力量,并增强其协调性和拮抗的平衡性。

三、常见的运动损伤

(一)肌肉拉伤

1. 肌肉拉伤的发生机制与分级

肌肉拉伤有许多种,可分成主动拉伤和被动拉伤两种。

前者是由于肌肉做主动的猛烈收缩时,其力量超过了肌肉本身所能承担的能力;后者主要是肌肉用力牵伸时超过了肌肉本身特有的伸展程度,从而引起拉伤。肌肉拉伤可能会从肌纤维的微小分离到肌纤维的完全断裂,临床上一般可分为以下三级:

一度:只有少数的肌纤维被拉长和撕裂,而周围的筋膜完好无损,纤维的断裂只在显微镜下能见到。运动时感到疼痛,但仍可以进行运动。

二度:有较多数量的肌纤维断裂,筋膜可能亦有撕裂,锻炼者可能感到"啪"一声拉断的感觉。常可摸到肌肉与肌腱连接处略有缺失和下陷。在撕裂处周围由于出血,水肿可能发生。

三度:肌肉完全被撕裂。撕裂处可能在肌腹、肌腱或者在肌腱与骨的连接点上。锻炼者基本上不能再活动。受伤后首先产生剧烈的疼痛,但疼痛会很快消退,因为此时神经纤维也被损伤了,这时一般需要外科手术的治疗。

2. 肌肉拉伤的预防

肌肉拉伤的预防,主要是针对发生的原因进行的。例如,大强度运动前要做好准备活动,尤其是易拉伤部位的准备活动;体质较弱者练习时要量力而行,防止过度疲劳和负荷太重;要提高动作技能的协调性,不要用力过猛;改善锻炼条件,注意练习场所的温度。冬季在野外锻炼时要注意保暖,不可穿得太薄;要注意观察肌肉的反应,如肌肉的硬度、韧性、弹力、疲劳程度等。肌肉拉伤后重新参加锻炼时要循序渐进,切勿操之过急,并要加强局部保护,防止再度拉伤。

3.肌肉拉伤的治疗

肌肉抗阻力试验是检查肌肉拉伤的一种简便方法。其做法是患者做受伤肌肉的主动收缩活动,检查者对该活动施加一定阻力,在对抗过程中出现疼痛的部位,即为拉伤肌肉的损伤处。

肌肉拉伤的治疗要根据具体情况而定。少量肌纤维断裂者,应立即给予冷敷;局部加压包扎,并抬高患肢,外敷中草药。肌肉大部分或完全断裂者,在加压包扎后立即去医院进行手术缝合。

(二)肌肉挫伤

1.肌肉挫伤的发生机制与分析

肌肉挫伤是足球、橄榄球运动中最常见的损伤。伤后引起疼痛与暂时性功能丧失,需要较长时间的康复治疗。典型挫伤发生于下肢,最常见的是股四头肌与胫前肌。

病理上肌肉挫伤的早期组织变化为血肿形成与炎症反应,与肌肉拉伤不同的是,其以后由致密结缔组织的疤痕取代血肿,疤痕中没有肌纤维再生。严重肌肉挫伤可引起骨化性肌炎并发症。局部疼痛与僵硬是骨化性肌炎最常见的症状,患者有时可触及肿块。临床挫伤分级如下:

一度(轻度)挫伤:局部压痛,膝关节活动度在90°以上,无步态改变。

二度(中度)挫伤:压痛较重并有肿块,膝关节活动小于90°,受伤者有跛行,不能深度屈曲膝关节。

三度(重度)挫伤:有严重肿胀与压痛,膝关节活动小于45°,在没有帮助下受伤者不能行走。

2.肌肉挫伤的预防

肌肉挫伤往往在接触性的运动(如橄榄球、棒球、足球或篮球运动等)中发生,因此,可以通过穿戴保护设备来预防肌肉挫伤,如从事足球运动时可戴护胫等。

另外,锻炼前应做好充分的准备活动;练习时不要用力过猛,以防超过肌肉、关节、韧带的负荷限度。

3.肌肉挫伤的治疗

肌肉挫伤发生后要马上停止锻炼,根据情况及时处理。如果皮肤出血,先用酒精或碘酒将伤口消毒,然后撒些磺胺结晶粉(外用消炎粉),用干净布包扎起来。如果受伤部位红肿疼痛,可先用冷水毛巾冷敷局部,防止继续出血。一天一夜后改用热水毛巾敷在局部,以活血、消肿、止疼。也可对受伤部位进行按摩,有条件的还可在受伤处涂上酒精或松节油。

经过治疗伤势减轻以后要及时活动受伤的关节或肌肉,借以恢复功能,如慢慢练习走路、下蹲、弯腰、举胳膊等,免得以后伤好了关节活动不灵,甚至肌肉发生萎缩。

(三)韧带损伤

1. 韧带损伤的发生机制和分级

韧带损伤是指用力过大、过度牵伸而导致不同程度的韧带纤维或其附着处的断裂。韧带附着在邻近骨端上,用以连接两骨,其深面与骨端间附有滑膜组织。韧带有较强的抗张能力,它保护关节在正常范围内活动,防止关节出现异常活动。如果外力使关节异常活动超越韧带所能承受的范围时,就会发生韧带损伤。韧带损伤多发生在受力较强而组织较脆弱的部位,其损伤的程度则取决于所受到作用力的强弱与时间的长短,如果所受外力较小,作用时间较短,往往没有明显的功能丧失,因为只有少量韧带纤维断裂,即所谓的韧带扭伤。如损伤程度较重,则有更多的韧带纤维断裂,表现为一定的功能丧失。如损伤严重,则韧带完全断裂,该韧带的功能也丧失,关节的稳定性受到影响。

韧带损伤时一般都有局部水肿,严重时有明显的出血血肿形成。韧带损伤愈合较慢,且不完全,如得不到积极治疗,韧带会被拉长或松弛,丧失正常的韧带张力,并容易引起再度损伤,造成关节不稳定而导致关节的退行性病变或创伤性关节炎。临床上,韧带损伤分为以下三级:

一度(轻度)损伤:韧带只有小部分被拉长或拉断,会产生轻微的疼痛和局部水肿,关节有较小的不稳定性,没有明显的功能丧失。

二度(中度)损伤:大量的韧带纤维被撕裂和分离,有一定程度的功能丧失,关节存在中等不稳定性,有明显的疼痛、水肿,可能发生肌肉僵硬。

三度(重度)损伤:韧带完全撕裂和分离,并完全丧失其功能,引起关节的极大不稳定性,由于神经可能受损,疼痛很快会消失,有严重的水肿。

2. 韧带损伤的预防

韧带损伤易发生的部位是踝关节、腕关节和膝关节,所以锻炼时可在这些部位加一些支持保护带。例如,在足球运动中运用护膝,在篮球、网球运动时运用护腕;避免在不平整的场地上锻炼;减少篮、足球运动中的一些冲撞动作;平常多做加强关节周围肌肉伸展性的练习,以增大肌肉对关节的支持力。

3. 韧带损伤的治疗

对于轻度韧带损伤,治疗方法主要是止痛与加快消肿。韧带损伤发生后,应进行局部冷敷、加压包扎、抬高伤肢。24～48h 后对伤部周围热敷或按摩。3 天后对伤部热敷或按摩;中度损伤的治疗关键是制动,使韧带处在避免牵拉的位置,以便加速愈合,可用弹性绷带固定受伤处;对于重度损伤,则应在损伤早期将韧带断端进行良好的对合。

(四)胫腓骨疲劳性骨膜炎

1. 胫腓骨疲劳性骨膜炎的发生机制与症状

初参加体育锻炼的人其发病率较高。胫腓骨疲劳性骨膜炎的发生原因是由于跑跳的时间过长,小腿肌肉在胫腓骨的附着点受到过分的牵拉,刺激骨膜引起的非细菌性的炎症。初参加锻炼的人,下肢的肌肉还不发达,缺乏弹性,跑跳时不能协调地收缩和放松,脚落地时,也不会利用缓冲力量,致使骨膜反复受到牵拉。另外,天气较冷时,没有做好充分的准备活动,腿部的肌肉、肌腱比较僵硬,以及在硬地上跑跳时间过长,都容易引起这种损伤。胫腓骨疲劳性骨膜炎多在剧烈跑跳后十几天发生,有时也发生在坚硬的场地上练习脚尖跑、变速跑、跨步跑、后蹬跑以及上下坡跑等场合。胫腓骨疲劳性骨膜炎的具体症状是疼痛、压痛、骨膜下水肿等。

2. 胫腓骨疲劳性骨膜炎的预防

对以下三个方面予以关注将有助于预防胫腓骨疲劳性骨膜炎的发生:

(1)参加体育锻炼的人特别是在练习跑跳时,要遵循循序渐进的原则,不要突然加大运动量,更要防止过度疲劳。

(2)脚尖着地跑要和脚掌着地跑交替进行,后蹬跑和上下坡跑要练习一会休息一会,增强下肢肌肉的力量和弹性,使其有个适应过程。

(3)剧烈跑跳前要做好准备活动,使肌肉和肌腱充分活动开。脚着地时注意利用缓冲力,更不要在坚硬的场地上长时间跑跳。

3. 胫腓骨疲劳性骨膜炎的治疗

首先,要停止大运动量的练习,避免剧烈的跑跳,或每天用 40～50℃ 的温水浸泡患处半小时,并用绷带将小腿下部包扎起来,休息几天就会好转。其次,要用热水袋或热水毛巾局部热敷,促进血液循环,加快渗出物的吸收。第三,病情严重的要完全休息,待彻底治愈后再进行锻炼。

(五)腰扭伤

1. 腰扭伤的发生机制与症状

腰扭伤在举重、跳水、投掷、体操、篮球、排球等运动中最容易发生。人体腰部的正中有一条脊梁骨,是由 5 个脊椎骨连起来的,叫作腰椎。连接腰椎骨的有很多条韧带和细小的肌肉,人向前后左右弯腰以及腰部的伸长、缩短,都靠这些肌肉收缩来牵动。肌肉收缩虽有一定的伸展力和弹性,但也不能突然超过限度。有些体育活动腰部最吃力,如果腰部的肌肉还没活动开就猛一用力,肌肉和韧带伸过了劲,就容易撕开和拉伤,造成腰扭伤。

2. 腰扭伤的预防

第一,在剧烈运动前要做好充分的准备活动,主要是做好腰部的准备活动,如前后弯腰、左右转身、上跳下蹲等,待腰部的血液流通、局部发热后再参加剧烈活动。第二,要注意体育活动时的姿势正确,用力得当。不管从事哪一项体育活动,都要掌握一定的动作要领。腰部用力要逐渐加强,动作要协调平衡,不要过猛。第三,加强腰部肌肉的锻炼,尤其是以腰部活动为主的练习项目,能够使脊椎骨的活动度增加,韧带的弹性和伸展性增强,肌肉更加发达有力,即使在担负较大力量的情况下,也不容易发生撕裂扭伤现象。

3. 腰扭伤的治疗

发生腰扭伤后,要停止活动,立即休息。如果不休息、不及时治疗,容易反复发作留下病根,变成慢性腰腿痛。躺在床上休息时,为了使腰部的肌肉放松,腰下可垫个薄点的软枕头,以减轻疼痛。腰扭伤后,用热敷疗法较好。并注意适当加强背肌练习,也可去医院接受治疗。

(六)骨折

1. 骨折的发生机制与症状

骨折可分为完全性骨折(骨完全断裂为两块,如横断骨折、螺旋骨折)和不完全性骨折(骨未完全断裂,如裂缝骨折、柳枝骨折)。锻炼时发生骨折的原因有:第一种是直接暴力,如踢足球时小腿被踢伤发生的胫骨骨折,跪倒在地面引起的膑骨骨折。第二种是间接暴力,如自单杠上摔下,用手扶地时发生的肱骨髁上骨折,足球守门员扑球时摔倒引起的锁骨骨折等。第三种是牵拉力,因肌肉强烈收缩时引起,如举重时提起杠铃突然进行翻腕动作,前臂屈肌附着在肱骨内上髁处可因肌肉突然收缩而产生的撕脱骨折。第四种是积累性暴力,因劳损的积累导致疲劳性骨折(如胫骨疲劳性骨折)。骨折后的症状一般都比较严重,主要表现为疼痛、肿胀、皮下淤血、功能丧失、出现畸形和假关节、有压痛和震痛感等。

2. 骨折的预防

在剧烈运动中,尽量减少冲撞性的动作,尤其是作用时间短、强度大的动作是骨折发生的最危险因素,比如足球运动中腿部受到冲撞,胫腓骨极易发生骨折。进行体操动作练习时腕部舟状骨骨折容易发生。总之,避免剧烈运动中的碰撞,骨折的发生率将大大降低。

3.骨折的治疗

骨折发生后要立即停止伤肢的活动,并进行急救。如果病人有休克的症状,要平躺休息,喝些热茶水,然后进行包扎。固定包扎时,动作要轻巧、缓慢,不要乱拉乱拖,以免造成严重的错位,影响整复。包扎固定后,应去医院接受进一步的治疗。

(七)肌肉痉挛

1.肌肉痉挛的发生机制与症状

肌肉痉挛,俗称抽筋,是肌肉持续不自主的强直收缩。在体育运动中最易发生痉挛的肌肉是小腿腓肠肌,其次是足底的屈拇肌和屈趾肌。肌肉痉挛原因有以下几点:

(1)体育活动中大量排汗使体内电解质丢失。这些电解质在人体内的浓度水平与肌肉神经的兴奋性有关,当丢失过多时肌肉兴奋性增高,肌肉易发生痉挛。这种情况多见于天气炎热或进行长时间剧烈活动时。

(2)运动时,由于肌肉快速的连续收缩,放松的时间太短,导致肌肉收缩与放松的协调关系遭到破坏,从而发生肌肉痉挛。

(3)在寒冷的环境中若未做准备活动或准备活动不充分就进行体育活动,肌肉会受到寒冷的刺激而引起肌肉痉挛。

(4)局部肌肉疲劳或有微细损伤时,也可引起肌肉痉挛。肌肉发生痉挛时,局部肌肉坚硬或隆起,剧烈疼痛,且一时不易缓解。

2.肌肉痉挛的预防

为了预防肌肉痉挛,锻炼前做充分的准备活动,对容易发生痉挛的肌肉可事先做适当按摩。冬季户外锻炼要注意保暖。夏季锻炼时要注意适当补充淡盐水及维生素B等。此外,疲劳和饥饿时,最好不要进行锻炼。

3.肌肉痉挛的治疗

常用方法是牵引痉挛肌肉,使它伸长和松弛。用力要缓慢而持续,不可使用暴力。痉挛缓解后应适当按摩肌肉,如重推、揉、揉捏、按压,以促使痉挛解除。例如腓肠肌痉挛时,先让患者平坐或仰卧,伸直膝关节,牵引者双手握住患者足部并抵于牵引者的腹部,利用牵引者躯干前倾的适度力量,将患者的脚掌和脚趾缓慢地向上扳;若屈拇肌、屈趾肌痉挛,用力将脚趾向上扳,但切忌使用暴力。

四、运动损伤的康复训练

康复训练是指锻炼者遭受损伤后进行有利于恢复或改善功能的身体活动。对锻炼者来说,除严重的损伤需要休息治疗外,一般的损伤是不必绝对停止身体练习的。而且,通过适当的、有目的的身体练习和功能锻炼,对于损伤的迅速愈合和促进功能的恢复有着积极的作用。

(一)康复训练的目的

(1)保持锻炼者已经获得的良好身体状态,使其一旦伤愈便能立即投入到正常的体育锻炼中去。

(2)防止因停止锻炼而引起的各种疾病。这是因为个体在长期的体育锻炼中建立起来的各种条件反射性联系,一旦突然停止锻炼便可能遭到破坏,进而产生严重的机能紊乱,如神经衰弱、胃扩张、胃肠道机能紊乱(功能性腹泻)等,即出现所谓的"停训综合征"。

(3)锻炼者伤后进行适当的锻炼,可加强关节的稳定性,改善伤部组织的代谢与营养;加速损伤的愈合,促进功能、形态和结构的统一。

(4)通过伤后的康复训练,可以使机体能量代谢趋于平衡,防止体重的增加,缩短伤愈后恢复锻炼所需的时间。

(二)康复训练的原则

(1)伤后的康复训练以不加重损伤、不影响损伤的愈合为前提。应尽量不停止全身的和局部的活动。而且,伤部肌肉的锻炼开始得愈早愈好。

(2)在进行康复训练时,要根据自己的年龄、损伤的部位和特点来选择伤后锻炼的手段和内容,安排好局部和全身的锻炼时间和活动量。

(3)康复训练时的活动量的安排,必须遵守循序渐进的原则。特别是在进行损伤愈合过程中的局部锻炼时,其动作的幅度、频率、持续时间、负荷量的大小等都应逐渐增加。否则,会加重损伤或影响损伤的愈合,甚至会使损伤久治不愈而成陈旧性损伤。

(4)康复训练应注意局部专门练习与全面身体活动相结合。在损伤初期,由于局部肿胀充血、疼痛和功能障碍等,这时以全面身体活动为主,在不加重局部肿胀和疼痛的前提下,进行适当的局部活动。随着时间的推移,损伤逐渐好转或趋向愈合,局部活动的量和时间可逐渐增加。

(三)康复训练的内容和方法

1. 主动运动

主动运动是由患者自己主动完成的一种训练,它包括静力练习、动力练习和等动练习。

静力练习时肌肉的收缩方式属于等长收缩,练习时只是肌肉保持在一个固定的长度上,关节不活动。

动力练习时,关节要产生活动,收缩时肌肉缩短,其产生的活动属于等张运动。等动练习是利用一种特殊的器械"等动练习器"所进行的一种肌肉练习法。练习时肌肉以最大的力量,做全幅度的收缩运动。该练习依靠器械的作用,将运动的速度限制在适宜的水平上,使肌肉在运动的过程中保持高度的张力,从而获得更好的锻炼效果,它兼有等长与等张收缩两者的优点。

2. 被动运动

被动运动后的各类功能障碍可以通过各种被动活动,使痉挛的肌肉得到放松,挛缩的肌肉、韧带和关节囊得到牵伸,增大关节的活动度,恢复关节功能。

3. 渐进抗阻运动

该练习可以增进肌力和耐久力,抗阻练习可以增加关节的活动范围与柔韧性,对伤愈后从事正常的锻炼时防止损伤也有益处。

思考题二

1. 健康的定义是什么？心理健康与生理健康有什么关系？
2. 体育锻炼有什么健康益处？
3. 运动损伤的分类是什么？预防运动损伤的方法有哪些？

第三章 《国家学生体质健康标准》解读

本章摘要：本章主要介绍我国为什么要实施《国家学生体质健康标准》（以下简称《标准》）。通过学习，学生应该了解作为一名当代大学生，不但要出色地完成学业，同时还应该达到什么样的国家学生体质的健康标准，将来成为国家的有用之才。

第一节 我国《国家学生体质健康标准》制定的历史背景和实施的重要意义

一、制定《标准》的历史背景及我国学生体质健康评价制度的演变和发展

新中国建国50多年来，党和国家一直非常关心和重视广大学生的身体健康，原国家教委、原国家体委等有关部门从鼓励和推动学生积极参加体育锻炼，增强学生体质的目的出发，在不同时期先后制定了《劳动卫国体育制度条例》（以下简称《劳卫制》）、《国家体育锻炼标准》、《大学生体育合格标准》、《中学生体育合格标准》、《小学生体育合格标准》及《初中毕业生升学体育考试办法》等一系列制度，并于2002年开始在全国试行《学生体质健康标准》。这些制度的制定和实施，对于增强学生体质，促进我国学校体育工作具有积极作用，其突出地表现在以下三点。

(1)对于贯彻落实《中华人民共和国体育法》（以下简称《体育法》）、《全民健身计划》和《学生体育工作条例》，促进和保证体育课教学，以及早操、课间操和课外活动的开展起到了重要的促进作用。

(2)有利于学生按照要求参加体育锻炼，促进学生身体素质的发展和自觉参加体育活动行为习惯的养成。

(3)通过这些标准的测试和评价，有效地促进了学校体育工作的展开，对于学校体育评价发挥了重要的作用，是学校体育总体评价的重要内容。

我国学生体质健康测量与评价制度的演变和发展，是与我国不同时期社会、经济、科技、文化和教育的发展水平相适应的；是与全国提高青少年的身体健康素质、满足国家对受教育者的全面发展和培养人才战略的基本要求相一致的。新的《国

家学生体质健康标准》是在新的历史条件下,根据社会发展的变化要求,面对新的情况、新的问题所采取的积极措施。新中国建国以来,《劳卫制》《国家体育锻炼标准》《学生体质健康标准(试行方案)》的制定、颁布和实施,促进了学生体质健康测量与评价制度的发展和完善,为新的《标准》积累了丰富的经验,了解这些标准的演变和发展,以及当时的社会背景将有利于正确认识并实施新的《国家学生体质健康标准》。

(一)《劳卫制》

新中国的成立揭开了中国学校体育的新篇章。1950年8月,中国体育访问团赴苏联,全面考察和学习了苏联体育(包括学校体育)的经验,引进了《劳卫制》,从1951年开始在部分地区试行。1954年,在借鉴苏联经验的基础上,根据在部分地区试行的情况,政务院批准并发布了《劳卫制》暂行条例,经过试行和反复修改,于1958年由国务院正式公布实施《劳动卫国体育制度条例》及相关项目标准和测验规则,其中第一条明确指出:劳卫制是国家根据社会主义建设事业需要,对人民在体育锻炼上的基本要求而制定的,其目的在于鼓励人民积极参加体育锻炼,促进体育运动的广泛开展,提高运动技术水平,使人民身强力壮,意志坚强,更好地为社会主义建设和保卫祖国服务。《劳卫制》由预备级(少年级)、第一级和第二级三个级别组成,在一级和二级中还按照性别差异根据某一年龄段中体能的发展设置了男女若干个年龄组。在项目设置上,除了发展身体素质和机能的锻炼项目以外,《劳卫制》还设置了诸如射击、手榴弹掷远、行军、国防知识等内容,反映了当时巩固国家政权和建设祖国的社会需要。当时,学生的体质健康状况受到国家经济比较落后、学校卫生条件比较差以及营养不足等因素的影响,亟待提高。因此为改善学生的体质健康状况,在锻炼身体、建设和保卫祖国的热潮推动下,我国的《劳卫制》产生和发展起来了,并对学校体育教学工作也产生了深刻的影响,促进了包括学生在内的群众体育运动的开展,对广大学生和成年人的体制健康起到了积极的作用。

《劳卫制》在实施的过程中也受到了多种不利因素的影响,例如部分学校和地区受浮夸风的影响,在实施过程中急于求成,搞反复测试,突击达标,违反体育锻炼的客观规律,并冲击了正常的体育课教学;此外,连续三年的严重自然灾害导致了国家的财政经济困难,广大学生出现了营养不良,体制健康水平下降,这些使得《劳卫制》的推行受到影响,被迫中断。此后,在1964年《劳卫制》改名为《青少年体育锻炼标准》。

虽然《劳卫制》的实施经历了轰轰烈烈、坎坷与挫折的过程,但它在特定的历史条件下为改善和提高少年儿童的体质健康状况作出了不可磨灭的巨大贡献,开创了中华人民共和国成立以来国民体质健康促进事业的新纪元,也开创了学生体质健康评价工作的先河。

(二)《国家体育锻炼标准》

1975年5月,经国务院批准,国家体委公布了《国家体育锻炼标准》,要求在学校广泛实施。此后,在1982年,1990年又进行了修改,一直沿用至今。1995年开始施行的《中华人民共和国体育法》规定:学校必须实施国家体育锻炼标准,对学生在校期间每天用于体育活动的时间给予了保证。

在这一时期,我国国民经济和各项事业都进入了良性发展的轨道,特别是1978年党的第十一届三中全会做出了把工作中心转移到社会主义现代化建设上来和实行改革开放的战略决策,带来了国民经济的快速增长,同时特别重视受教育者应掌握充足的知识和技能,强调全面发展。在科学技术转化为生产力,提高劳动效率,使人民群众的生活水平得到了稳步的改善与提高的同时,也使人们从事体力劳动的机会不断减少,电视机、视盘机(VCD机和DVD机)、计算机等的普及也导致学生身体活动时间不断减少,生活水平提高与体制健康水平下降的矛盾逐渐显现。社会对于学生的体质健康更加重视,从1985年开始,教育部、国家体育总局、卫生部、国家民族事务委员、科学技术部等五部委(局)共同组织展开了全国性的学生体质健康调研,到2005年已经进行了五次,以全面了解我国学生的体质与健康状况及其变化趋势。

实施《国家体育锻炼标准》的目的是:鼓励和推动人民群众,特别是青少年、儿童积极参加体育锻炼,以增强体制,提高运动技术水平,培养共产主义道德品质,更好地为社会主义现代化建设和保卫祖国服务。《国家体育锻炼标准》面对全体人群,分四个组进行测验,分别是儿童组,9~12岁,相当于小学3~6年级;少年乙组,13~15岁,相当于初中;少年甲组,16~18岁,相当于高中;成年组,19岁以上,相当于大学。其测试内容主要是对身体素质项目进行测验,共分五大类,与《劳卫制》相比删除了射击、手榴弹掷远、行军、国防知识教学等内容。所选项目强调增强体质效果好,少而精,既能促进身体全面发展,又简便易行,便于测试记录成绩,并适当兼顾为提高运动技术水平打基础。主要由体育行政部门主管,具体实施时会同教育等有关部门进行,同时强调学校应当把体育锻炼标准的施行工作同体育课、课外体育活动紧密结合,并纳入学校工作计划。它的推行对促进全社会关注学校体育,督促学生积极地参加体育锻炼,保证身体正常发育,增强体制都起到了重要的作用。

(三)《学生体质健康标准(试行方案)》

进入21世纪以来,我国的综合国力有了极大的提高,人民的生活水平发生了翻天覆地的变化,越来越多的中国人开始享受科学技术和现代文明所带来的便捷、舒适的现代生活。现代文明在带给人们充分的物质享受的同时,也给人类的健康带了新的威胁。由于精神紧张、营养过剩、运动不足、环境污染等因素所引发的非传染性疾病在全球的不断蔓延,处于"亚健康状态"的人群不断地扩大。对于学生来说,升学压力大、睡眠不足正成为影响他们身心健康的重要因素;生活水平的普遍改善,热量、脂肪等摄入过多及食物结构的不尽合理,加之营养科学知识的宣传普及滞后,特别是沉重的课业压力使得学生锻炼时间减少,导致了肥胖发生率的不断增加。2002年学生体质健康监测结果显示,学生形态发育水平继续提高、营养状况继续改善、握力水平有所提高、几种常见疾病(低血红蛋白、龋齿等)的患病率继续下降;反映肺脏功能的肺活量测试继续呈现下降趋势;超重及肥胖学生明显增多,已成为城市学生主要的健康问题。

为了解决这些问题,适应社会发展以及人们对健康的迫切需要和对生活质量的不断追求,必须从青少年儿童的健康抓起。因此,2002年7月由教育部、国家体育总局联合下发了《学生体质健康标准(试行方案)》,作为《国家体育锻炼标准》在学校的具体实施,并在第一条指出了它的目的和意义:贯彻《中共中央国务院关于深化教育改革全面推进素质教育的决定》提出的"学校教育要树立健康第一的指导思想,切实加强体育工作"的精神,促进学生积极参加体育锻炼,养成经常锻炼身体的习惯,提高自我保健能力和体质健康水平。

"健康体魄是青少年为祖国和人民服务的基本前提,是中华民族旺盛生命力的体现。"这是中共中央国务院在当前的历史条件下,从我国人才培养和可持续发展战略的高度出发对青少年学生提出的基本希望和要求,也为研制《学生体质健康标准》确定了明确方向,同时,青少年学生的全面发展以及增进健康的问题已成为全世界所关注的热门话题。《学生体质健康标准(试行方案)》根据学生的生长发育规律,将测试对象按照年级分组,小学一、二年级为一组,小学三、四年级为一组,小学五、六年级为一组,初中和高中每年级为一组,大学为一组。该标准从身体形态、身体机能、实体素质等方面综合评定学生的体质健康状况,在测试内容中,选择了与学生身体的发展及身体健康素质关系最为密切的一些要素作为测试的内容。例如:新增加了"身高标准体重"这一指标对学生身体的匀称进行评价,间接反映学生的营养状况,以引导学生及家长和全社会来关注少年儿童的身体形态和肥胖(或营养不良)状况。

在《学生体质健康标准》试行过程中,对于引导学生正确认识和了解自己的健康状况,有针对地进行身体锻炼起到了非常积极的作用。但是随着时代的发展,人们对自身健康的要求越来越高,标准也需要不断发展完善,同时这些标准在实施过程中也难免出现一些这样或那样的问题,例如,由于《学生体质健康标准(试行方案)》中部分项目的评分标准较低,原本是想激发学生锻炼的兴趣和积极性,但有的学生却因为不需要过多努力就能及格,锻炼的积极性反而下降;此外,为了较准确地对学生进行测试并减轻教师负担,《学生体质健康标准(试行方案)》没有过多选用可用于锻炼的项目和内容,而是提出通过体育课中丰富多彩的教学内容来促进学生积极锻炼,从而提高测试成绩,但同时由于部分学校对体育课教学内容缺乏明确的要求,这些在一定程度上也影响了学生的体质健康水平。2005年全国学生体质健康与健康调研结果表明:学生形态发育继续提高,营养状况继续改善,低血红蛋白等常见病检出率继续下降,握力水平有所提高;但同时也存在一些不可忽视的问题,包括肺活量水平继续呈下降趋势、速度、爆发力、力量耐力素质水平进一步下降,肥胖检出率继续上升,视力不良检出率仍然居高不下。为扭转这种不利局面,切实加强学校体育工作,改善学生体质健康水平,教育部和国家体育总局组织专家在广泛深入调查研究的基础上,对《学生体质健康标准》进行了完善和修改。

二、实施《标准》的重要意义及《标准》的说明

(一)实施《标准》的重要意义

1. 贯彻落实《体育法》

《国家体育锻炼标准》是经国务院批准实施的我国重要的体育制度,《体育法》明确规定:学校必须实施国家体育锻炼标准,对学生在校期间每天用于体育活动的时间给予保证。《标准》是《国家体育锻炼标准》在学校的具体实施,目的在于鼓励广大青少年自觉积极地锻炼身体,促使身体的正常发育和全面发展,增强体质,为全面建设社会主义现代化国家,为培养德、智、体、美全面发展的建设人才服务。《标准》的实施不仅会促进学生积极锻炼,纠正和改变目前学生体质健康状况出现的突出问题,使学生拥有健康的体魄和健全人格,而且还是依法办学、依法执教的重要内容。

2. 贯彻落实"健康第一"的指导思想和全国学校体育工作会议的精神

学校教育,特别是学校体育直接肩负着"增强学生体质"和"促进学生健康"的使命。《标准》是积极贯彻落实《中共中央国务院关于深化教育改革全面推进素质教育的决定》所提出的"健康体魄是青少年为祖国和人民服务的基本前提,是中华民族旺盛生命力的体现,学校教育要树立健康第一的指导思想,切实加强体育工作"这一思想的重大举措,也是深化学校体育教学改革、推进素质教育的重要步骤。《标准》是学生体质健康的个体评价标准和学生是否能够毕业的基本条件之一,是激励学生积极参加体育锻炼、促进学生体质健康发展的一种教育手段,引导广大青少年学生努力拥有健康的体魄和健全人格,将"健康第一"的指导思想落到实处,充分发挥学校体育在素质教育中的作用。

3. 满足社会发展对人体健康的需要

关爱生命,追求健康是现代人渴望的目标。实施《标准》对于唤起学生的健康意识、改变学生不良的生活习惯和生活方式、促进学生健康的成长必将起到积极的作用。《标准》是激励学生积极进行身体锻炼的教育手段,而不是为了甄别和选拔优秀体育运动员。《标准》采用的是个体评价标准,针对身体形态、身体机能、身体素质和运动能力设置了专门的测评项目,有些项目还具有简便易行,锻炼身体实效性较强等特点,能够帮助学生发现自身的不足或个体差异,并通过测评促进学生积极参加体育锻炼,通过锻炼改善体质健康状况,促进身体全面发展,成为具有正确的体育意识和健康的生活方式的高素质的建设者,使学校体育在促进国民健康素质方面起到应有的作用。

4. 发展和完善学生体质健康评价体系

学生体质健康评价是学校体育工作中的重要环节,也是学校教育评价体系中的重要组成部分。正确、合理地对学生进行体质健康评价,对于促进学校体育和教育工作有着重要的意义。《标准》是在继承了《劳卫制》《国家体育锻炼标准》的成功经验,认真总结了《学生体质健康标准》试行工作的基础上,根据当前学校体育工作中的有关问题,特别是学生体质调研发现的肺活量水平继续呈下降趋势,速度、爆发力、力量耐力、耐力素质水平进一步下降,肥胖检出率继续上升等问题,参考国际上有关研究的成功经验和先进做法,对《学生体质健康标准》进行了修改和完善,定名为《国家学生体质健康标准》并正式颁布实施。《标准》对于评价学生的体质健康状况,引导学生积极锻炼都有了新的发展。《标准》从建立和完善我国学校教育评价体系的目标出发,体现了学校体育的价值,回答了学校体育为什么要以"体质健康"为本和怎样以"体质健康"为本的问题,明确了"体质健康"不仅应是学校教育和学校体育追求的目标,而且还是学校体育课程存在的根本理由。《标准》的实施将对我国深化学校体育改革、完善体质健康评价体系、促进全体学生综合素质的提高,具有深刻的影响和深远的历史意义。

(二)《标准》(2014 年修订)的说明

(1)《标准》是国家学校教育工作的基础性指导文件和教育质量基本标准,是评价学生综合素质、评估学校工作和衡量各地教育发展的重要依据,是《国家体育锻炼标准》在学校的具体实施,适用于全日制普通小学、初中、普通高中、中等职业学校、普通高等学校的学生。

(2)本标准的修订坚持健康第一,落实《国家中长期教育改革和发展规划纲要(2010—2020 年)》、《国务院办公厅转发教育部等部门关于进一步加强学校体育工作若干意见的通知》(国办发〔2012〕53 号)和《教育部关于印发〈学生体质健康监测评价办法〉等三个文件的通知》(教体艺〔2014〕3 号)有关要求,着重提高《标准》应用的信度、效度和区分度,着重强化其教育激励、反馈调整和引导锻炼的功能,着重提高其教育监测和绩效评价的支撑能力。

(3)本标准从身体形态、身体机能和身体素质等方面综合评定学生的体质健康水平,是促进学生体质健康发展、激励学生积极进行身体锻炼的教育手段,是国家学生发展核心素养体系和学业质量标准的重要组成部分,是学生体质健康的个体评价标准。

(4)本标准将适用对象划分为以下组别:小学、初中、高中按每个年级为一组,其中小学为 6 组、初中为 3 组、高中为 3 组。大学一、二年级为一组,三、四年级为一组。

(5)小学、初中、高中、大学各组别的测试指标均为必测指标。其中,身体形态类中的身高、体重,身体机能类中的肺活量,以及身体素质类中的 50 m 跑、坐位体前屈为各年级学生共性指标。

(6)本标准的学年总分由标准分与附加分之和构成,满分为 120 分。标准分由各单项指标得分与权重乘积之和组成,满分为 100 分。附加分根据实测成绩确定,即对成绩超过 100 分的加分指标进行加分,满分为 20 分;小学的加分指标为 1 分钟跳绳,加分幅度为 20 分;初中、高中和大学的加分指标为男生引体向上和 1 000 m 跑,女生 1 min 仰卧起坐和 800 m 跑,各指标加分幅度均为 10 分。

(7)根据学生学年总分评定等级:90.0 分及以上为优秀,80.0~89.9 分为良好,60.0~79.9 分为及格,59.9 分及以下为不及格。

(8)每个学生每学年评定一次,记入《〈国家学生体质健康标准〉登记卡》。特殊学制的学校,在填写登记卡时可以按规定和需求相应地增减栏目。学生毕业时的成绩和等级,按毕业当年学年总分的50%与其他学年总分平均得分的50%之和进行评定。

(9)学生测试成绩评定达到良好及以上者,方可参加评优与评奖;成绩达到优秀者,方可获体育奖学分。测试成绩评定不及格者,在本学年度准予补测一次,补测仍不及格,则学年成绩评定为不及格。普通高中、中等职业学校和普通高等学校学生毕业时,《标准》测试的成绩达不到50分者按结业或肄业处理。

(10)学生因病或残疾可向学校提交暂缓或免予执行《标准》的申请,经医疗单位证明,体育教学部门核准,可暂缓或免予执行《标准》,并填写《免予执行〈国家学生体质健康标准〉申请表》,存入学生档案。确实丧失运动能力、被免予执行《标准》的残疾学生,仍可参加评优与评奖,毕业时《标准》成绩须注明免测。

(11)各学校每学年开展覆盖本校各年级学生的《标准》测试工作,《标准》测试数据经当地教育行政部门按要求审核后,通过"中国学生体质健康网"上传至"国家学生体质健康标准数据管理系统"。测试和数据上传时间由教育行政部门确定。

(12)本标准由教育部负责解释。

第二节　高等学校《国家学生体质健康标准》的测试项目及评分标准

一、测试项目(见表3-1)

表3-1　单项指标与权重

测试对象	单项指标	权重/(%)
大学各年级	体重指数(BMI)	15
	肺活量	15
	50 m跑	20
	坐位体前屈	10
	立定跳远	10
	引体向上(男)/1 min仰卧起坐(女)坐(女)	10
	1 000 m跑(男)/800 m跑(女)	20

注:体重指数(BMI)=体重(kg)/身高^2(m^2)。

二、《标准》高等学校的测试项目的评分标准(见表 3-2～表 3-15)

表 3-2　男生体重指数(BMI)单项评分表　　（单位：kg/m²）

等级	单项得分	大学
正常	100	17.9～23.9
低体重	80	≤17.8
超重		24.0～27.9
肥胖	60	≥28.0

表 3-3　女生体重指数(BMI)单项评分表　　（单位：kg/m²）

等级	单项得分	大学
正常	100	17.2～23.9
低体重	80	≤17.1
超重		24.0～27.9
肥胖	60	≥28.0

表 3-4　男生肺活量单项评分表　　（单位：mL）

等级	单项得分	大一大二	大三大四
优秀	100	5 040	5 140
	95	4 920	5 020
	90	4 800	4 900
良好	85	4 550	4 650
	80	4 300	4 400
及格	78	4 180	4 280
	76	4 060	4 160
	74	3 940	4 040
	72	3 820	3 920
	70	3 700	3 800

续 表

等级	单项得分	大一大二	大三大四
及格	68	3 580	3 680
	66	3 460	3 560
	64	3 340	3 440
	62	3 220	3 320
	60	3 100	3 200
不及格	50	2 940	3 030
	40	2 780	2 860
	30	2 620	2 690
	20	2 460	2 520
	10	2 300	2 350

表 3-5 女生肺活量单项评分表　　（单位：mL）

等级	单项得分	大一大二	大三大四
优秀	100	3 400	3 450
	95	3 350	3 400
	90	3 300	3 350
良好	85	3 150	3 200
	80	3 000	3 050
及格	78	2 900	2 950
	76	2 800	2 850
	74	2 700	2 750
	72	2 600	2 650
	70	2 500	2 550
	68	2 400	2 450
	66	2 300	2 350
	64	2 200	2 250

续 表

等级	单项得分	大一大二	大三大四
及格	62	2 100	2 150
	60	2 000	2 050
不及格	50	1 960	2 010
	40	1 920	1 970
	30	1 880	1 930
	20	1 840	1 890
	10	1 800	1 850

表 3-6　男生 50 米跑单项评分表　　　　　　　（单位：s）

等级	单项得分	大一大二	大三大四
优秀	100	6.7	6.6
	95	6.8	6.7
	90	6.9	6.8
良好	85	7.0	6.9
	80	7.1	7.0
及格	78	7.3	7.2
	76	7.5	7.4
	74	7.7	7.6
	72	7.9	7.8
	70	8.1	8.0
	68	8.3	8.2
	66	8.5	8.4
	64	8.7	8.6
	62	8.9	8.8
	60	9.1	9.0

续 表

等级	单项得分	大一大二	大三大四
不及格	50	9.3	9.2
	40	9.5	9.4
	30	9.7	9.6
	20	9.9	9.8
	10	10.1	10.0

表 3-7　女生 50 米跑单项评分表　　　　（单位：s）

等级	单项得分	大一大二	大三大四
优秀	100	7.5	7.4
	95	7.6	7.5
	90	7.7	7.6
良好	85	8.0	7.9
	80	8.3	8.2
及格	78	8.5	8.4
	76	8.7	8.6
	74	8.9	8.8
	72	9.1	9.0
	70	9.3	9.2
	68	9.5	9.4
	66	9.7	9.6
	64	9.9	9.8
	62	10.1	10.0
	60	10.3	10.2

第三章 《国家学生体质健康标准》解读

续 表

等级	单项得分	大一大二	大三大四
不及格	50	10.5	10.4
	40	10.7	10.6
	30	10.9	10.8
	20	11.1	11.0
	10	11.3	11.2

表3-8 男生坐位体前屈单项评分表　　（单位：cm）

等级	单项得分	大一大二	大三大四
优秀	100	24.9	25.1
	95	23.1	23.3
	90	21.3	21.5
良好	85	19.5	19.9
	80	17.7	18.2
及格	78	16.3	16.8
	76	14.9	15.4
	74	13.5	14.0
	72	12.1	12.6
	70	10.7	11.2
	68	9.3	9.8
	66	7.9	8.4
	64	6.5	7.0
	62	5.1	5.6
	60	3.7	4.2

续 表

等级	单项得分	大一大二	大三大四
不及格	50	2.7	3.2
	40	1.7	2.2
	30	0.7	1.2
	20	−0.3	0.2
	10	−1.3	−0.8

表 3-9 女生坐位体前屈单项评分表　　　　　（单位:cm）

等级	单项得分	大一大二	大三大四
优秀	100	25.8	26.3
	95	24.0	24.4
	90	22.2	22.4
良好	85	20.6	21.0
	80	19.0	19.5
及格	78	17.7	18.2
	76	16.4	16.9
	74	15.1	15.6
	72	13.8	14.3
	70	12.5	13.0
	68	11.2	11.7
	66	9.9	10.4
	64	8.6	9.1
	62	7.3	7.8
	60	6.0	6.5

续 表

等级	单项得分	大一大二	大三大四
不及格	50	5.2	5.7
	40	4.4	4.9
	30	3.6	4.1
	20	2.8	3.3
	10	2.0	2.5

表 3-10 男生立定跳远单项评分表 （单位：cm）

等级	单项得分	大一大二	大三大四
优秀	100	273	275
	95	268	270
	90	263	265
良好	85	256	258
	80	248	250
及格	78	244	246
	76	240	242
	74	236	238
	72	232	234
	70	228	230
	68	224	226
	66	220	222
	64	216	218
	62	212	214
	60	208	210

续表

等级	单项得分	大一大二	大三大四
不及格	50	203	205
	40	198	200
	30	193	195
	20	188	190
	10	183	185

表 3-11 女生立定跳远单项评分表 （单位:cm）

等级	单项得分	大一大二	大三大四
优秀	100	207	208
	95	201	202
	90	195	196
良好	85	188	189
	80	181	182
及格	78	178	179
	76	175	176
	74	172	173
	72	169	170
	70	166	167
	68	163	164
	66	160	161
	64	157	158
	62	154	155
	60	151	152

续 表

等级	单项得分	大一大二	大三大四
不及格	50	146	147
	40	141	142
	30	136	137
	20	131	132
	10	126	127

表 3-12 男生引体向上单项评分表 （单位：次）

等级	单项得分	大一大二	大三大四
优秀	100	19	20
	95	18	19
	90	17	18
良好	85	16	17
	80	15	16
及格	78		
	76	14	15
	74		
	72	13	14
	70		
	68	12	13
	66		
	64	11	12
	62		
	60	10	11

续表

等级	单项得分	大一大二	大三大四
不及格	50	9	10
	40	8	9
	30	7	8
	20	6	7
	10	5	6

表3-13 女生一分钟仰卧起坐单项评分表 （单位:次）

等级	单项得分	大一大二	大三大四
优秀	100	56	57
	95	54	55
	90	52	53
良好	85	49	50
	80	46	47
及格	78	44	45
	76	42	43
	74	40	41
	72	38	39
	70	36	37
	68	34	35
	66	32	33
	64	30	31
	62	28	29
	60	26	27

续　表

等级	单项得分	大一大二	大三大四
不及格	50	24	25
	40	22	23
	30	20	21
	20	18	19
	10	16	17

表 3－14　男生耐力跑单项评分表　　　（单位：分·秒）

等级	单项得分	大一大二	大三大四
优秀	100	3'17"	3'15"
	95	3'22"	3'20"
	90	3'27"	3'25"
良好	85	3'34"	3'32"
	80	3'42"	3'40"
及格	78	3'47"	3'45"
	76	3'52"	3'50"
	74	3'57"	3'55"
	72	4'02"	4'00"
	70	4'07"	4'05"
	68	4'12"	4'10"
	66	4'17"	4'15"
	64	4'22"	4'20"
	62	4'27"	4'25"
	60	4'32"	4'30"

续表

等级	单项得分	大一大二	大三大四
不及格	50	4'52"	4'50"
	40	5'12"	5'10"
	30	5'32"	5'30"
	20	5'52"	5'50"
	10	6'12"	6'10"

表 3-15　女生耐力跑单项评分表　　（单位：分·秒）

等级	单项得分	大一大二	大三大四
优秀	100	3'18"	3'16"
	95	3'24"	3'22"
	90	3'30"	3'28"
良好	85	3'37"	3'35"
	80	3'44"	3'42"
及格	78	3'49"	3'47"
	76	3'54"	3'52"
	74	3'59"	3'57"
	72	4'04"	4'02"
	70	4'09"	4'07"
	68	4'14"	4'12"
	66	4'19"	4'17"
	64	4'24"	4'22"
	62	4'29"	4'27"
	60	4'34"	4'32"

续 表

等级	单项得分	大一大二	大三大四
不及格	50	4'44"	4'42"
	40	4'54"	4'52"
	30	5'04"	5'02"
	20	5'14"	5'12"
	10	5'24"	5'22"

第三节 高等学校《国家学生体质健康标准》各项目测试的目的及操作方法

一、身高体重

(1)测试目的:身高与体重相结合,对人体的身体匀称程度、生长发育水平和营养状况进行评价。

(2)测试方法:测试时,测试仪器应放在平坦的地面上。受试者立正姿势平稳站立在测试仪器上,身高测量结果以厘米为单位,精确到小数点后一位,测量误差不超过 0.5 cm;体重测量结果以千克为单位,精确到小数点后一位,测试误差不超过 0.1 kg(见图 3-1)。

(3)注意事项:测量前,受试者不得进行剧烈体育活动和体力劳动,受试者上下测量仪器动作要轻,测试过程中应保持稳定;定期校对测试仪器。

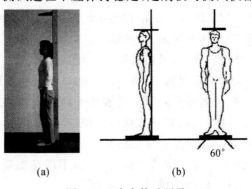

图 3-1 身高体重测量

二、肺活量

(1)测试目的:测试学生的肺通气功能。

(2)测试方法:测试者先将吹嘴插入吹筒中,测试者尽量放松,用力深吸气(避免耸肩提气,应像闻花式地慢吸气)然后用中等速度和中等力度将气吹出,测试者在感觉已快将气吹完时应下蹲、弯腰、含胸、低头将肺中所有气体吹出(见图3-2)。

注意事项:测量者在吹气前应尽量深吸气,在吹气过程中吹气的速度不能太快也不能太慢。

图3-2 肺活量测试

三、50 m 跑

50 m 跑是国际上通用的测试项目,通过较短距离的高强度跑来测试速度素质。速度素质的测试可以反映人体中枢神经系统的机能状态和神经与肌肉的调节机能,也可以综合地反映人体的爆发力、灵敏、反应、柔韧等素质。

(1)测试目的:测试学生速度、灵敏素质及神经系统灵活性的发展水平。

(2)测试方法:受试者站立起跑,当听到"跑"的口令后开始起跑,发令员在发出口令的同时摆动发令旗,计时员看到旗动开表计时,当受试者的躯干到达终点垂直面时停表,以秒为单位计时,精确到小数点后一位,小数点后第2位按非零进1原则进位,如10.11 s读成10.2 s并记录(见图3-3)。

(3)注意事项:受试者最好穿运动鞋或者跑鞋,不得穿皮鞋、凉鞋或者拖鞋;如有抢跑者要当即召回重跑;如遇顺风时一律顺风跑。

图 3-3 50 m 跑测试

四、立定跳远

立定跳远是测试爆发力的项目,主要测试向前跳跃时下肢的爆发力。爆发力要求在最短的时间内发挥最大的力量。爆发力的大小不仅取决于力量,更取决于力量和速度的结合。

(1)测试目的:测试学生下肢肌肉爆发力及身体协调能力的发展水平。

(2)测试方法:测试学生两腿自然开立,站在起跳线后,脚尖不得踩线,两脚原地同时起跳,不得有垫步或连跳动作。丈量起跳线后至最近着地点后的垂直距离。每人试跳两次,记录其中最好一次成绩,以厘米为单位,不计小数(见图 3-4)。

(3)注意事项:发现犯规时,此次成绩无效,两次试跳均无成绩者,允许再跳;不得穿皮鞋、凉鞋、拖鞋参加测试。

图 3-4 立定跳远(单个分解动作:压、蹬、展、抬、伸、蹲)测试

五、坐位体前屈

坐位体前屈是用于反映人体柔韧性的测试项目。柔韧性是指人体完成动作时,关节、肌肉、肌腱和韧带的伸展能力。柔韧素质的好坏,取决于关节的解剖结构和关节周围软组织的体积大小及韧带、肌腱、肌肉及皮肤的伸展性。柔韧素质与健康的关系极为密切,柔韧性提高,对增强身体的协调能力,更好地发挥力量、速度等素质,提高机能和技术,防止运动创伤等都有着积极的作用。通过体育锻炼能提高关节的灵活性,改善关节周围软组织的功能以及肌肉、韧带、肌腱的伸展性,而当人们缺乏体育锻炼,体质下降时,很多都是从柔韧素质的下降开始的。

测试目的:测量学生在静止状态下的躯干、腰、髋等关节可能达到的活动幅度,主要反映这些部位关节、韧带和肌肉的伸展性和弹性及学生身体柔韧素质的发展水平。

测试方法:测试者坐在测试台上,双脚抵住测试踏板,双腿伸直;上体前屈,两臂向前伸直,用双手中指尖顶住测试滑板逐渐向前推动滑板直到不能前推为止(见图3-5)。

注意事项:身体前屈向前推动滑板时,双腿不能弯曲,测试者应匀速向前推动滑板,不得爆发用力。

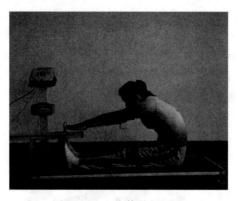

图3-5 坐位体前屈测试

六、仰卧起坐(女生)

仰卧起坐是测试腹肌力量和耐力的一个项目。主要是腹肌和髋部肌肉参与工作,而这两部分肌肉的力量和耐力与女生的很多生理功能有紧密联系,因此将仰卧起坐单列为女生的一个必测项目。

(1)测试目的:测试腹肌耐力。

(2)测试方法:受试者全身仰卧于垫上,两腿稍微分开,屈膝,两臂手指交叉贴于脑后。另一同伴压住其踝关节,以固定其下肢,受试者起坐时两肘触及或者超过双膝为完成一次,仰卧时两肩胛骨必须触垫。测试人员发出"开始"口令的同时开始计时,记录一分钟内完成的次数,计时结束时,受试者虽已起坐但未达到双膝不计该次数,精确到个数(见图3-6)。

(3)注意事项:如发现测试者借用肘部撑垫或者臂部起落的力量起坐时,该次不计数;测试过程中,观测人员应向测试者报数。

图3-6 仰卧起坐(女生)测试

七、引体向上(男生)

引体向上,主要测试上肢肌肉力量的发展水平,为男性上肢力量的考查项目,是自身力量克服自身重力的悬垂力量练习,是最基本的锻炼背部的方法,也是衡量男性体质的重要参考标准和项目之一。

(1)测试目的:测试学生上肢肌肉和背部肌肉力量及发展水平。

(2)测试方法:两手用宽握距正握(掌心向前)单杠,略宽于肩,两脚离地,两臂自然下垂伸直。用背阔肌和肱二头肌的收缩力量将身体往上拉起,当下巴超过单杠时稍作停顿,使背阔肌彻底收缩。然后逐渐放松背阔肌,让身体徐徐下降,直到回复完全下垂,重复再做。可以弯曲膝关节、将两小腿向后交叉(见图3-7)。

(3)注意事项:注意握杠的宽度,不宜过窄或过宽,上拉和下放时尽量不要让身体摆动。下垂时脚不能触及地面。

图3-7 引体向上(男生)测试

八、1 000 m 跑(男)、800 m 跑(女)

1 000 m 跑(男)、800 m 跑(女)主要用于评价学生的心肺功能和耐力水平。耐力是指机体长时间进行肌肉活动并对抗疲劳的能力,耐力是衡量人的体质健康状况和劳动工作能力的基本因素之一,是从事各项运动必不可少的一种运动素质,因此测试耐力水平对于评价学生体质健康状况有着非常重要的意义。

图3-8 1 000 m 跑(男)、800 m 跑(女)测试

(1)测试目的:测试学生耐力素质的发展水平,以及心血管、呼吸系统的机能水平和肌肉耐力。

(2)测试方法:测试者站立式起跑,听到"跑"的口令后开始起跑,计时员看到起跑的信号开始计时,当受试者的躯干到达终点垂直面时停表,以分、秒为单位记录测试成绩(见图3-8)。

(3)注意事项:有心脏病或哮喘的人不能参加测试,测试者注意跑步的节奏和呼吸的节奏,测试者跑过终点后不能立即停下来休息,应该放松走或者慢跑并调整呼吸。

第四节 高等学校实施《国家学生体质健康标准》的组织与管理

一、高等学校实施《标准》的组织工作特点

1. 组织形式灵活多样,管理相对松散

大学生的组织管理形式区别于中小学生,大学一般以院系为基本单位,在院系中又划分不同年级,学校进行教学和其他工作管理时,有时也采用以年级为单位行组织的方法。同时,学生还会出现转系、转年级的情况,使学生各类活动的组织管理工作有一定难度。体育教学中学生的组织形式也出现了不同的情况,如有的学校体育课仍以各院系中的行政班为单位,有的则出现了学生自主选择课程的情况,一节体育课中有不同院系的学生,有的学校甚至在一节体育课中有不同年级、不同院系的学生。针对这样松散的管理形式,在进行《标准》测评时就要结合的实际情况进行组织管理。

2. 体育课以学期为单元,进行选项教学

高等学校的体育课一般实行选项教学,以学期为基本单元,每学期16~18周,进行"学分制"管理,由于教学时数较少,教学任务相对繁重,使得在课上进行测试难度较大,大多数学校都要在课外单独组织学生进行测试,管理难度相对较大。

二、高等学校实施《标准》组织的工作要点

1. 成立领导小组

由专门的测试及研究机构组织测试工作,学校可成立实施《标准》的领导小组,由主管校长为组长,成员由教务部(处)、体育部(教研室)、学生处(学工部)、校医院等部门负责同志组成。学校领导主要负责实施《标准》的部署,筹划必要的场地、器

材和经费,把握实施工作方向;教务部(处)主要负责在校学生受试人员的组织,名单的提供和成绩记录卡等学生档案的管理;体育部(教研室)负责实施《标准》过程中的计划调控和时间的安排及具体测试以及对测试数据、统计资料的分析研究,用以指导和改进体育工作。在高等学校,《标准》测评不仅关系到大学生体质健康状况的检测,更重要的是通过测评结果的反馈,指导学生有针对性地进行体育锻炼,培养自觉锻炼的主动性,养成定期参加体育锻炼的习惯,切实增强学生体质。因此,成立专门的测试及研究机构会使《标准》测试工作过程更为完整、具体、可操作性强,同时保证测试结果的分析及研究工作能够科学有序地进行。在《标准》实施的过程中,很多学校都采用了这样的方法来组织落实《标准》的测试工作,有的成立了专门的机构,有的指定了专人负责,取得了较好的效果。

2.结合学校实际,制定实施细则

根据《标准》要求,测试应在每学年定期进行,形成制度。学校应结合实际情况制定适合本学校的实施细则,将《标准》中涉及高等学校的部分要求进行解读,并结合学校实际,对实施中的具体问题加以说明。

3.合理安排测试时间,灵活组织测试形式

高等学校进行《标准》测试时,时间的安排主要包括两个方面:其一是全体学生测试的时间安排,通常安排新生入学的学期,对于新生而言是入学时体质健康的基本情况,对于老生而言是一年来体质健康发展变化的过程反馈。另外,根据教育部要求,教育部直属院校要对入学新生进行《标准》测试,分析生源省份的学生体质状况。因此,高等学校的测试时间通常都安排在新学年开始,但应注意一定要在要求上报数据的时间前完成。其二是对于具体测试时间的设置,通常需要根据参加测试学生的人数进行预测和统筹安排。

测试的组织形式可采取课内和课外结合的方法。高校安排《标准》测试的组织形式主要有以下几种形式:

(1)利用体育课时间,集体组织测试。在体育课上课时间内,将上课班学生统一安排参加测试。

(2)不占用体育课时间,在课外安排专门的测试时间组织学生测试。如安排固定测试时间和地点.或者由学生自主选择时间参加测试,或者统一安排测试时间要求学生参加测试。

(3)分散测试与集中测试相结合。对于教学中有的项目,结合体育课考核成绩获得,教学中没有的内容,安排课外时间组织集体测试。

以上几种测试形式可以由各高校根据自己的实际情况选择使用。在《标准》试行过程中,大多数高校都认为应避免占用过多的体育课时间用于专门体质健康标准测试,而在条件许可的情况下,安排课外测试时间,由学生自主选择的形式更为广大高校认可。

4.杜绝安全隐患,制定紧急情况处理预案

在测试中,有时会出现学生肌肉痉挛、拉伤或昏厥及其他紧急情况,为避免类似情况的发生,保证测试过程的安全,预防意外事故的发生,应在测试前进行反复测试,检查环境、设备、测试方法等外界条件中存在的安全隐患,予以杜绝。测试员上岗前应进行培训,学会处理测试过程中出现紧急情况的处理办法。测试宣传中,应有明确的提示,说明不适宜进行测试的身体情况,当学生存在这些状况时,应提前向教师申请免测或缓测。测试现场应有学校医院急救中心的电话,以便出现问题时及时通知,大规模集中测试时应有医务人员在场。在测试中,应正确指导学生,进行适当的准备活动,避免运动伤害的发生。如果学生有身体不适时,应马上提出并停止运动。对待测试过程中出现的紧急情况,要避免随意搬动,并应尽快拨打校医院急救中心电话请求救援。

5.加强高校学生体育锻炼指导策略的研究,使《标准》测试结果成为学校体育改革的科学依据

以往的情况表明,高校教师指导学生进行体育锻炼的知识和能力相对缺乏,应在今后的研究和培训中不断加强。同时,应充分发挥《标准》测试结果在高校体育教学改革中的重要作用。

(1)《标准》测评结果为学校体育改革的决策提供理论依据,每年的年度学生体质健康状况报告应为学校整体教育改革提供参考。

(2)群体分析结果应成为指导体育教学的参考依据,如体育教学班学生的检测数据及分析报告,应成为教师运用有效教学方法,提高教学质量,增强学生体质的重要参考数据。

(3)学生个体检测报告和运动处方指导应成为学生进行体育锻炼的重要指导意见,并是检验锻炼效果的报告。

思考题三

1.《标准》规定的测试项目有哪些?各个测试项目的及格标准是多少?

2.《标准》规定的各个测试项目的测试目的是什么?在测试中应该注意哪些事项?

3.了解各个高校实施《标准》都有哪些先进的组织和管理方法?结合自己学校特点,哪种方法更值得学习和借鉴?

第四章 田 径

本章摘要：本章主要介绍田径运动、短跑、接力跑、长跑、跳远、跳高以及铅球等内容。通过学习，学生应该掌握这些项目的基本技术和练习方法等。

第一节 田径运动概述

田径运动是体育运动的主要项目之一，包括竞走、跑、跳跃、投掷以及由跑、跳跃、投掷的部分项目组成的全能运动。以时间计算成绩的项目叫径赛；以高度或远度计算成绩的项目叫田赛；全能运动项目，则是以各单项成绩按《田径运动评分表》换算分数计算成绩的。其具体分类见表 4-1。田赛和径赛合称为田径运动。此外，公路跑、越野跑等也属于田径运动的范畴。

田径运动最初起源于人类同大自然作斗争。为了生活，人们逐步掌握了快速奔跑、敏捷跳跃和准确投掷的技能，这就是最初形成田径运动的因素。由于战争，跑、跳、投等生活技能又同军事发生了联系，军事训练中包含着跑、跳、投等身体技能的练习，这是产生田径运动的另一种因素。

公元前 776 年，在古希腊举行的第 1 届古代奥运会上，开始出现了短跑，在以后的历届比赛中又增加了跳远、投石饼等项目。

随着社会的发展和教育的普遍兴起，娱乐性体育活动广泛地开展起来，有时还进行自发的比赛。例如工匠投掷铁锤和士兵推掷炮弹比赛力量，牧羊人跳跃羊圈、栅栏比赛速度和灵巧等。当时虽没有统一的规则和器材，也没有纪录，但这是近代田径项目的萌芽。后来钟表开始推广使用，这为走、跑比赛计时提供了条件。为了衡量运动水平的高低，逐渐确定了走、跑的距离和投掷器械的形状、重量，也制定了一些规则。这样，带有竞赛特点的近代田径运动就初具规模了。

19 世纪初，近代田径运动在英国兴起，在 1896 年举行的第 1 届现代奥运会上，把田径项目列为主要的比赛内容。1912 年成立了国际业余田径联合会，以确定比赛项目，拟定规则，组织国际比赛和审批世界纪录。1928 年奥运会设立了女子田径项目。于是田径运动发展成为有组织、有目的的国际社会活动。

第四章 田 径

表 4-1 田径运动部分项目分类表

类别	项目组别	男子	女子
径赛	竞走	20 km 竞走、50 km 竞走	20 km 竞走(公路)
	短距离跑	100 m,200 m,400 m	100 m,200 m,400 m
	中距离跑	800 m,1 500 m,3 000 m	800 m,1 500 m,3 000 m
	长距离跑	5 000 m,10 000 m	5 000 m,10 000 m
	马拉松跑	42 195 m	42 195 m
	障碍跑	3 000 m 障碍跑	3 000 m 障碍跑
	跨栏跑	110 m 跨栏跑 400 m 跨栏跑	100 m 跨栏跑 400 m 跨栏跑
	接力跑	4×100 m 4×400 m	4×100 m 4×400 m
田赛	跳跃	跳高、撑杆跳高、跳远、三级跳远	跳高、撑杆跳高、跳远、三级跳远
	投掷	铅球、铁饼、标枪、链球	铅球、铁饼、标枪、链球
全能	第一天	十项全能： 　100 m、跳远、铅球、跳高、400 m	七项全能： 　100 m 栏、跳高、铅球、200 m
	第二天	110 m 栏、铁饼、撑杆跳高、标枪、1 500 m	跳远、标枪、800 m

较正规的田径比赛首先是在欧美国家的学校举行的。19 世纪 20 年代英国伊顿公学举行过田径比赛。1864 年英国牛津、剑桥两所大学举行了校际比赛。1894 年在伦敦举行了牛津、耶鲁两所英美大学间的国际比赛。

20 世纪 30 年代以前的田径技术水平不高,训练方法不完善,比赛机会也较少,当时创世界纪录的运动员虽然经过一定的训练,但主要靠的是本人优越的身体条件。

20世纪30年代以后,世界田径水平有了较大幅度的提高。许多田径基础较好的国家开始加强系统的训练工作,场地器材也有了改进,竞赛组织和裁判工作效率也有了提高,但运动员良好的身体条件仍然起主要作用。这一时期,田径运动普及得较好,训练比赛较多的国家,如美、德、英、加、日、芬、荷等,在奥运会上成绩都名列前茅。

20世纪40年代,受第二次世界大战的影响,田径成绩的进展不大,而且有下降的趋势。如1948年第14届奥运会上多数田径项目的成绩不及1936年第11届奥运会的水平。

50年代,田径运动进入新的兴盛时期,技术、训练和器材都有革新。如采用背向滑步、背向旋转的投掷技术与俯卧式跳高技术;采用金属撑竿和滑翔标枪新器材;许多国家进行大运动量训练,合理安排运动量和强度,加强了力量训练,创造积累了发展身体素质的有效方法;在计划比赛,达到并保持良好竞技状态等方面也取得了不少经验。这一时期田径运动在全世界的发展仍不平衡,男子多数项目的世界纪录属美国,女子项目的优势属苏联。

20世纪70年代以后,由于现代科学技术的发展,田径运动在世界范围出现了跃进势态。这10年间也打破了200多次男女项目的世界纪录,女子破纪录的人次超过男子;国际比赛获胜者的成绩十分接近,"绝对冠军"几乎不见;创造单项世界纪录的国家经常更换;国际竞赛活动更加活跃。由于竞赛活动频繁,引起了训练分期、训练计划的相应改变。20世纪70年代的田径训练,在科学制定计划、严密掌握训练过程、研究训练后体力恢复等方面较过去都有长足的发展。大运动量训练仍然是提高成绩的重要方法,它加强了训练内容和方法手段的针对性。有些国家在编制训练计划时利用电子计算机,运用控制论已初见成效。为了提高训练效果,还对高水平运动员不断加大竞赛密度,同时重视恢复训练。

20世纪80年代后田径训练更加注重科学化,运动技术更加合理、完善,运动成绩不断提高,刷新了一批以前认为是不可逾越的纪录,迎来了田径运动各个项目突飞猛进的时代。近年来出现了田径运动与其他运动项目在训练方面互相渗透、综合利用的趋势。运动生理学、运动医学、运动形态学、运动生物化学、运动生物力学、运动心理学、控制论等边缘学科的研究成果大大促进并提高了田径训练的科学水平及运动成绩。由于运动员服"兴奋剂"事件屡见不鲜,阻碍了田径运动的健康发展,使国际田联加大了反"兴奋剂"的力度。

田径运动是各项运动的基础。田径运动的项目较多,锻炼形式多样,场地、设备和器材比较简单,练习时不易受到性别、人数、时间和季节等条件的限制,便于广泛开展,是增强人民体质的重要手段之一。经常从事田径运动,能促进机体的新陈

第四章 田 径

代谢,改善与提高内脏器官的机能,全面发展人的身体素质。田径运动是各项运动的基础,它能全面、有效地发展人的身体素质和运动技能,对其他各项运动技术的发展和成绩的提高都有很好的作用。因此,其他运动项目都把田径运动作为发展身体素质的手段与提高战术的基础。实践证明,许多优秀运动员,特别是球类运动员,都有较高的田径运动能力和素质水平。可见,田径运动是各项运动的基础,是对体育运动的科学总结,正确地反映了和各项体育运动之间的内在联系。田径运动在国际体坛影响很大,目前有奥运会、世界杯、世界锦标赛、世界室内锦标赛、世界青年锦标赛、国际田联黄金联赛及国际田径大奖赛等七大赛事。田径是奥运会上设奖牌最多的项目,各国都很重视田径运动的发展,并把它作为衡量一个国家体育运动水平的重要标志。正如人们常说:"得田径者,得天下。"

现代田径运动由基督教、青年会和教会学校传入我国。在旧中国,由于政府腐败,经济萧条,民不聊生,田径运动水平很低,成绩十分落后。

新中国成立后,党和政府十分关心体育事业的发展,田径运动逐步普及,技术水平迅速提高,运动成绩不断上升,多人次打破世界纪录。目前,我国保持着5项世界纪录和7项世界青年纪录。但是,我国田径运动水平发展很不平衡,女子好于男子,总体水平与世界水平仍有较大的差距。

近年来中国田径训练水平的提高也涌现出许多高水平的田径运动员,如:刘翔(在2004年雅典奥运会上以12.91 s的成绩平了保持11年的世界纪录并获得冠军,在2006年瑞士洛桑田径超级大奖赛中,以12.88s打破了保持13年的世界纪录)、李延熙(2009年10月26日,以17.59 m打破了沉睡28年的三级跳全国纪录并夺得冠军)、陈定(2012年8月5日凌晨,在伦敦奥运会男子20 km竞走中以78.46 min的成绩夺得冠军,并打破奥运纪录,成为继刘翔之后第二名在奥运田径赛场夺金的中国男运动员)、李金哲(2014年国际田联室内世锦赛以8.23 m的成绩获得了男子跳远的银牌,成为首个站在世界最高水平田径赛亚军领奖台上的中国男子跳远选手)、张培萌(2013年8月12日在莫斯科世锦赛男子百米半决赛中跑出了10s的成绩,创造了新的全国纪录)、胡凯(2005年8月16日,在伊兹密尔第23届世界大学生运动会中夺得男子100 m金牌)、苏炳添(2013年5月21日,在世界田径挑战赛——北京站百米比赛,以10.60 s的成绩获得铜牌)、邢慧娜(2004年奥林匹克运动会奖牌得主,曾在2003年巴黎世界田径锦标赛上打破世界青年纪录)、李艳凤(2011年8月28日,在2011年大邱世界田径锦标赛中凭借第二投66.52m的成绩,夺得中国首枚世锦赛铁饼金牌)、巩立姣(2008年获北京奥运会第五名,2009年获世界田径锦标赛季军,2012年获伦敦奥运会季军)等等。本章介绍短跑、接力跑、中长跑、铅球4个项目。

第二节 短 跑

一、短跑项目概述

短距离赛跑简称短跑。现代田径运动的短跑是 400 m 和 400 m 以下距离赛跑的总称。要求人体在最短的时间内跑完规定的距离,属于极限强度运动。短跑是田径运动的基础项目,是发展速度素质最有效的手段,并在其他运动项目的训练中占有极其重要的地位。

短跑运动历史悠久,据现在已发现的资料记载,最早的短跑比赛始于公元前 776 年的第 1 届古代奥运会,近代短跑比赛可追溯到 19 世纪中叶。

1868 年美国大学生 W. 柯蒂斯作为第一个业余短跑选手,首次穿上了跑鞋。1888 年美国大学生西里里第一个在比赛中使用了"蹲踞式"起跑。短跑发展史上一个重要的里程碑是 1929 年美国选手 G. 辛普逊首先使用了可调节的起跑器,在这之前的短跑比赛中运动员都是挖穴起跑,直到 1938 年起跑器才取得了合法地位。

男子 100 m 跑的第一个正式世界纪录为 10.6 s,是由美国运动员利平科特于 1912 年在斯德哥尔摩奥运会上创造的。女子 100 m 跑的第一个正式世界纪录为 11.7 s,是波兰运动员斯·瓦拉谢维奇佐夫娜于 1934 年在华沙创造的。截至 2014 年,男子 100 m 世界纪录 9.58s 由牙买加的博尔特于 2009 年 8 月 17 日在德国柏林创造,200 m 世界纪录 19.19s 由牙买加的博尔特于 2009 年 8 月 21 日在德国柏林创造,400 m 世界纪录 43.18s 由美国的迈克尔·约翰逊于 1999 年 8 月 26 日在塞尔维亚创造。女子 100 m 世界纪录为 10.49 s,由美国运动员格里菲斯·侨依娜 1988 年 7 月 16 日在印地安纳波利斯创造。女子 200m 世界纪录为 21.34 s,由美国运动员格里菲斯·侨依娜 1988 年 9 月 29 日创造的。女子 400 m 世界纪录为 47.60 s,由前民主德国运动员科赫 1985 年 10 月 6 日创造。我国从 1910 年第 1 届全运会起就设有短跑比赛项目。旧中国短跑水平低,男子 100 m 跑的纪录为 10.7 s,女子 100 m 跑的纪录仅为 13.2 s。新中国成立后,我国短跑水平有了较大提高,1965 年,陈家全跑出了 10 s 的男子 100 m 全国纪录,并平了当时的世界纪录,轰动世界体坛,20 世纪 60 年代女子短跑也曾进入当时世界先进水平,1970 年中国台湾选手纪政在慕尼黑以 22.4 s 创造了女子 200 m 跑世界纪录,在随后的比赛中以 11 s 的成绩平 100 m 跑世界纪录。截至 2014 年,100 m 跑全国男子纪录为 10 s,女子全国纪录为 10.79 s。

二、短跑技术（100 m）

短跑中最典型的是 100 m 赛跑。短跑技术是一个不可分割的整体，为了便于分析，习惯上把它分为起跑和起跑后的加速跑、途中跑及终点跑三部分。

1. 起跑和起跑后的加速跑

田径竞赛规则规定，在正式比赛中必须用蹲踞式起跑。起跑的任务是使身体迅速摆脱静止状态，获得向前的最大初速度，为起跑后的加速跑创造条件。蹲踞式起跑必须使用起跑器，运动员根据发令员的口令完成蹲踞式起跑动作。

（1）起跑器的安装。安装起跑器的目的是使两脚有牢固的支撑，形成良好的预备姿势，便于获得较快的起跑速度。起跑器的安装方法一般有普通式、接近式和拉长式三种（见图 4-1），其中最常采用的是普通式。

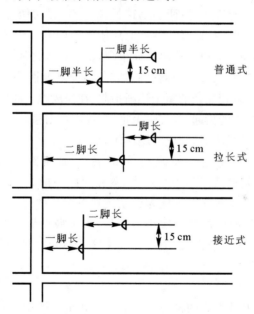

图 4-1 起跑器的安装方式

前起跑器抵足板与地面夹角约为 45°，后起跑器抵足板为 60°～80°，两个起跑器之间宽约 15 cm。

起跑器的安装要根据个人特点（身高、体型、身体素质和技术水平等）来选择。应在反复起跑实践中找到适合个人特点的起跑器安装方法，无论采用哪一种形式，都要符合下列原则：

在蹬离起跑器时能充分发挥肌肉的最大力量，从而获得向前的最大初速度；有利于起跑后身体有较大的前倾角度；在"预备"姿势时，应自然、舒适。

（2）起跑技术。起跑过程包括"各就位""预备""鸣枪"三个环节。

听到"各就位"口令后，做几次深呼吸，轻快地跑到起跑器前，俯身用两手撑地，两脚依次踏在前、后起跑器的抵足板上，将有力的腿放在前面，后膝跪地，然后两手收回到起跑线后，两臂伸直或微屈，两手间的距离约与肩同宽或稍宽些，四指并拢或稍分开和拇指成"八"字形，身体重心稍前移，肩约与起跑线齐平或稍后，背微弓而不紧张，颈部自然放松，两眼看前下方 40~50 cm 处，注意听"预备"口令。

听到"预备"口令时，随之吸一口气，从容地抬起臀部，使之稍高于肩，同时身体重心适当前移，这时体重主要落在两臂和前腿上。前腿大小腿夹角为 90°~100°，后腿大小腿夹角为 120°~140°，两脚掌紧压抵足板。目前国外的有些运动员采用"高重心"的预备姿势。运动员做好"预备"姿势后，集中注意力听枪声。

听到枪声或"跑"的口令时，两手迅速推离地面，屈肘做有力的前后摆臂，同时两腿迅速蹬起跑器，以很大的前倾姿势把身体推向前方。后腿蹬离起跑器后，很快以膝领先向前摆出，摆出时脚不应离地面很高，以缩短从起跑器到着地点的路线。当前腿迅速伸展，髋、膝、踝三关节蹬离起跑器时，后腿已前摆并积极下压着地，完成第一步动作。此时与臂腿相配合的躯干逐渐抬起，在完成跑步动作时，躯干与地面成一个适宜角度。随着躯干的抬起，头部也上抬，视线逐步前移。通常认为前腿迅速用力地蹬伸，后腿向前摆到最大时，完成起跑动作。

（3）起跑后的加速跑。起跑后立即转入加速跑。加速跑距离一般为 20~25 m。起跑出发的第一步不宜过大，落在起跑线前 2~2.5 脚长远处，第二步为 4~4.5 脚长，以后逐渐增大。优秀运动员这种步长的变化都是比较稳定的。在跑进时，两臂应积极摆动，两脚依次用力蹬地，上下肢协调配合，以迅速获得速度。在加速跑的阶段，上体前倾很大，随步长和速度的不断增加，上体逐渐抬起，直到正常姿势即转入途中跑。

2. 途中跑

途中跑是全程中最主要的部分，约占 100 m 全程的 70%，其任务为继续平稳加速和尽可能长的保持高速度。

跑时上体稍前倾或正直，两眼平视，颈、肩、手腕放松，手成半握拳或稍弯屈，两臂弯曲，大小臂夹角约 90°，以肩关节为轴，大臂带动小臂前后有力地摆动，肘关节在摆动时角度有些变化，但要注意手和小臂的摆动方向。为避免两臂在体前交叉，到体后向外，两小臂前后摆动时几乎接近平行。前后摆的幅度，应与运动员的跑速相适应，向前摆的速度快，幅度要大，不同程度地带动肩适度前后扭转，向后摆时大臂摆到与地面接近平行，但要基本保持肘关节的角度，不得向后甩小臂。

途中跑的下肢运动是不断重复的周期性动作。在跑的每一个复步中,两腿的动作是互相配合的。如左腿的积极蹬地,为右腿快速前摆提供了有利条件,而右腿快速向前摆动又给左腿蹬地效果以积极影响。正确的蹬摆配合技术,表现为一腿后蹬结束时,另一腿前摆达到高部位。两腿的配合和全身动作协调一致便形成了完整的途中跑技术。摆动腿以髋为轴的快速向前摆动和着地脚的扒蹬快是当代短跑技术的主要特点。注意在蹬腿结束前必须充分发挥踝关节的最后蹬地力量。

途中跑阶段,为了能较长时间保持高速度跑,在途中跑加速应是逐渐地、均匀而不过分紧张。这样能防止紧张加速后引起的速度下降,能用高速度跑更长的距离。

途中跑动作要轻快,蹬摆配合协调,强调向前摆臂、摆腿的速度和幅度。总的要求可以概括为放松、大步幅、高频率、动作向前效果好。

3. 终点跑

终点跑是从 80～90 m 处开始的一段跑。终点跑是途中跑的继续。虽然由于疲劳,速度较途中跑最高速度有所下降,技术或多或少地发生变化,但是应尽可能地保持途中跑的技术到终点,并要有意识地加大摆臂的幅度和力量,加强两腿的蹬摆,在最后 1～2 步迅速前倾。到终点线时,达到最大的上体前倾,并跑过终点逐渐减速。

三、200 m 和 400 m 跑的技术

200 m 和 400 m 跑有一半以上距离是在弯道上跑进的,为了适应弯道跑,技术也有相应的变化。

1. 弯道起跑和起跑后的加速跑

为了便于加速,起跑后开始一段距离应沿直线跑进,起跑器应安装在跑道的右侧方正对弯道切点方向(见图 4-2)。起跑时,左手撑在起跑线后 5～10 cm 处,身体正对弯道切点,使运动员起跑后的前几步沿直线跑进,然后身体逐渐内倾进入弯道跑。

2. 弯道跑技术

为了克服向前跑进直线运动的惯性,运动员必须改变身体姿势和蹬、摆的方向以产生向心力,使自己沿着弯道跑进。跑进时身体应向圆心方向倾斜,后蹬时右脚用脚前掌的内侧着地,左脚用脚前掌的外侧着地。摆动时右腿膝关节稍向内,左腿膝关节稍向外。两臂摆动时,右臂摆动的幅度和力量都应大于左臂,右臂后摆时肘关节稍偏向右后方,前摆稍向左前方,左臂则靠近体侧。

根据运动学原理,物体只有受到向心力的作用时才能做圆周运动,速度越快,

图 4-2 弯道起跑

需要的向心力越大。因此,在弯道跑时,速度越快,身体向圆心倾斜的程度越大,反之就小些。跑内道时就较外道身体内倾大。

由弯道跑进直道时应顺惯性放松跑两三步以消除紧张,但放松并不是减速。

3. 200 m 和 400 m 跑全程节奏

200 m 跑不可能用全速跑完全程。优秀运动员 200 m 跑的成绩约为 100 m 成绩的 2 倍。实际上 100 m 前半程是用于发挥跑速,后半程才是全速跑,而 200 m 跑的后半程是用匀速跑。

400 m 跑更不能用全速跑,运动员在全程跑中合理分配体力是很重要的。现在多采用较均匀分配力量的方法。前 3 个 100 m 的成绩比较接近,而前、后两个 200 m 的成绩一般相差 1~3 s,训练水平越高,这个差值就越小。400 m 跑时,因肌体内缺氧最大,运动员应采用有节奏的呼吸方法。

四、短跑教学方法

1. 直道途中跑练习

(1) 原地摆臂练习。注意摆臂的方向、幅度以及肩关节的放松。

(2) 在直道上(或草地)以中等速度做匀速跑,距离为 60~80 m,跑时体会放松技术,要求摆臂正确,步幅开阔,注意脚掌着地技术,充分发挥踝关节的弹性,上下肢及全身协调配合。

(3) 加速跑 60~80 m。跑的动作正确,自然放松,平稳加速。当速度加到一定程度(接近最高时)随即放松顺惯性跑一段,不能急停。

(4) 行进间跑 30~50 m。基本掌握途中跑技术后,采用行进间跑巩固提高途中跑技术,动作要自然、放松。

(5) 上、下坡跑 30～60 m。坡度最好为 2°～5°。

(6) 跑格 30～60 m。以练者步长为依据,在略小(或略大)于步长处,做出标记(画线或摆海棉块),使其按格快速跑进。

(7) 超专项距离跑。用 80%～90% 力量进行。

2. 弯道途中跑练习

(1) 沿一个半径为 15～20 m 的圆圈跑,体会弯道跑的技术。

(2) 从直道(弯道)进入弯道(直道)跑 40～60 m,体会从直道(弯道)进入弯道(直道)跑的技术。

(3) 完整的弯道跑 120～150 m。

3. 蹲踞式起跑及起跑后的加速跑技术练习

(1) 安装起跑器练习。

(2) 听口令练习"各就位"、"预备"动作。

(3) 蹲踞式起跑 20～30 m,要求前几步按标记跑进,并动作连惯。

(4) 蹲踞式起跑 20～30 m,听信号集体起跑。

4. 终点跑和全程跑

(1) 慢跑途中反复练习冲刺和撞线动作。

(2) 以尽可能快的速度跑过终点,不做撞线动作。

(3) 在 60～100 m 内,每隔 20～30 m 做一标志,连续做冲刺、撞线动作。

(4) 快速跑 30～40 m,并做撞线动作。

(5) 50 m 或 100 m 全程跑。

5. 跑的专门练习

(1) 摆臂。

(2) 小步跑。

(3) 高抬腿跑。

(4) 后蹬跑。

(5) 后踢小腿跑。

(6) 折叠腿跑。

(7) 车轮跑。

(8) 单足跑。

运用专门练习,要注意下列几个特点:

(1) 放松的特点。做任何一个专门练习,都要体现和学会放松,在放松中体会局部技术要领,掌握局部技术。

(2) 大幅度的特点。专门练习是完整技术中的局部夸张,因此要夸张所突出的局部技术,要逐渐增加幅度和难度。

(3) 快速的特点。专门练习的节奏是加速的,切忌用不快不慢的匀速练习,更不能用徒手体操的节拍做,要逐步提高节奏。

(4) 向前的特点。前三个特点都要有向前性的要求。摆臂、摆腿、扒蹬技术都要有利于总重心的向前效果。

(5) 过渡的特点。专门练习与平跑交替进行时,中间有一段过渡阶段,在过渡阶段中既要表现出专门练习的特点,又要有平跑的特点。因此专门练习要与平跑交替进行,各个专门练习之间,以及各种不同速度之间交替进行。总之,运用专门练习也是一种教学训练艺术,要想在教学训练中事半功倍,必须把专门练习用活。

第三节 接 力 跑

一、接力跑项目简述

接力跑是相互配合的集体径赛项目,能培养团结协作的集体主义精神和发展快速奔跑的能力。

在国际上,接力跑被正式列为径赛项目是在 19 世纪末。目前,在田径跑道上正式比赛的接力跑有男、女 4×100 m 和 4×400 m。在群众性的体育活动当中,还有不同形式的接力跑。如不同距离的团体接力、迎面(穿梭)接力、异程接力等。

接力跑的胜负不仅取决于运动员的水平速度,而更取决于他们之间的协作精神和传、接棒技术。如一个训练有素的接力队其 4×100 m 的成绩,应比他们 4 人 100 m 成绩之和快 2 s 以上。这是因为后三名运动员的 100 m 成绩是行进间 100 m 成绩。在接力跑项目中,以 4×100 m 接力跑技术难度最大。

截止 2014 年,世界男、女 4×100 m 接力跑纪录分别为牙买加队创造的 36.84 s 和美国队创造的 40.82 s。

二、接力跑的技术

接力跑的技术基本与短跑相同,只是要传递接力棒。要求各棒队员之间协调配合,保证在快速跑进中在接力区内(20 m)完成传、接棒动作。

1. 4×100 m 接力跑技术

(1) 蹲踞式弯道起跑的技术规格同短跑。

(2) 接棒方法。右手用中指、无名指、小指握住棒的下端,与大拇指、食指成三角状分开支撑地面,但接力棒任何部分不允许触线外地面(见图4-3～图4-5)。

图 4-3　　　　　　　　图 4-4　　　　　　　　图 4-5

(3) 接棒人的起跑和站立位置。

1) 第2,3,4棒运动员用站立式或半蹲式起跑,两脚前后开立,两膝弯曲,上体微前倾,站在预跑线内(见图4-6)。

2) 第2,4棒运动员站在跑道的外侧。如左脚在前、右手撑地、重心偏右,头向左后方看,第3棒运动员站在跑道的内侧。如右脚在前、左手撑地、重心偏左,头向右后方看(见图4-7)。

图 4-6　　　　　　　　　　　　　图 4-7

3) 看到传棒人跑到预跑标志时接棒人迅速起跑。

(4) 传、接棒方法。传、接棒方法一般有"上挑式"、"下压式"、"混合式"3种。

1) 上挑式。接棒的手臂自然向后伸出,掌心向后,虎口张开朝下,传棒人将棒由下向上方送入接棒人的手中(见图4-8(a))。

优点:接棒人向后伸手的动作比较自然,容易掌握。

缺点:容易掉棒。

2) 下压式。接棒的手臂后伸,掌心向上,虎口张开朝后,拇指向内,其余四指并拢向外,传棒人将棒的前端由上向下方压入接棒人手中(见图4-8(b))。

优点:不用换手。

缺点：接棒人的手臂动作紧张、不自然。

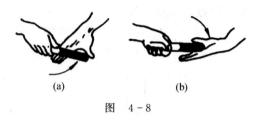

图 4-8

3）混合式。这种方法综合了上述两种方法的优点。

注意事项：传棒人的信号发出要准确及时，接棒人向后伸臂要果断而稳定，切不可左右晃动而造成传棒人的困难。

（5）标志线的确定。标志线离接棒人起跑处的距离，是根据传、接棒人的跑速和传、接棒技术的熟练程度而定。一般设在预跑线后面。如果接棒人在接力区前 10 m 预跑线处出发，跑到接力区末端 25～27 m 处接棒，两运动员之间的距离为 1.5 m。不同水平的运动员起跑标志线距离可参考表 4-2。

表 4-2 起跑标志线参考距离表

接棒运动员起跑 25 m 的时间/s	传棒运动员 25 m 行进间跑的时间/s						
	2.5	2.6	2.7	2.8	2.9	3.0	3.1
3.4		8.7	7.4	6.3	5.2	4.2	
3.5		9.7	8.3	7.1	6.0	5.0	
3.6		10.6	9.3	8.0	6.9	5.8	4.8
3.7		11.6	10.2	8.9	7.8	6.2	5.6	4.7
3.8			11.2	9.8	8.6	7.5	6.4	5.5
3.9				10.7	9.5	8.3	7.2	6.2
4.0					10.3	9.2	8.0	7.0
4.1						10.0	8.9	7.8

以上数据仅供参考，还需在反复练习中加以调整，才能准确地确定。

（6）传、接棒的要求：

1）接棒运动员要充分考虑、利用预跑区的距离，使可利用的理想距离近 30 m。

2）传接棒运动员要在发挥高速时进行传、接棒。

3）在传、接棒时，两人前后相距约 1.5 m 为最佳距离。

（7）各棒的安排。在安排各棒队员时，必须发挥每个人的特长。一般第一棒应安排起跑好、并善于跑弯道的运动员;第二棒应是专项能力好,善于传、接棒的运动员;第三棒除应具备第二棒的长处外,还要善于跑弯道;通常把全队成绩最好、冲刺能力最强的运动员放在第四棒。

2. 4×400 m 接力跑技术

4×400 m 接力跑时,由于跑速在最后明显地降低,传、接棒的技术就比较简单。一般根据传棒运动员的最后跑速来决定传、接棒的方法。接棒人以站立式姿势,站在接力区后沿前面,头部转向后方,看好自己的队员,如传棒人速度快则早起跑;如速度已缓慢,则晚一些起动;如传棒人已精疲力尽则主动从传棒人手中在接力区内把棒接过来。

第一棒采用蹲踞式起跑,其技术同弯道起跑,采用分道跑;第二棒动动员要跑完一个弯道,跑过抢道线后才能向里道抢道跑,第二、三、四棒采用站立式起跑。

可以采用换手传、接棒方法,这样接棒运动员可以沿着跑道内沿跑进完成传接棒。右手接棒后立即换到左手。

三、传、接棒练习方法

(1)持棒原地摆臂做"上挑式"和"下压式"传、接棒的练习。
(2)持棒原地摆臂按口令做传、接棒的练习。
(3)在慢跑(中速或快跑)中做传、接棒的练习。
(4)用中速(快速)跑在接力区做传、接棒的练习。
(5)做 4×50 m,4×100 m 或 4×400 m 全程接力跑的练习。

第四节 中 长 跑

一、中长跑项目简述

中长跑是中距离跑和长距离跑的总称。是发展耐久力的项目,对培养人们克服困难、磨炼意志具有很好的作用。经常从事中长跑锻炼,能够有效地改善心血管系统和呼吸系统的功能,提高有氧代谢功能,同时还可以改变心理状态,培养勇敢顽强的意志品质。

中距离跑有 800 m,1 500 m,3 000 m;长距离跑有 5 000 m 和 10 000 m。中长跑作为竞赛项目出现已有 100 多年的历史。女子项目开展较晚,且经历曲折,但发展速度惊人。20 世纪 80 年代后,随着技术和训练思想的改变,各项成绩突飞猛进。我国解放前没有女子中长跑的纪录,但到目前为止,我国女子在中长跑项目上的水平很高,保持着3项世界纪录,男子水平较低(目前的世界纪录和我国纪录对照见表4-3,表中数据截至2014年1月12日)。

表4-3 中长跑项目世界纪录与我国记录成绩对照　　(单位:分・秒)

项目	性别	世界纪录	中国记录
800 m	男	1:40.91	1:46.44
	女	1:53.28	1:55.54
1 500 m	男	3:26.00	3:36.49
	女	3:50.46	3:50.46
3 000 m	男	7:20.67	7:56.19
	女	8:06.11	8:06.11
5 000 m	男	12:37.35	13:25.14
	女	14:11.15	14:28.09
10 000 m	男	26:17.53	28:08.67
	女	29:31.78	29:31.78

当今,中长跑的技术具有"小步幅,高频率"的特点,体现了运动技术的经济性和实用性。它要求跑得轻松协调,重心平稳,直线性好,节奏感强,并尽量提高肌肉的用力能力和放松能力。当然,在跑的过程中,既要掌握正确的技术,又要合理地分配体力;既要减少能量消耗,注意动作的经济性,又要具有加速跑的冲刺能力。

多年来,中长跑技术发展变化的焦点主要体现在步长和步频的变化上。具体表现在支撑时间与腾空时间的比例上。也就是说,运动员在跑进过程中,应根据自身的特点,以最佳方式把步长和步频统一在自身跑的技术中。

中长跑是周期性的项目,从跑的全过程讲,大体可分为起跑及起跑后的加速跑、途中跑、终点冲刺三个依次相关的阶段。

各种距离跑的技术基本相同,由于距离长短和跑时的强度不同,跑时动作稍有不同程度的差异。一般来讲,距离越长,步长越短,跑的动作中前摆和后蹬用力的程度就越小,腾空时间与支撑时间的比值也越小。

二、中长跑的基本技术

1. 起跑及起跑后的加速跑

起跑采用站立式起跑。起跑前,思想要沉着坚定,树立必胜的信心。听到"各就位"的口令后,做一两次深呼吸,从容地从预跑线走或慢跑到起跑线后,两脚前后开立,有力脚在前,紧靠起跑线后沿,前脚和后脚之间的距离约一脚长,两脚间隔约半脚长,体重大部分落在前脚上。两腿弯曲,上体前倾,两臂自然下垂(或一前一后),目视起跑线前 3~5 m 处,身体保持稳定待发姿势,注意力集中,听出发信号(见图 4-9)。

当听到出发信号,两腿用力蹬地,两臂配合做快而有力的摆动,使身体快速向前冲出,在短时间内获得较快的速度。起跑后的加速跑,上体前倾稍大,摆臂、摆腿和后蹬动作都应迅速积极。这段加速跑的距离,应根据项目、个人训练水平和比赛性质而定。一般讲,距离较短则加速跑距离较长,跑速也较快。但必须指出,不宜不顾自己整体实力,而在加速跑时跑得过快,距离过长。

图 4-9

起跑后应在不妨碍别人跑进或不受别人阻挡的情况下,按既定的战术要求跑进,发挥到预定速度时,继而转入匀速而有节奏的途中跑。

2. 途中跑

上体竖直或稍前倾,两目平视,面部和颈部的肌肉放松。两肘自然弯曲,以肩为轴,前后摆动,摆幅要适中。正确的摆臂不但可帮助维持身体平衡,同时又可加快腿部动作的速度,调节跑的节奏。

腿部动作(后蹬与前摆)是跑的技术中最主要的动作。

在一个跑的周期中,左右两腿,既对立,又统一,周而复始。左腿为蹬,右腿势必在摆;右腿为蹬,左腿势必在摆。加强蹬、摆技术的结合练习,则是教学与训练中的关键所在。

以一侧腿为例,后蹬结束时,身体进入腾空阶段,支撑腿随之变为摆动腿(在动作协调的前提下,积极向前上方摆动,以增大支撑腿的支撑反作用力),小腿放松,顺势自然折叠,经垂直部位后,大腿带动同侧髋向前上方加速摆出,同时,腰部协调送髋(此时,另一腿积极下压,形成有力剪绞,转为支撑过渡到后蹬)。当摆到最高点时,大腿则转为积极下压,小腿顺势前摆,前脚掌"鞭打"下扒着地,并富有弹性,必须与前进方向一致,千万不要形成内、外八字脚落地。在摆动腿的脚落地以后,摆动腿又转变为支撑腿。由于另一腿的积极向前上方摆动,身体重心前移超过支撑腿,接着开始后蹬。

当摆动腿通过身体垂直部位向前摆动时,支撑腿的各个关节要迅速蹬伸,首先伸展髋关节,再迅速有力地伸展膝关节和踝关节(见图 4-10)。

途中跑有一半以上的距离是在弯道上进行的,为了克服离心力的影响,必须掌握好弯道跑技术。弯道跑技术与短跑弯道跑技术基本相同,只是动作的幅度与用力程度较小。

图 4-10

3. 终点冲刺跑

终点冲刺跑是指临近终点前的一段加速跑。这段冲刺跑能力的强弱,对运动员取得优异成绩至关重要。冲刺跑的时机,要根据比赛的距离、个人训练水平以及战术要求和参赛对象来定。一般情况下,中距离跑的冲刺跑距离宜在 200～400 m 之间;长距离的冲刺跑距离宜在 400～800 m 之间。

终点冲刺跑时,要选择好时机,动员全部力量、竭尽全力,以顽强的意志和毅力,加快摆臂,加强腿部的蹬摆,奋力向前,高速通过终点。

4. 中长距离跑的呼吸

中长跑的呼吸是非常重要的,没有良好的呼吸机能就难以取得优异成绩。

为了改善气体交换与血液循环的条件,应掌握正确的呼吸方法,否则胸部就会感到胀闷与难受。

呼吸的节奏要和跑的节奏相吻合。一般情况下为两步一呼,两步一吸,或三步一呼,三步一吸。随着距离的加长和疲劳的出现,呼吸的频率有所加快,此时,应着重注意呼气。

呼吸是利用鼻和半张开的嘴进行的。冬天逆风跑时,也可用鼻子呼吸或用鼻子吸、用嘴呼的方法。

跑时,由于氧气的供应落后于肌肉活动的需要,加之内脏器官的惰性,所以跑到一定程度,往往会出现一种胸闷、呼吸表浅、四肢无力、跑速下降,有难以再继续跑下去的感觉,这种现象为通常所说的"极点",是正常的生理反应。当"极点"出现后,一定要以顽强的意志坚持跑进,并适当调整跑速与呼吸节奏的配合,特别要加深呼气,此种现象即会渐渐消失,从而呼吸均匀,身体机能明显好转,并富有轻松感,此现象在生理上称为"第二次呼吸"。

三、中长跑的教学方法

(1)中速跑 80~100 m,体会中长跑的蹬、摆技术。

(2)中速跑 400 m,体会中长跑的技术及呼吸方法。

(3)中速跑 800~1 000 m,体会跑的节奏和呼吸节奏。

(4)学习站立式起跑。

1)原地站立,身体前倾,顺势加速跑 30~40 m。

2)在弯道(或直道)上按口令做站立式起跑和起跑后的加速跑 60~120 m。

(5)以匀速跑、加速跑、变速跑等多种手段反复跑不同的距离,使学生体会和掌握途中跑技术及正确的呼吸方法。

(6)按水平分组,反复进行 800~1 200 m 匀速跑,以提高练习难度。

(7)按锻炼中等水平的学生,对男生 1 000 m 跑、女生 800 m 跑体力分配方案见表 4-4。

分配提示:前 400 m 跟随自然跑,中间 400 m 努力跑,最后 200 m 加速跑,通过终点放松跑。

(8)全程跑。总之,在教学与训练中,中距离跑应侧重于良好的速度,长距离跑应侧重于良好的耐力。教学练习的实质在于提高本专项身体的有氧代谢和无氧代谢能力。经常采用较多次数短距离(400 m)重复跑的练习方法,是提高 800~1 500 m 成绩的有效教学手段。

优秀运动员要想在比赛中取得优异成绩,除具有符合自己特点的合理专项技术能力外,还必须具有:①高水平的连续比赛能力;②良好的心理素质;③丰富的比赛经验和正确的运用战术能力以及独立作战能力。

表 4-4　男生 1 000 m 跑、女生 800 m 跑体力分配参考表

(单位：分·秒)

项目\成绩\分段距离	第一个 400 m	第二个 400 m	最后 200 m	总成绩
1 000 m	1′30.0″～1′35.0″	1′25.0″～1′30.0″	0′35.0″～0′45.0″	3′25.0″～3′50.0″
800 m	1′40.0″～1′50.0″	1′45.0″～1′55.0″		3′25.0″～3′45.0″

第五节　跳远、跳高

一、跳远

(一)跳远项目概述

跳远是通过助跑、起跳、腾空和落地四个技术环节发挥人体自身能力达到跳得尽可能远的一个田赛项目，它的运动力学基础为抛射运动规律 $s = \dfrac{v_0 \sin 2\alpha}{g}$。$v_0$ 为起跑时瞬时初速度；α 为腾起方向与水平线的夹角；g 为自由落体加速度；s 为跳跃距离。

跳远是一个古老的田径项目，在古希腊奥运会上就有男子跳远比赛，那时人们大多采用蹲踞式，1948 年女子跳远列入奥运会正式比赛项目，19 世纪 50 年代初出现挺身式，19 世纪 60 年代出现三步半走步式。现代男子世界纪录为 8.95 m，是美国人鲍威尔在 1991 年日本东京世界田径锦标赛上创造的；女子世界纪录为 7.52 m，是苏联的运动员契斯蒂娃 1988 年创造的。

(二)挺身式跳远技术

挺身式跳远技术是一个完整的技术，为了便于分析，从运动结构上一般分为助跑、起跳、腾空和落地四个环节，而这四个环节是环环相扣、紧密关连的。

1. 助跑

优秀运动员助跑距离男子为 35～45 m，跑 18～22 步，女子为 30～38 m，跑 16～21 步，普通大学生因体能因素等应在距离和步数上有所减少。助跑的方式有两种：一种是"站立式"，起动后积极加速，步频始终较快，用增加步长提高速度。一

种是"行进间"起动,开始步频较慢,步长较短,逐渐用加快步频、加大步长来加速,越跑越快,为快而有力的起跳做准备。

2. 起跳

起跳步的过程从助跑最后一步摆动腿积极蹬地开始(见图 4-16①),它加快了最后一步的位移速度,使起跳步成为整个助跑过程中最快的一步。摆动腿蹬离地后屈膝折叠前摆,上体上提(见图 4-16②),保持较高重心;起跳腿是脚跟先触及地面的,并迅速过渡到全脚掌支撑,这时起跳腿屈膝,屈踝进行退让支撑(见图 4-16③),作用是顶住人体起跳时重力和水平向前的力产生的向下的分力,通过摆动腿蹬地伸髋继续快速前摆,把身体重心迅速从支撑点的后上方前移到前上方,尽量减少速度的损耗,为蹬伸快创造条件;接下来起跳腿的踝、膝和髋三关节用力后蹬并充分蹬展(见图4-16④),同时摆动腿,摆到膝髋水平位突停,小腿自然下垂,两臂前后摆动,幅度较平跑时大,摆臂有维持身体平衡和加大起跳力量的作用,这时全身向上伸展,蹬地、摆腿、摆臂和提肩、提腰动作协调配合形成腾空步(见图 4-16⑤)。

3. 挺身式跳远的腾空动作技术

腾空步后,摆动腿的大腿下放向起跳腿靠拢,髋关节伸展,两臂经侧下向后上方摆振(见图 4-16⑥⑦),在腾空最高点时,身体充分伸展,形成挺胸、展髋、两臂上举的挺身式,并力争保持较长时间(见图 4-16⑧)。

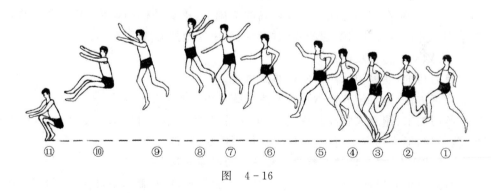

图 4-16

4. 坐式落地技术

在空中收腹举腿(见图 4-16⑨⑩)膝关节主动向胸部靠拢,尽可能推迟脚着地的时间,即将着地时小腿前伸,以脚跟先触沙面,屈膝,骨盆前移,两臂前摆,使身体重心迅速通过落点,避免后坐(见图 4-16⑪)。

(三)挺身式跳远教学方法

首先传授助跑与起跳的衔接技术,然后传授助跑技术,最后传授空中和落地技术。这样有助于学生掌握正确的助跑节奏和快而有力的起跳技术。

1. 帮助学生建立挺身式跳远完整的技术概念

通过教师讲解、示范,结合电化教学,观看优秀运动员的技术图片,使同学们在学习前先建立正确完整的技术概念:快而有节奏的助跑,快而有力的起跳,完整的空中挺身式动作和落地技术,以及优秀运动员临场自信、勇于拼搏的心理素质。

2. 起跳步的教学方法

(1)起跳步模仿练习:

练习目的:体验起跳时的蹬摆动作协调配合。

练习方法:摆动腿支撑,膝微曲,重心前移,起跳腿屈膝前摆,做"着地""退让""蹬伸"三个动作,同时摆动腿蹬地,伸髋后屈膝折叠前摆至大腿与地面水平,两臂前后摆动。

练习要求:动作要做得慢并到位,慢慢体会蹬摆协调配合,也可先模仿上肢动作,再模仿下肢动作,最后完整模仿练习。

(2)走动中的起跳步模仿练习:

练习目的:巩固起跳步技术达到熟练程度,形成初期动作定型。

练习方法:高抬腿走三步,做一次起跳模仿练习。

练习要求:在摆动方向及位置正确的基础上,提高动作的速率,形成良好的动作节奏。并注意摆动腿蹬摆和两臂前后摆都要求做到突摆急停。

(3)跑动中起跳步模仿练习:

练习目的:使模仿练习向实际跳跃过渡。

练习方法:跑三至五步做一次起跳步练习以及起跳步技术。

练习要求:跑时大腿高抬保持高重心,节奏要一步快于一步,最后一步(起跳步)为最快,形成腾空步后,在空中保持尽可能长的时间。

3. "站立式"起动助跑与起跳步相结合的教学方法

首先教师应根据不同学生的身体素质(力量、速度、控制节奏的能力等)来大概确定一个助跑距离和步数,这也是在以后的练习中调整的一个依据。

(1)"站立式"起跑 25~35 m:

练习目的:掌握"站立式"起跑技术,体会积极加速的匀加速助跑节奏。

练习方法:"站立式"起跑后跑 25~35 m。

练习要求:匀加速的节奏,跑到 15 m 左右,上体抬起,大腿高抬保持高重心跑进。

(2)"站立式"起动助跑,在起跳区内起跳,做腾空步练习:

练习目的:确立学生的步点,学习最后几步起跳的合理衔接技术。

练习方法:根据学生身体素质情况大概确定起跑点,助跑后在教师画好的起跳区内起跳后腾空步落入沙坑即可(见图4-17)。

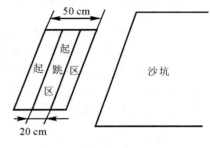

图 4-17

动作要求:匀加速节奏不能改变是练习的前提,起跳步是整个助跑中最快的一步,是加快腾起初速度 v_0 的保证。教师可在起跳区内铺上白灰,使学生在起跳后留下清楚的脚印,学生也可在最后4～8步放一标志物帮助自己不断校正步点,最后达到起跳脚上板而不犯规。还应注意助跑的直线性。

4. 挺身式跳远的空中技术和落地技术的教学方法

(1)空中技术的模仿练习:

练习目的:体会空中放腿挺身动作。

练习方法:两手正握单杠,身体腾空,两腿成腾空步姿势开始模仿,摆动腿大腿下压后向起跳腿靠拢,同时挺胸展髋,保持片刻后做收腹举腿,再伸小腿,脚踝背屈,这时松手跳下单杠,动作结束。

练习要求:除上肢动作外,完整的模仿空中和落地技术,体会各部分肌肉用力的感觉。

(2)空中和落地技术的辅助练习:

练习目的:结合助跑起跳在一定高度和速度条件下充分地完成挺身动作,建立肌肉的本体感觉。

练习方法:学生助跑6～8步,在跳箱盖或"弹簧板"上起跳后,再做空中技术和落地技术,落入沙坑。

练习要求:助跑节奏好、匀加速、起跳有力,空中挺身保持时间相对长一些。

5. 完整技术练习

练习目的:掌握整体技术,形成动作定型。

练习方法:同完整技术。

练习要求:站立式的起动,匀加速的节奏,准确的步点,快而有力的起跳步,完整的空中和落地技术。应注意不可能一两次课就做得每一部分都很好,要在教师的帮助下不断完善提高,形成动作定型和自己的技术风格。

(四)挺身式跳远技术教学中应注意的问题

(1)教学的顺序。建立完整技术概念;学习起跳步技术;学习助跑和助跑跳衔接技术;学习空中和落地技术;完整技术练习。

(2)从学习起跳步技术练习时就要有意识地培养加速的节奏;突出强调起跳步为助跑中最快的一步这一概念;助跑和起跳相结合是跳远技术中的重点,一定要培养学生敢跑敢跳的技术风格。

二、跳高

(一)跳高项目概述

跳高是通过助跑、起跳、过杆和落垫四个紧密相连的技术环节,发挥人体自身能力越过尽可能高的横杆的一个田赛项目。它的运动力学基础为抛射高度规律:$H = \dfrac{v_0^2 \sin^2 \alpha}{2g}$。其中 H 为抛射人体重心高度,v_0 为起跳时瞬时初速度,α 为腾起方向与水平线的夹角,g 为自由落体加速度。从规律中可以看出,要想跳得高,就要加快起跳速度,加大起跳角度。

跳高运动起源于 1774 年的德国培斯都学校,他们曾用跳高来训练学生。200 多年来跳高技术经历了五次大的变革:跨越式、剪式、滚式、俯卧式和背越式,其中背越式是现代体育界公认相对最科学、最能发挥人体能力的技术。现在世界纪录也是用背越式创造的,男子成绩为 2.45 m,是古巴运动员索托马约尔于 1993 年 7 月 27 日在萨拉曼卡创造的;女子成绩为 2.09 m,是保加利亚运动员科斯塔迪诺娃于 1987 年 8 月 30 日在罗马创造的。跳高项目对运动员沉着勇敢、勇于拼搏、超越自我的心理素质要求较高,也是我国田径优势项目之一,郑凤荣、倪志钦、朱建华三人都分别刷新过女子、男子世界纪录,其中朱建华三破世界纪录(截至 2006 年)。

(二)背越式跳高技术

1. 助跑技术

助跑步数 8~12 步,助跑路线前段为直线或近于直线,后段呈弧线,最后一步与横杆有一定角度(见图 4-18),助跑节奏有明显的加速性,应越跑越快。助跑时大腿前摆积极,两臂摆动和整个动作幅度较平时跑步时大,重心较高,在弧线上,加大外侧臂的摆动幅度,身体向内倾斜,头、躯干与脚的支撑点尽可能在蹬地力的作用线上。从力学公式 $\tan\beta = \dfrac{V^2}{Rg}$ 中可以看到,身体内倾角 β 与助跑速度的平方 v^2 成正比,与曲率半径 R 成反比,这就是说助跑速度越快,内倾角度要越大;助跑弧线曲率越小,内倾角度也要越大。再加上步长和步数的因素,不同的运动员有不同的弧线助跑风格。

2. 起跳技术

起跳步是以最后一步摆腿积极有力地蹬地开始的(见图 4-19①),向前快速推出髋部,并使髋领先于上体,上体略后倾和较大的内倾,肩轴与髋轴交叉扭紧,摆动腿蹬地后迅速屈膝折叠前上摆(见图 4-19②);起跳腿以髋带动大腿积极前摆,着地起跳,着地时由脚外侧跟部滚动到全脚掌,并迅速完成缓冲支撑和蹬伸动作,身体由内倾转为垂直,髋、膝、踝三关节发力并充分蹬直(见图 4-19③),这时摆动腿并继续以膝领先向前上摆,小腿外旋,脚尖稍外展;摆臂的方法有两种:单臂摆和双臂摆;同时立腰、顶肩。以上起跳步技术应快速协调完成,一般起跳时间为 0.12~0.2 s。

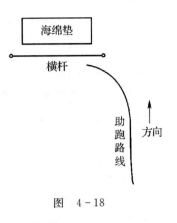

图 4-18

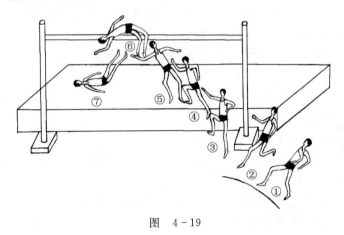

图 4-19

3. 过杆与落垫技术

起跳离地后,身体沿纵轴转,使背对横杆、头肩过杆后及时潜肩,展体收起跳腿,髋部上挺(见图 4-19④⑤),重心过杆时髋部高于膝、肩部,整个身体成背桥姿势(见图 4-19⑥);在重心过杆后适时地含胸收肩,向上方举甩小腿,使身体越过横杆并以背先落垫(见图 4-19⑦)。

(三)背越式跳高的教学方法

1. 帮助学生建立完整的技术概念

通过教师的讲解、示范,结合电化教学,看优秀运动员的技术图片,使学生在学习前先建立正确完整的技术概念:助跑节奏越跑越快,进入弯道后身体内倾,起跳快而有力,起跳方向合理。空中身体各部分依次过杆成背桥,重心过杆后收腹举甩小腿落垫。

2. 空中和落垫技术教学方法

(1)后倒垫练习:

练习目的:克服背向倒垫的害怕心理和体会挺髋动作。

练习方法:背向垫站立,肩离垫70 cm左右,上体向后倒,髋上挺,用肩背着垫成反弓的背桥资势。

练习要求:体会挺髋成背桥的肌肉用力感觉。

(2)原地背越式跳高练习:

练习目的:体会身体各部分依次过杆时的肌肉用力感觉。

练习方法:背对横杆,下蹲向后上方跳起,在空中成背桥姿势、潜肩、展腹、屈膝。过杆后含胸、收腹,用肩背先落垫。

练习要求:空中腹部上挺,背桥要大,先可无横杆练习,根据学习进展可放横杆或拉皮筋,加高起跳点。

3. 起跳步技术的教学方法

(1)起跳时摆臂的模仿练习:

练习目的:体会起跳时的摆臂技术。

练习方法:原地站立,两臂由体侧向前上方用力划弧上摆,肘略高于肩时突然制动,同时提肩、立腰、提踝。

练习要求:突摆急停,摆动腿同侧臂略高于起跳腿同侧臂。

(2)起跳步的蹬摆模仿练习:

练习目的:体会起跳时的蹬摆方向和肌肉用力感觉。

练习方法:身体内倾,从摆动腿单脚屈膝提踵支撑动作开始,摆动腿蹬地后折叠屈膝领先前上摆,起跳腿脚着地退让支撑到髋、膝、踝三关节蹬直,同时摆臂,身体由内倾转到正直。

练习要求:摆动腿用力蹬地后再前摆,起跳时身体重心高,立腰、提肩、提踵、抬头,眼向起跳方向看。

4. 弧线助跑结合起跳的教学方法

(1)弧线助跑练习:

练习目的:体会弧线跑时克服离心力的内倾技术。

练习方法:画一个半径为 4～6 m 的弧线,在上面做匀速跑和匀加速跑。

练习要求:跑时要高重心,大腿抬高,摆臂外大内小;身体内倾时头、躯干、腿和脚的支点力求在蹬伸力的作用线上。

(2)弧线两步助跑结合起跳练习:

练习目的:体会行进间的起跳技术。

练习方法:沿弧线助跑两步结合起跳。

练习要求:开始可在弧线上走两步并结合起跳,随着练习进展,再在跑动中完成,跑的第二步(起跳步)一定要比第一步快很多,起跳步技术要求同前。

(3) 4～6 步弧线助跑结合起跳练习:

练习目的:学习由弧线助跑内倾转为垂直的起跳技术,体会最后几步积极加速助跑意识。

练习方法:可在 4～6 m 半径的弧线上连续练习,跑 4～6 步做一次起跳。

练习要求:几步助跑高重心,一步快于一步,最后几步(起跳步)尽可能地快,起跳后身体在空中沿纵轴转体 90°。

5. 反跑式或丈量步点的教学方法(以左腿起跳 8 步助跑的运动员为例)

首先固定起跳点位置:初学者一般在距右侧立柱向左面 1 m 左右和离横杆一肩宽左右的交叉点上。然后根据学生身体素质确定一定的弧度,并沿弧线反方向助跑 4 步处放第一标志物,此为弧线步点;在继续沿直线跑 4 步处放第二标志物,此为直线起跑点,在正式助跑时可在第二标志前加走跑交替,即先走后跑。确定的步点要在练习中不断校正,最终找到适于自己的步点,并记录下来,记录方法(见图 4 - 20)用皮尺丈量,n(m)为丈量长度。

6. 完整技术的教学方法

(1)高垫练习:

练习目的:把助跑、起跳、过杆前半部分紧密地连接起来练习,克服怕的心理,培养向上意识。

练习方法:助跑跳上高垫上成背桥姿势(见图 4 - 21)。垫子随练习进展不断加高。

练习要求:加速节奏正确,弧线上内倾,起跳充分向上。先练弯道助跑起跳上高垫,然后根据进展可在弯道的直线上加几步助跑,最后可全程助跑起跳上高垫。

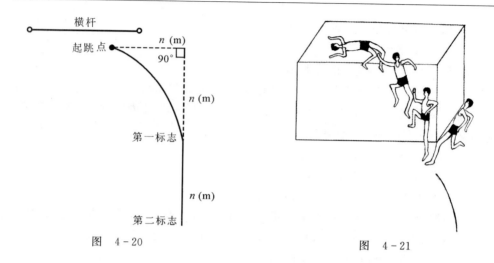

图 4-20 图 4-21

(2)半程助跑过杆练习：

练习目的：在相对全程低的位移速度下掌握完整技术。

练习方法：助跑4~6步过杆练习。

练习要求：步点准确，节奏匀加速，起跳向上性好，身体依次过杆。

(3)全程助跑过杆练习：

练习目的：掌握完整技术，达到初步动力定型。

练习方法：助跑8~10步过杆练习。

练习要求：同上一练习。

(四)背越式跳高技术教学中建议注意的问题

(1)建议用逆进式的教学方法，即先教过杆和落垫，再教弧线助跑结合起跳，最后学完整技术。这样有利于学生克服初学时的害怕心理和有利于激发学生的学习兴趣。

(2)培养正确的助跑节奏。节奏的方法为匀加速最后起跳步尽可能快，节奏长度(指距离和步数)和节奏的快慢因人而异。身体素质好的可长些、快些，身体素质差的就要短些、慢些。这样的节奏有利于在获得较快的起跳步前瞬时速度的前提下，使 ATP 分解供能相对较少，为快而有力的起跳步创造了速度前提和充足的ATP 能量保证。

(3)跳高垫练习在背越式跳高教学训练中的重要性。高垫练习有机地把助跑、起跳和过杆的前半部分紧密连接在一起，它能使运动员在没有害怕心理和自我保护性反射的情况下,最后几步更积极加速,大胆起跳向上,这对培养正确的助跑节奏和起跳向上意识大有帮助。优秀运动员也常用不断加高高垫高度来作为提高运动成绩的训练方法。

第六节 铅 球

一、铅球项目概述

大约在公元1340年,欧洲出现了首批炮兵队伍,当时所用的炮弹是一个圆球,重16磅(7.257 kg)。士兵们利用和炮弹形状、重量相同的石头,做投掷游戏的比赛。后来把石头改成了金属的,逐渐变成现在的铅球。1896年第1届现代奥运会就把铅球列为男子正式比赛项目,铅球的重量一直沿用炮弹重量,1975年又改为7.26 kg。1948年第14届奥运会才有女子推铅球比赛。重量为8磅,现改为4 kg。

随着田径运动实践和体育科学的发展,推铅球的技术不断更新和完善。从古老的推铅球方法,发展为侧向滑步推铅球。20世纪50年代初期出现了背向滑步推铅球,在背向滑步推铅球技术不断发展中,又出现了旋转推球的方法。

截至2013年11月25日,世界男、女推铅球世界纪录分别为美国的巴恩斯于1990年5月20日创造的23.12 m和苏联莉索弗斯卡娅于1987年6月7日创造的22.63 m。

二、推铅球的基本技术

推铅球的技术是单手持球放在肩上锁骨窝处,站在直径为2.135 m的圆圈内靠近后沿处,经过滑步后,单手从肩上推出,使铅球落在规定的投掷区内。

推铅球的方法,主要有侧向滑步推铅球、背向滑步推铅球、旋转推铅球等投掷技术,非专业性学校学生首先学习侧向滑步推铅球技术(以右手握球为例)较容易掌握。

侧向滑步推铅球分为握持方法、推球前的预备姿势、滑步和最后用力及出手后平衡五个部分。这五个部分是一个有机联系的整体,为了便于分析技术,才分为五个部分。

(1)握持方法。五指自然分开,把铅球放在食指、中指和无名指的指根上,球体重量大部分落在食指和中指之间,拇指和小指扶在球的两侧,手腕背屈(见图4-22)。

握好球后,把铅球放在肩上锁骨窝处,贴着颈部,右臂屈肘,掌心向前,持球臂的大臂与身体夹角约 45°,自然放松(见图 4-23)。

图 4-22　　　　　　　　　　　　　　图 4-23

(2) 滑步前的预备姿势。身体左侧对准投掷方向,右脚踏在直径线上靠近投掷圈的后边缘。左脚以前掌触地在直径线稍后一点,身体重心落在右腿上,保持静止姿势(见图 4-24)。

(3) 滑步。滑步动作的好坏,直接影响到推铅球的成绩,技术掌握较完善的投掷者原地推铅球和滑步推铅球的成绩相差 1.5~3 m。

预备姿势做好后,做 1~2 次预摆(见图 4-25①②),预摆时左腿自然弯曲,大腿用力平稳向右大腿方向摆起时,右腿迅速下蹲,接着左腿向投掷方向快速摆出。同时右腿用力蹬伸(见图 4-25③~⑥)。右腿蹬直后,迅速收小腿,右脚掌接近地面滑动落在圆心附近(在收小腿时脚和膝向左转动),接着左脚积极落地,用脚掌内侧着地以形成牢固的支撑。两脚着地后左脚尖和右脚跟几乎成一直线(见图 4-25⑦⑧)。

图 4-24

(4) 最后用力。最后用力是推铅球技术的主要环节,动作是否正确直接影响出手速度和出手角度。

滑步结束时,即在左脚一触地面,右腿迅速用力蹬地,右髋向投掷方向抬起;这时固定左肩,防止过早转体。当上体迅速向投掷方向移动时,身体重心已从右脚移至左脚,身体左侧与地面垂直的瞬间,右腿迅速伸直,上体和头向投掷方向转动,右肩向投掷方向送出。这时右臂积极做推球准备(见图 4-25⑨)。微屈的右腿立刻伸直蹬地,增加铅球向前和向上的力量。最后右臂迅速而有力地将球推出(见图 4-25⑩)。铅球出手时,手腕稍向内转同时屈肘,快速而有力地拨球,使铅球从手指离开,推球角度一般是 38°~42°。铅球离手后,两腿弯曲或交换,降低身体重心,缓冲向前的冲力,维持身体平衡,防止出圈犯规。

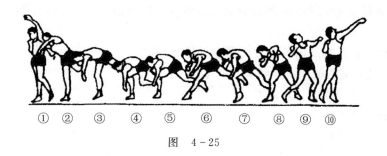

图 4-25

三、推铅球的教学方法

推铅球的教学应以最后用力为重点,强调"推"字,突出"快"字。在教学各阶段,要根据任务和要求突出各技术环节重点。

1. 使学生对推铅球技术有初步的了解

(1)通过对推铅球技术的讲解、示范、看图片等方法,使学生初步了解推铅球的技术。

(2)简要介绍推铅球的场地、器材规格。

(3)提出推铅球过程中的安全措施及要求。

2. 学习原地推铅球技术

(1)徒手或用实心球、轻铅球做原地推铅球的各种模仿练习。体会推铅球的蹬转髋关节的动作和挺胸推球动作。

(2)正面推轻铅球。两脚左右开立与肩同宽,面对投掷方向,右髋关节和右肩向右扭转,然后蹬转髋关节,结合送肩动作将球推出。

(3)侧向原地推铅球。握好球后,左侧正对投掷方向,两脚开立,左脚尖与右脚跟几乎在一条直线上,左脚膝关节自然伸直,并用前脚掌内侧着地,右腿弯曲,上体很快向右侧倾倒,然后用力蹬伸髋关节,上体抬起将球推出。

(4)用与(3)同样的方法在圈内推球。

3. 学习侧向滑步推铅球技术

(1)在圈内做徒手或持轻器械的滑步练习。摆动腿的摆动练习:左手拉住同肩高的固定物或同伴的手。左腿回收接近右腿时,快速向抵趾板方向摆出。

拉收右腿的练习:两腿前后直立(两脚比肩宽),体重在两腿间。上体稍前屈。从这个姿势开始,迅速将小腿收至重心下负担身体重量,并保持平衡。当右脚收至重心下快着地时,左腿快速向后撤步,形成最后用力前的姿势。

徒手滑步练习:高姿站立,摆动腿摆到一定高度后,在回收过程中,同时右腿逐渐弯曲,降低重心,当左腿回收接近右腿时,立即做滑步动作,动作熟练后可连续做。

(2)用轻铅球在圈内外做侧向滑步推铅球练习。

4．改进和提高侧向滑步推铅球技术

(1)圈内进行完整技术练习。

(2)改进技术细节。

(3)技评和达标。

思考题四

1. 径赛项目有哪几种?
2. 田赛项目有哪几种?
3. 全能项目有哪几种?

第五章 健美操

本章摘要：本章主要介绍健美操的基本步伐体系；基本动作说明；常用上肢动作等内容。通过学习，学生应了解健美操运动的分类，掌握健美操运动的基本技术动作，提高健美操运动的观赏能力。

本节所论述的健美操基本动作主要是有氧操基本动作。有氧操基本动作是由基本步伐和上肢动作两部分组成的，其中基本步伐是组成动作组合的最小单位。在编排动作时我们可以在基本步伐的基础上进行变化，从而形成一个相对复杂的动作组合。

第一节 健美操的基本步伐体系

当认真分析基本动作时，不难发现所有步伐可按冲力分为三种：无冲击力动作、低冲击力动作和高冲击力动作，许多低冲击力动作同时也可做成高冲击力动作。而根据动作完成形式的不同，又可将基本步伐分为五类（见表5-1）。

表5-1 有氧操常用基本动作体系

类别	原始动作形式	低冲击力形式	高冲击力形式	无冲击力形式
交替类	踏步	踏步 走步 一字步 V字步 漫步	跑步	
迈步类	侧并步	并步 迈步点地 迈步吸腿 迈步后屈腿 侧交叉步	并步跳 小马跳 迈步吸腿跳 迈步后屈腿跳 侧交叉步跳	

续 表

类别	原始动作形式	低冲击力形式	高冲击力形式	无冲击力形式
点地类	点地	脚尖点地 脚跟点地		
抬起类	抬腿	吸腿 摆腿 踢腿	吸腿跳 摆腿跳 踢腿跳 弹踢腿跳 后屈腿跳	
双腿类			并腿跳 分腿跳 开合跳	半蹲 弓步 提踵

交替类:两脚始终做依次交替落地的动作。

迈步类:一条腿先迈出一步,重心移到这条腿上,另一腿用脚跟、脚尖点地或吸腿、屈腿、踢腿等,然后向另一个方向迈步的动作。

点地类:一腿屈膝站立,另一腿伸出,用脚尖或脚跟点地后还原到并腿位置的动作。

抬腿类:一腿站立,另一腿抬起的动作。

双腿类:双腿站立、身体重心在两腿之间的动作。

在交替类和迈步类中均有其原始的动作形式,在教初级课时应从原始动作形式开始。

以下所介绍的动作均为最常用的基本动作,可以在此基础上发展,创造具有自己风格的独特动作。

第二节 健美操的基本动作说明

在此只说明最主要的动作。对同一动作的高冲击力形式不再重复解释。按照动作的分类以动作名称、一般描述、技术要点和动作变化四部分进行说明。

动作的变化分为两种形式:

形式一:不同动作组合在一起使之成为一个动作。如:向前走三步吸腿、侧交叉步最后一拍后屈腿等。

形式二:在一个原始动作的基础上加入各种变化因素。如:侧并步,一侧并步同时两臂上举。

1. 两脚交替类

(1)踏步(原始动作)(见图5-1)。

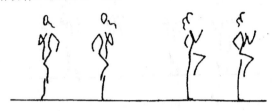

图5-1 踏步

一般描述:两腿原地依次抬起,依次落地。

技术要点:在下落时,踝、膝、髋关节依次有弹性地缓冲。

动作变化:踏步分腿并腿——两脚依次向两侧迈步,成分腿半蹲,再依次还原成并腿。

(2)走步(见图5-2)。

一般描述:迈步向前走四步或向后退四步,然后反之。向前走时,脚跟先落地,过渡到全脚掌;向后走时则相反。

技术要点:在落地时,膝、踝关节有弹性地缓冲。

动作变化:

1)三步点地——向前走三步,第四拍点地。

2)三步吸腿——向前走三步,第四拍吸腿。

图5-2 走步

(3)一字步(见图5-3)。

一般描述:一脚向前一步,另一脚并于前脚,然后再依次还原。

技术要点:向前迈步时,先脚跟着地,过渡到全脚掌;前后均要有并腿过程;每一拍动作膝关节始终有弹性地缓冲。

动作变化:

1)V字步(见V字步动作)。

2)方步——左脚向右脚前方迈一步,右脚向左脚左侧迈一步,左脚向右脚后方迈一步,右脚回到起始位,形成一个方形。

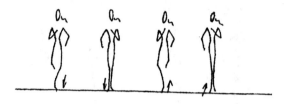

图 5-3 一字步

(4)V字步(见图5-4)。

一般描述:一脚向前侧方迈一步,另一脚随之向另一方迈一步,成两脚开立屈膝,然后再依次退回原位。

技术要点:两腿膝、踝关节始终保持弹动状态,分开后成分腿半蹲,重心在两脚之间。

动作变化:X步——向前完成一个V字步,再向后完成一个V字步,形成X形。

图 5-4 V字步

(5)漫步(见图5-5)。

一般描述:一脚向前迈出,屈膝,重心随之前移,另一脚稍抬起,然后原地落下;或者向后撤一步,重心后移,另一脚稍抬起,然后原地落下。

技术要点:两脚始终保持交替落地,身体重心随动作前后移动,但始终在两脚之间。

动作变化:漫步转体360°。

图 5-5 漫步

(6)跑步(见图5-6)。

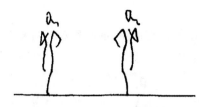

图5-6 跑步

一般描述:两腿经过腾空。依次落地缓冲,两臂屈肘摆臂。
技术要点:落地屈膝缓冲,脚跟尽量落地。
动作变化:
1)高抬腿跑——膝盖尽量抬高。
2)后踢腿跑——小腿尽量后屈,脚跟到臀部。
3)双跳跑——每只脚落地跳两次,交替进行。

2.迈步类

(1)并步(侧并步为原始动作)(见图5-7)。

图5-7 并步

一般描述:一脚迈出,另一脚随之并拢屈膝点地;再向反方向迈步。
技术要点:两膝始终保持弹动,动作幅度和力度可随风格而定。
动作变化:
1)两次并步——向一侧做两个并步,再向反方向迈步。
2)侧交叉步(见侧交叉步动作)。

(2)迈步点地(见图5-8)。

图5-8 迈步点地

一般描述：一脚向侧迈一步，两腿经屈膝移重心，另一腿再前、侧或后用脚尖或脚跟点地。

技术要点：两膝同时有弹性地屈伸，重心移动轨迹呈弧形；上体不要扭转。

(3) 迈步吸腿（见图 5-9）。

图 5-9　迈步吸腿

一般描述：一脚迈出一步，另一腿屈膝抬起，然后向反方向迈步。

技术要点：经过屈膝半蹲，抬膝时支撑腿稍屈膝。

动作变化：重复吸腿——脚迈出一步，另一腿重复屈膝抬起两次到四次，最多不超过八次。

(4) 迈步后屈腿（见图 5-10）。

一般描述：一脚迈出一步，另一腿后屈，然后向反方向迈步。

技术要点：经过屈膝半蹲，支撑腿稍屈膝，后屈腿的脚跟靠近臀部。

图 5-10　迈步后屈腿

(5) 侧交叉步（见图 5-11）。

图 5-11　侧交叉步

一般描述：一脚向侧迈一步，另一脚在其后交叉，随之再向侧迈一步，另一脚并拢，屈膝点地。

技术要点：第一步脚跟先落地，身体重心快速随着脚步移动，保持膝、踝关节的弹动。

动作变化：

1）交叉步屈腿——侧交叉步的第四步做向后屈腿。

2）交叉步吸腿——侧交叉步的第四步做向上吸腿。

3. 点地类

(1) 脚尖点地（见图5-12）。

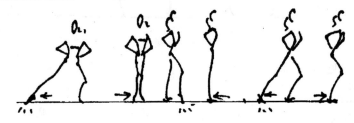

图5-12　脚尖点地

一般描述：一腿稍屈膝站立，另一腿伸出，脚尖点地，然后还原到并腿姿势。

技术要点：支撑腿始终保持屈膝站立，并且随动作有弹性地屈伸。

动作变化：

1）侧点地左右移重心——腿稍屈膝站立，另一腿向侧伸出，先脚尖着地，随即脚跟迅速向下弹压，同时重心侧移，然后还原。

2）点地吸腿——腿稍屈膝站立，另一腿向侧伸出点地、吸腿、再点地、还原。

(2) 脚跟点地（见图5-13）。

图5-13　脚跟点地

一般描述：一腿稍屈膝站立，另一腿伸出，脚跟点地，然后还原到并腿姿势。只可做向前和向侧的脚跟点地。

技术要点：支撑腿始终保持屈膝站立，并且随动作有弹性地屈伸。

4. 抬腿类

(1)吸腿（见图 5-14）。

一般描述：一腿屈膝抬起，落下还原。

技术要点：支撑腿保持屈膝弹动，大腿上抬超过水平；上体保持正直。

图 5-14 吸腿

(2)摆腿（见图 5-15）。

图 5-15 摆腿　　　　　　图 5-16 踢腿

(3)踢腿（见图 5-16）。

一般描述：一腿稍屈膝站立，另一腿抬起，然后还原。

技术要点：抬起腿不需很高，但要有控制；保持上体正直。

(4)弹踢腿（跳）（见图 5-17）。

一般描述：一腿站立（跳起），另一腿先向后屈，然后向前下方弹踢，还原。通常以高冲击力的形式出现。

技术要点：腿弹出时要有控制，保持上体正直。

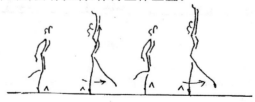

图 5-17 弹踢腿

(5)后屈腿(跳)(见图5-18)。

一般描述:一腿站立(跳起),另一腿向后屈膝,放下腿还原。通常以高冲击力的形式出现。

技术要点:支撑腿保持弹性,两膝并拢,脚跟靠近臀部。

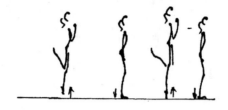

图5-18 后屈腿

5.双腿类

(1)并脚跳(见图5-19)。

一般描述:两腿并拢跳起。

技术要点:落地缓冲有控制。

(2)分腿跳(见图5-20)。

一般描述:分腿站立屈膝半蹲,向上跳起,分腿落地屈膝缓冲。

技术要点:屈膝半蹲时,大、小腿夹角不要小于90°,空中注意身体的控制。

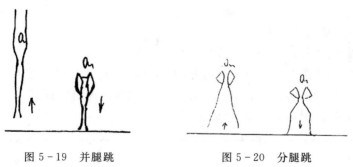

图5-19 并腿跳　　　　图5-20 分腿跳

(3)开合跳(见图5-21)。

一般描述:由并腿跳起,分腿落地;然后,再由分腿跳起,并腿落地。

技术要点:分腿屈膝蹲时,两脚自然外开,膝关节沿脚尖方向屈,膝关节夹角不小于90°,脚跟落地。

动作变化:半个开合跳——一脚向侧跳,落地时屈膝,同时另一腿直膝、勾脚尖留在原地;然后跳回原地。

图 5-21 开合跳

(4)半蹲(见图 5-22)。

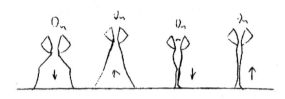

图 5-22 半蹲

一般描述:两腿有控制地屈和伸。可分为并腿半蹲和分腿半蹲。
技术要点:分腿半蹲时,两腿左右分开稍大于肩(或与肩同宽),脚尖稍外开,屈膝时关节角度不得小于 90°,膝关节对准脚尖方向,臀部向后 45°方向下蹲,上体保持直立。

(5)弓步(见图 5-23)。
一般描述:两腿前后分开,两脚平行站立;蹲下,起来。
技术要点:半蹲时后腿膝关节向下,大腿垂直于地面;重心始终在两脚之间。
动作变化:侧弓步——腿稍屈膝站立,另一腿向侧伸出,先脚尖着地,随即脚跟迅速向下弹压,同时重心侧移,然后还原。

图 5-23 弓步

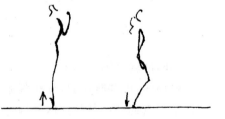

图 5-24 提踵

(6)提踵(见图 5-24)。

一般描述：两腿脚跟抬起，落下脚跟稍屈膝。
技术要点：两腿夹紧，重心上提时，收紧腹部；落下时屈膝缓冲。

第三节　健美操的常用上肢动作

在完成基本动作时加入不同的手臂动作就会使动作变得丰富多彩，或改变动作的强度和难度。如：手臂在肩以上的动作强度就大于手臂在肩以下的动作强度；手臂动作变化多的一组动作就难于手臂动作变化少的动作组合。另外，健美操的手臂动作除了自然摆动和一些舞蹈动作外，主要是模仿上肢力量练习的一些动作。这样做的目的是既美观又使练习更加有效。

下面介绍几种常用手型和手臂动作供参考。也可以创造出更多的手臂动作。

1. 常用手型（见图 5-25）
(1) 掌型。五指伸直并拢。
(2) 拳型。握拳，拇指在外。
(3) 五指张开型。五指用力伸直张开。

图 5-25　常用手型

2. 上肢动作
(1) 举。臂伸直向某方向抬起。
(2) 屈臂。前臂与上臂角度不断减小。
(3) 伸臂。前臂与上臂角度不断增大。
(4) 屈臂摆动。屈肘在体侧自然地摆动。可依次和同时进行。
(5) 上提。直臂或屈臂由下至上提抬起。如：屈臂前提，直臂侧提。
(6) 下拉。臂由上举或侧上举拉至身体两侧。
(7) 胸前推。立掌，臂由肩部向前推。
(8) 冲拳。屈臂握拳，由腰间猛力向前冲拳。
(9) 肩上推。立掌，屈臂由肩部向上推。
(10) 摆动。以肩关节为轴，手臂在180°以内的运动称之为摆动。
(11) 绕和绕环。以肩关节为轴，手臂在180°～360°之间的运动为绕；大于360°以上的圆周运动为绕环。

(12)交叉。两臂重叠成 X 形。

在进行上述上肢动作练习时,应注意肌肉的用力阶段,使动作富有弹性,避免上肢动作过分僵硬。

思考题五

1. 有氧操基本动作由哪几部分构成?
2. 健美操运动的基本步伐有哪些?
3. 健美操运动中常用手型和手臂动作有哪些?

第六章 游　　泳

本章摘要：本章主要介绍游泳运动的起源、发展及意义；自由泳、蛙泳、仰泳、蝶泳的基本技术、竞技特点、技术分析和教学步骤与方法；身体姿势、腿部动作、臂部动作和不同泳姿的呼吸方式；参加游泳运动的注意事项；游泳的安全与卫生常识；自然水域游泳时的安全事项及意外落水时的应急措施等内容。通过学习，学生应初步了解游泳的基本知识，掌握各种泳姿的基本技能。

第一节　游泳运动概述

一、游泳运动的简介

游泳运动是男女老幼都喜欢的体育项目之一。古代游泳，根据现有史料的考证，国内外较一致的看法是产生于居住在江、河、湖、海一带的古代人。他们为了生存，必然要在水中捕捉水鸟和鱼类作食物，通过观察和模仿鱼类、青蛙等动物在水中游动的动作，逐渐学会了游泳。

现代游泳运动起源于英国。1828年，英国在利物浦乔治码头修造了第一个室内游泳池，这种泳池到19世纪30年代，在英国各大城市相继出现。

1837年，在英国伦敦成立了第一个游泳组织，同时举办了英国最早的游泳比赛。

1869年1月，在伦敦成立了大城市游泳俱乐部联合会（现英国业余游泳协会前身）并把游泳作为一个专门的运动项目正式固定下来，并随之传入各英国殖民地，继而传遍全世界。随着游泳运动的发展，游泳被分为竞技游泳、实用游泳和大众游泳三大类。其中，竞技游泳包括自由泳、仰泳、蛙泳、蝶泳；实用游泳包括踩水、侧泳、反蛙泳、救护、潜泳和武装泅渡；大众游泳包括健身游泳、康复游泳、娱乐游泳等。

二、竞技游泳

竞技游泳源于英国及澳洲，后来传入其他国家，19世纪中期至20世纪初，世界各国的游泳比赛开始普遍起来,游泳总会亦相继成立。英国业余游泳总会(前身为都会游泳总会)于1869年成立,是第一个成立的国家游泳总会。1850—1860年,英国与澳洲已有国际游泳比赛。当国际奥林匹克运动会于1894年6月16日在巴黎成立时,游泳已被列为1894年的奥运项目之一。国际游泳联合会(FINA)则成立于1908年。

国际游泳联合会(FINA),简称国际泳联。1908年由比利时、丹麦、芬兰、法国、德国、英国、匈牙利和瑞典等国倡议成立,总部设在瑞士的洛桑,现有协会会员179个。国际泳联是国际单项体育联合会总会成员,正式用语为英语和法语,工作用语为英语。

从1896年第1届奥运会到2008年第29届奥运会,游泳项目从3项发展到男女28个单项和6项团体接力,金牌总数达34块,是仅次于田径的体育大项。

2008年北京奥运会游泳项目比赛设置:

男子(17项)	女子(17项)
50m,100m,200m,400m,500m 自由泳;	50m,100m,200m,400m,800m 自由泳;
100m,200m 仰泳;	100m,200m 仰泳;
100m,200m 蛙泳;	100m,200m 蛙泳;
100m,200m 蝶泳;	100m,200m 蝶泳;
200m,400m 个人混合泳;	200m,400m 个人混合泳;
4×100m,4×200m 自由泳接力,	4×100m,4×200m 自由泳接力;
4×100m 混合泳接力;	4×100m 混合泳接力;
10km 马拉松。	10km 马拉松。

与第28届相比,北京奥运会游泳比赛增设男、女10km马拉松,共产生34枚金牌。

三、游泳对增强体质的作用

1. 增强心肌功能

人在水中运动时,各器官都参与其中,耗能多,血液循环也随之加快,以供给运动器官更多的营养物质。血液速度的加快,会增加心脏的负荷,使其跳动频率加快,收缩强而有力。经常游泳的人,心脏功能极好。一般人的心率为70~80次/min,每搏输出量为60~80mL。而经常游泳的人心率可达50~55次/min,很多优秀的游泳运动员,心率可达38~46次/min,每搏输出量高达90~120mL。游泳时水的作用使肢体血液易于回流心脏,使心率加快。长期游泳会有明显的心脏运动性增大,收缩有力,血管壁厚度增加弹性加大,每搏输出血量增加。所以,游泳可以锻炼出一颗强而有力的心脏。

2. 增强抵抗力

游泳池的水温常为 26~28℃，在水中浸泡散热快，耗能大。为尽快补充身体散发的热量，以供冷热平衡的需要，神经系统便快速做出反应，使人体新陈代谢加快，增强人体对外界的适应能力，抵御寒冷。经常参加冬泳的人，由于体温调节功能改善，就不容易伤风感冒，还能提高人体内分泌功能，使脑垂体功能增加，从而提高对疾病的抵抗力和免疫力。

3. 减肥

游泳时身体直接浸泡在水中，水不仅阻力大，而且导热性能也非常好，散热速度快，因而消耗热量多。就好比一个刚煮熟的鸡蛋，在空气中的冷却速度，远远不如在冷水中快，实验证明：人在标准游泳池中 20min 所消耗的热量，相当于同样速度在陆地上的 1h，在 14℃ 的水中停留、分钟所消耗的热量高达 100 千卡，相当于在同温度空气中 1h 所散发的热量。由此可见，在水中运动，会使许多想减肥的人，取得事半功倍的效果，所以，游泳是保持身材最有效的运动之一。

4. 健美形体

人在游泳时，通常会利用水的浮力俯卧或仰卧于水中，全身松弛而舒展，使身体得到全面、匀称、协调的发展，使肌肉线条流畅。在水中运动由于减少了地面运动时地对骨骼的冲击性，降低了骨骼的老损概率，使骨关节不易变形。水的阻力可增加人的运动强度，但这种强度又有别于陆地上的器械训练，是很柔和的，训练的强度又很容易控制在有氧域之内，不会长出很生硬的肌肉块，可以使全身的线条流畅优美。

5. 加强肺部功能

呼吸主要靠肺，肺功能的强弱由呼吸肌功能的强弱来决定，运动是改善和提高肺活量的有效手段之一。据测定：游泳时人的胸部要受到 12~15kg 的压力，加上冷水刺激肌肉紧缩，呼吸感到困难，迫使人用力呼吸，加大呼吸深度，这样吸入的氧气量才能满足机体的需求。一般人的肺活量大概为 3 200mL，呼吸差（最大吸气与最大呼气时胸围扩大与缩小之差）仅为 4~8cm，剧烈运动时的最大吸氧量为2.5~3L/min，比安静时大 10 倍；而游泳运动员的肺活量可高达 4 000~7 000mL，呼吸差达到 12~15cm，剧烈运动时的最大吸氧量为 4.5~7.5L/min，比安静时增大 20 倍。游泳促使人呼吸肌发达，胸围增大，肺活量增加，而且吸气时肺泡开放更多，换气顺畅，对健康极为有利。

6. 护肤

人在游泳时，水对肌肤、汗腺、脂肪腺的冲刷，起到了很好的按摩作用，促进了血液循环，使皮肤光滑有弹性。此外，在水中运动时，大大减少了汗液中盐分对皮肤的刺激。

第二节　游泳的基本技术

一、自由泳

自由泳是四种竞技游泳中速度最快的一种姿势,按规则要求,自由泳比赛中,可采用任何一种姿势游进。但由于自由泳时,身体俯卧在水中,身体几乎与水面平行,有较好的流线形,两腿不停地做上下打水,两臂依次轮流向后划水,因此推进力均匀,动作结构简单,划水效果好,动作配合协调,既省力又能发挥最大的速度。所以在自由泳比赛中,人们都采用自由泳技术。

在游泳竞赛中,自由泳比赛项目最多(共 14 项,占 43%),通常衡量一个国家的游泳水平,往往以该国自由泳水平高低为标准。

在游泳教学和训练中,自由泳是基础项目,是四种竞技游泳的技术基础,学会了自由泳对掌握仰泳、蛙泳、蝶泳都是有利的,因此普及和提高自由泳技术有很重要意义。

现代自由泳技术的特点是,运动员身体姿势高平,采用高肘、屈臂、曲线、加速划水和晚呼吸配合技术。

(一)身体姿势

游自由泳时身体应伸直成流线型,几乎水平地俯卧在水面。稍收腹,脸部和前额浸入水中,臀部接近于水面,身体纵轴与水面构成 30°角,头与身体的纵轴成 20°～30°,眼睛视线应向斜前方(见图 6-1),身体可围绕纵轴有节奏地转动,这种转动一般在 35°～45°角(见图 6-2)。

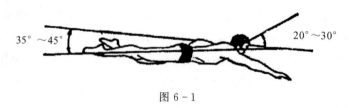

图 6-1

游进时的身体转动是由于划臂、转头吸气形成的自然动作,其优点是:便于手臂出水和空中向前移臂;缩短移臂的转动半径;有利于臂的抱水、划水和维持身体平衡;有利于转头、吸气。

身体转动的大小取决于运动员的技术、个人特点和游泳速度,转动幅度约两肩横轴与水平面构成 35°～45°角。

(二)腿部动作

自由泳腿的动作主要是起维持身体平衡作用,使下肢抬高,保持身体流线形,以及协调两臂有力的划水动作;并能起一定的推进作用。

自由泳打水的技术要领是:两腿自然伸直,两脚稍向内扣,以增大打水面积,踝关节放松,髋关节先发力,以大腿带动小腿做鞭状上下交替打水,打腿幅度以两脚跟的垂直距离 30～40 cm 为宜,脚不要打出水面,但可溅起一点浪花,打水效果取决于鞭状发力和踝关节的灵活性(见图 6-3)。

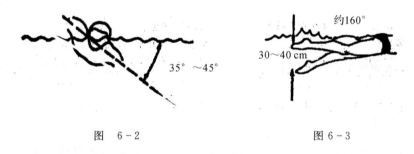

图 6-2　　　　　　　　图 6-3

向下打水时,大腿发力开始向下由于惯性作用,此时小腿和脚仍继续向上移动,膝关节弯曲成 160°角(见图 6-4)。这时大腿还继续带动小腿,使小腿和脚背向后下方打水,这时产生了两个力量,一个是水平分力推动身体向前进,一个是上升力,使身体上浮。当大腿开始向上打水时小腿继续向下,直到伸直膝关节,这两个力量继续作用。开始做向上打水的动作,这时大腿带动小腿向上移,髋关节逐渐展开,腿自然伸直,脚跟接近水面完成向上打水,由于腿受到水的反作用力,也产生一部分推动身体前进的力(见图 6-5),但也有一个下沉力(见图 6-5),所以向上打水时,用较小的力量来完成,而向下打水时要用较大的力量和较快的速度来完成,以便产生较大的推进力和上浮力。

腿从上向下完成打水动作的过程称之为下鞭动作。从上向下打水时,踝关节的灵活性对前进的作用很大,从图 6-6(a)中可以看到,向下打水时,除产生上升力 oc 外,还可以产生向前的分力 oa。但是在图 6-6(b)中,由于踝关节灵活性差,打水只产生向上的分力 ob,而无向前的推进力。

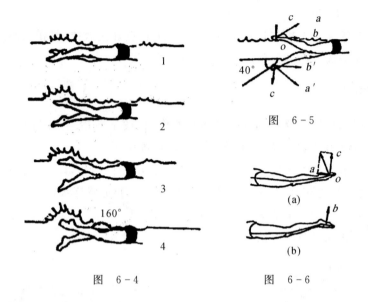

图 6-4   图 6-5   图 6-6

自由泳的两腿配合是随着运动员的个人特点,臂腿配合技术,两臂划水效果和游泳距离的长短而有所不同。

(三)臂的技术

游自由泳时,划臂是推动身体前进的主要力量,臂的技术是由入水、抱水、划水、出水、空中移臂五个部分组成。

1. 入水

臂入水时,肘关节略屈并高于手,手指自然伸直并拢,手指向斜下方切插入水或掌心稍向外侧切入水中,动作要自然放松。

臂的入水点应在肩的延长线上或在身体中线和肩延长线中间(见图 6-7)。当身体转动时,正好臂屈到身体下面,使划水更加有力,臂入水的顺序是手—前臂—上臂。

2. 抱水

臂入水后,积极插向前下方,并逐渐开始屈腕,屈肘对水,肘关节通过肩关节的内转而稍向外转,保持高肘。到划水开始,手臂与水平面成40°角时,手和前臂已经接近垂直对水,肘关节屈至150°角左右,整个手臂像抱一个大圆球一样,使肩带肌群充分拉开,给划水创造有利条件(见图 6-8)。

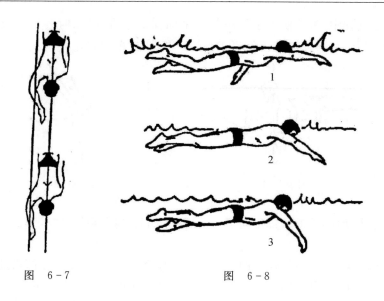

图 6-7　　　　　　　图 6-8

3. 划水

划水是指手臂与水平面成40°角起,向后划至与水面成15°~20°角止的这一动作过程,是获得推进力的主要阶段,这阶段又分两部分,从整个臂部至肩下方与水平面垂直之前称"拉水",过垂直面后称为"推水"。

拉水是直臂到屈臂的过程,抱水结束时,屈肘为150°左右,拉水时前臂的速度快于上臂;继续屈肘,当臂划至肩下方时,手在体下靠近身体中线,屈肘为90°~120°角(见图6-9)。整个拉水应保持高肘姿势,使手和前臂能更好地向后划水。

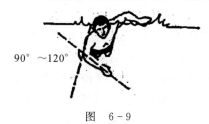

图 6-9

从拉水到推水,应是连贯地加速完成,中间没有停顿,特别是经过肩下垂直线时,不要失掉手对水的支撑感觉,要使上臂与前臂同时向后划动,同时肩部后移,以加长有效的水路线。

向后推水是通过屈臂到伸臂来完成的。为了使前臂、手掌能以最大的面积对水,在推水中肘关节要向上,向体侧靠近(见图6-10)。

在推水过程中,为了使手掌始终与水平面保持垂直,推水时要逐渐放松腕关节,使手伸展开,与前臂构成一个200°~220°角(见图6-11)。

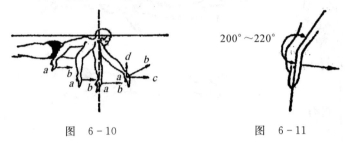

图 6-10　　　　　　　　图 6-11

整个划水动作,手的轨迹是向下—向后—向上。划水路线呈"S"形。

4. 出水

在划水结束后,臂由于惯性的作用而很快地靠近水面,运动员立即借助三角肌的收缩将臂提出水面(见图6-12中1)。出水时,肩部和上臂几乎同时出水,但肩关节微早一些,掌心朝后上方(见图6-12中2)。手臂出水动作必须迅速而不停顿,同时应柔和,前臂和手掌应尽量放松。

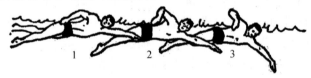

图 6-12

5. 空中移臂

臂在空中前移的动作是手臂出水的继续,不能停顿,移臂时动作要放松自如,尽量不破坏身体的流线形,要和另一臂的划水动作协调一致。

在手臂提出水面前移的前半部分,前臂和手的动作较慢,落后于前移的肘关节(见图6-13中1),移臂完成一半时,肘部继续弯曲(见图6-13中2)。

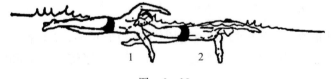

图 6-13

屈肘程度取决于运动员肩关节灵活性和身体绕纵轴转动的程度。

臂移至肩部时,手和前臂赶上肘部,并逐渐向前伸出,掌心也从后上方转向前下方,接着做入水准备动作,在整个移臂过程中,肘部应始终保持比肩部高的位置。

在自由泳划臂的整个周期中,动作是不停顿的,划水动作内部循环是有节奏的,随着阶段的不同,各部分所用的力量也不同,动作速度也有所区别(见图6-14)。

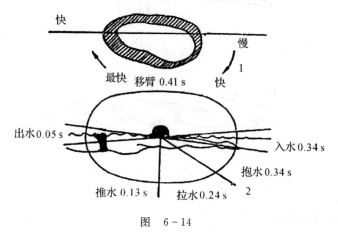

图 6-14

(四)两臂的配合技术

自由泳两臂的正确配合是前进速度均匀性的最重要条件之一,划水时,依照两臂所处的位置不同,可以分为三种交叉形式,即前交叉、中交叉、后交叉。

1. 前交叉配合

一臂入水时,另一臂处于肩前方,与水平面构成30°角左右(见图6-15)。

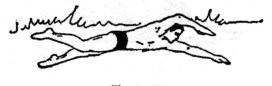

图 6-15

2. 中交叉配合

当一臂入水时,另一臂处于肩下垂直部位,与水平面构成90°角左右(见图6-16)。

3. 后交叉配合

当一臂入水时,另一臂划水至腹部下方,与水平面构成150°角左右(见图6-17)。

以上三种配合形式都有其各自的特点,对初学者来说,可以采用第一种形式,以便掌握自由泳动作和呼吸动作。采用第二种和第三种形式,有利于发挥两臂力量和提高动作频率,加快速度,保持连续的推进力。

图 6-16

图 6-17

(五)呼吸与臂的配合

自由泳时,呼吸动作应有节奏地进行,一般是在两臂各划一次做一次呼吸。以右臂动作为例,右手入水后,口鼻开始逐渐呼气,在水中呼气的结束部分,呼气速度加快。同时逐渐向右转头,右臂划水结束提肘出水,嘴出水时,把剩余的气快速呼出。这样能把嘴唇边的水吹开,以便立即吸气(见图6-18)。右臂出水前移至肩前时吸气结束,然后闭气并将头转正,右臂随之前移入水。

图 6-18

(六)腿、臂和呼吸完整动作配合

完整的配合技术,是运动员匀速地、不间断地向前游进的保证。目前自由泳的配合动作中有两腿打水6次,两臂划水各一次,呼吸一次的配合游法,简称6∶2∶1;另一种是两腿各打水两次,两臂划水各一次,呼吸一次,简称4∶2∶1;两腿各打水一次,两臂各划水一次,呼吸一次的配合技术,简称2∶2∶1。另外还有采用不规则打水、交叉打水等多种形式的配合技术。

自由泳的各种配合方法各有其优缺点:6次打腿配合技术,能保证配合的稳定性,保持臂腿协调配合和身体的平衡,适用于短距离项目;4次打腿的配合可以减少腿的负担量,2次打腿配合技术有利于发挥两臂作用,加快臂的动作频率。4次腿和2次腿技术在中长距离项目中比较多见。

二、蛙泳

蛙泳是模仿青蛙游泳动作的一种姿势,早在4 000年前,中国、罗马、埃及就有最古老的类似蛙泳的姿势。

蛙泳的规则要求:身体呈俯卧姿势。两肩须与水面平行,两腿要同时在同一水平面上弯曲;向外翻脚及做蹬腿动作。两手应在水面下收回,并须从胸前伸出。整个游程中,不得做潜泳动作。

现代蛙泳的技术特点是:肩部高拉高起,蹬腿时借助冲力上身呈"冲潜式",全身伸直滑行。

(一)身体姿势

蛙泳在游进中,身体必须保持较好的流线形姿势,充分发挥手臂和腿的推进作用。

身体水平地俯卧水中;稍抬头,头部置两臂间,掌心朝下,两眼俯视前下方,这时身体纵轴与水平面成5°～10°角(见图6-19)。

当吸气时,下颌露出水面,肩部升起,这时身体与水平面的角度较大,约15°角。

图 6-19

(二)腿部动作

蛙泳腿部动作是推动身体前进的主要动力。腿部动作是由收腿、翻脚、蹬腿、滑行四个阶段组成。

1. 收腿

开始收腿时,两腿随着吸气动作自然向下,两膝自然逐渐分开,小腿向前回收;脚踝向臀部靠拢,边收边分。收腿时,力量要小,放松,自然,两脚和两腿回收时要收在大腿的投影截面内,以减小回收时的阻力。收腿结束后,大腿和躯干成110°～140°角,两膝内侧与髋关节同宽(见图6-20)。

2. 翻脚

收腿结束时,脚仍向臀部靠拢,这时膝关节稍向里扣,同时两膝向外侧翻开,这样能使脚和小腿内侧对着蹬水方向,并加大对水面积,这样为大腿发挥更大力量做好积极准备(见图6-21)。

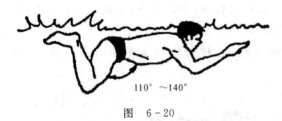

图 6-20

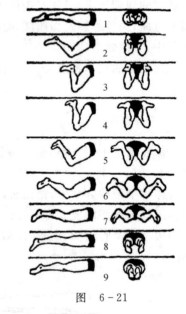

图 6-21

3. 蹬腿

蹬水动作实际包含有夹水动作,由于蹬水较窄,在两腿并拢时,腿有向下压的动作,这种动作可以使身体升起,有利于向前滑行。

蹬水动作效果的好坏,取决于下列三个因素:

(1)腿部关节移动路线和方向。当向后蹬水时,蹬水方向尽量造成使人体产生向前的作用力(见图6-22)。

蹬腿时应以大腿发力,先伸髋关节,其次是伸膝、踝关节,使蹬水的方向尽量向后(见图6-23)。

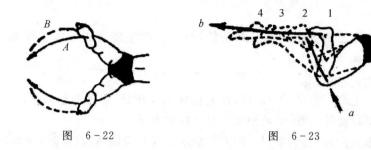

图 6-22　　　　　　　　图 6-23

（2）蹬水时对水面积的大小。蹬水面积大，则能造成较大的推进力，脚掌外翻，以及小腿尽量处于垂直部位，是增大蹬水面积的重要条件。

（3）腿的蹬水速度。由于阻力与速度的平方成正比，蹬水动作速度越快，所造成的推进力也越大，游速也越快。因而蹬腿时，要充分发挥腿部肌肉力量，同时要加速鞭水动作姿势，使之更有力。

4. 滑行

蹬腿结束后，腿处于略低的部位，脚距离水面30～40 cm，这时人体应随着蹬水效果向前滑行，使腿保持较高的位置，减小阻力。

(三)臂部动作

现代蛙泳技术，强调充分发挥臂划水的作用。因此，掌握合理的臂划水技术，是提高运动成绩的重要条件。臂部动作由开始姿势、抓水、划水、收手和向前伸臂五个阶段紧密相连。

1. 开始姿势

两臂自然向前伸直，两臂与水平面平行，掌心向下，手指自然并拢，使身体成一直线，形成较好的流线形（见图6-24）。

图 6-24

2. 抓水

从开始姿势起，手臂先前伸，并使重心向前，前臂和上臂立即内旋，掌心向外斜下方并稍勾手腕，两手分开向侧斜方压水，当手掌向前臂感到有压力时，就开始划水。

抓水一方面能给划水创造有利条件，另一方面还能造成身体上浮和前进的作用。

3. 划水

划水是产生牵引力最有效阶段，在紧接抓水动作后，加速向后划水，整个划水过程保持肘部较高的位置，蛙泳划水主要是拉的力量。

蛙泳划水方向是向侧、下、后、内方。划水路线是椭圆曲线（见图6-25）。

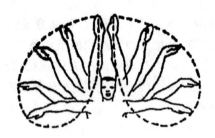

图 6-25

划水时肘部保持较高的部位，这样做是为了臂能在最有效的角度内向后划水，因此蛙泳的划臂在任何部位都要求肘比手高（见图6-26）。

划水中，前臂和上臂屈的角度是不断变化的。一般优秀运动员划水的主要阶段，肘关节都屈成接近90°角（见图6-27）。因为这个角度能发挥最大的力量，同时能很好地利用胸大肌、背阔肌大肌肉群的力量，手臂划至两臂夹角约120°角时，即应连续过渡到向里做收手动作，划水和收手时，手走的路线应在肩的前下方。

当前，划水技术的特点是：划水路线较宽，屈臂、高肘，手较深的技术。

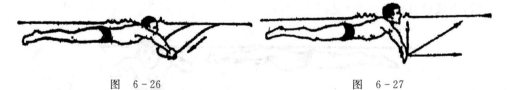

图 6-26　　　　　　　　　　图 6-27

4. 收手

收手是划水阶段的继续，收手过程也能产生较大的推进力和上升力。动作由内向上收缩到头的前下方，继而成两手掌心向上，最后掌心向下并拢前伸，收手动作应当有利于做快速前伸手动作（见图6-28），在整个收手动作过程中，手的动作应积极地、快速地、圆滑地来完成，收手结束时，肘关节低于手，大小臂成锐角（见图6-29）。

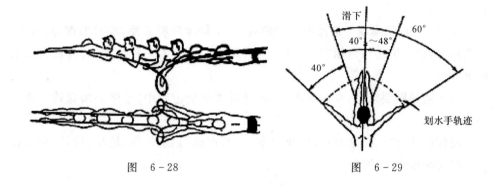

图 6-28　　　　　　　　　　图 6-29

5.伸臂

伸臂动作是由伸直肘关节、肩关节来完成,掌心由朝上逐渐向下,同时向前伸出。

现代蛙泳臂的技术特点是:快速伸臂动作,紧密配合腿的动作。因此,在伸臂的同时,肩要向前伸,不能有停顿现象。

蛙泳臂划水动作是一个完整的动作,划水轨迹是向侧—下—后—内—前方向移动,划水力量是由小到大,划水速度是由慢到快。目前强调高肘划水,在划水过程的前部分,注意以肘关节为支点,发挥前臂屈肌的作用;在划水最有效部分,应注意以肩关节为支点,动作方向是两臂向后拉,并内收。要发挥肩带肌肉的作用,配合紧张有力的蹬水,使动作连贯而不间断地产生向前的牵引力。

(四)臂与呼吸、臂腿与呼吸完整配合

蛙泳的呼吸是和手臂划水动作紧密配合的呼吸方法,它是用口吸气,用口或鼻呼气,当前在蛙泳呼吸技术中,有早吸气和晚吸气两种类型。早吸气是两臂划水开始时,头和口露出水面,这时运动员将气最后吐完,并迅速做深吸气动作。继而随伸臂低头闭气,当两臂开始滑下时逐渐呼气。晚吸气是随着臂的有力划水动作,头和肩上升时吸气。

对初学者来说,应采用"早吸气"技术较为有利,优秀运动员则适合采用"晚吸气"的技术。在比赛中,一般都是一个动作周期呼吸一次。臂腿配合技术是,臂划水时,腿保持放松或自然伸直姿势。臂内划时同时收腿,臂将伸直时开始蹬夹腿。

三、仰泳

仰泳也叫背泳,是身体仰卧于水中进行游进的一种姿势。仰泳包括蛙泳仰泳和爬式仰泳。

19世纪初，就出现了仰泳的最初模式，由于仰泳呼吸方便，游起来省力、耐久，又能拖运，长游中还可以用它来进行休息，是人们喜欢的一种姿势，具有较大的实用价值。

仰泳的规则要求是：在出发入水、转身后和整个游程中，身体必须保持正常的仰卧姿势。

现代仰泳的特点：垂直移臂、快频率，入水点远，划水较深、较早、较长，踢水较深和打腿幅度较大的特点。

(一)身体姿势

仰泳时身体平直地仰卧于水中，头和肩略高于臀，身体纵轴与水平面构成一个不大的仰角，整个身体处于较高的位置（见图6-30）。

1. 头部姿势

头在仰泳技术中起着舵的作用，并可控制身体左右转动。头要自然地仰在水面。后脑浸在水中，颈部肌肉放松，水位于耳际附近，两眼看后上方。

2. 腰腹动作

为了保持良好的流线形姿势，仰泳时臀部及腰部肌肉要保持适度的紧张，下肋上提，不要含胸。

3. 身体的转动动作

游仰泳时，运动员的身体要不断围绕身体纵轴转动。当一臂划水至一半，另一臂在空中移臂时，身体转动的角度最大一般在45°左右（见图6-31）。身体转动的目的：有利臂出水和做空中移臂动作；加强臂的划水力量；保持一定的划水深度。

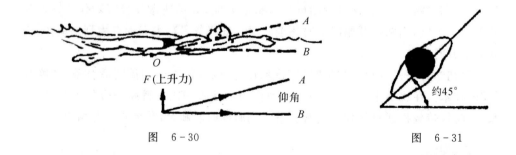

图 6-30　　　　　　　　　图 6-31

仰泳两肩转动一般小于45°角，肩关节灵活性差的大于45°。总之，身体姿势的好坏,对腿部动作效果和配合动作有直接影响,而腰腹肌肉的强弱,对保持身体的姿势和位置以及协调腿臂动作均起重要的作用。

(二)腿部动作

仰泳腿部动作的作用是保持身体处于较高的水平姿势,控制身体的摇摆,保持平衡,产生一定的推进力。因此,它能起到平衡、稳定和推进作用。

仰泳腿部动作同自由泳腿部动作相似,不同之处是,膝关节弯曲角度比自由泳稍大,约为135°角,打腿的幅度约为45 cm左右。

仰泳腿部动作通常称:"上踢下压",即"屈膝上踢;直腿下压"。踢腿动作是以大腿带动小腿,小腿带动脚,以"鞭状"踢水的形式来完成。所以通常把腿部动作称之为上鞭和下鞭动作(见图6-32)。

当大腿开始向上移动时,小腿由于惯性作用继续向下,小腿向下移动结束时,大腿与小腿构成130°～140°角(见图6-33中的∠A),两脚相距40～45 cm(见图6-33中的∠B)。由于股四头肌的紧张收缩,大腿带动小腿向后上方踢水。

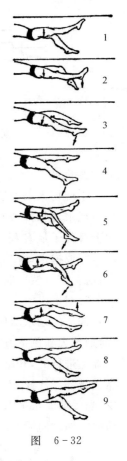

图 6-32

踢水时,脚背稍向内旋能加大踢水的对水面,踝关节放松灵活是仰泳踢水产生前进力的关键。

(三)臂部动作

仰泳臂的动作是产生前进力的主要因素。当前仰泳都采用两臂在体侧交替屈臂划水技术。其优点是加长了有效划水路线,使推进力的方向指向前方,划水效果好;调动更多的肌肉群参加工作,增加生理横断面。为便于分析,把划臂约一个周期分为入水、抱水、划水、出水和空中移臂五部分。

1. 入水

入水时,手臂自然伸直,手掌展平小指领先入水,入水点在身体纵轴的延长线上,为了更好地对准水。手掌与前臂应构成150°～160°角(见图6-34)。这种入水方式,为伸肩做积极的抱水动作创造条件,以便发挥胸大肌、背阔肌的力量。

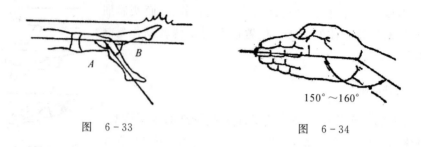

图 6-33　　　　　　　　　　图 6-34

2. 抱水

手臂切入水中后,躯干向入水的同侧方向转动,借助前移速度,直臂向深水处积极抓水,同时做转腕和肩臂内旋动作并开始屈臂。尽直向前伸肩,使手掌、前臂和上臂处于最有利的向后对水位置,形成有利的划水面。这种动作,通常叫"抱水",完成抱水动作时,臂和身体纵轴构成的角度为40°左右,手掌离水面30 cm左右;肘关节自然弯曲。

3. 划水

仰泳的划水动作是推进身体前进的主要动力,整个动作由抱水开始,以肩为中心,划至大腿侧下方为止。划水包括拉水和推水两部分。拉水是在臂前伸抱水的基础上进行的,开始拉水时,前臂内旋,肘关节向下弯曲150°左右,并逐渐下沉至靠近腰部。这样,手掌和前臂对准水加大划水面。在游进时,屈肘角度应逐渐减少,当手掌离水平面15 cm左右,前臂与上臂形成角度为90°~110°时,手掌、前臂和肘应同时向后移动(见图6-35)。

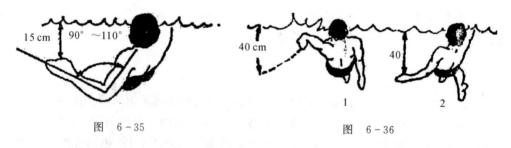

图 6-35　　　　　　　　　　图 6-36

当手臂划过肩线时,应充分利用拉水的速度和划水面,使手掌、前臂和上臂同时用力向后下方做推压的动作,并利用推水的惯性,使手腕做内旋下压的动作,推水结束时,手掌在臂部下方,离水面40~50 cm(见图6-36)。划水的整个路线呈"S"形(见图6-37)。

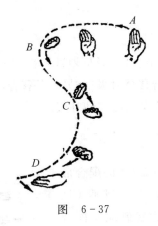

图 6－37

4.出水

臂出水是指手臂划水结束后迅速提出水面这一动作过程,正确的出水动作是先压水后提肩,使肩露出水面后,由肩带动上臂、前臂和手依次出水。划水结束时,手掌自然转向下方,并靠拢大腿,用手臂内旋下压的作用力和肩部三角肌收缩力量,使手臂自然地提出水面(见图 6－38)。

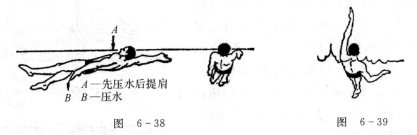

图 6－38　　　　　　　　　图 6－39

5.空中移臂

臂出水后,应迅速沿着肩的垂直面向肩前移动。手臂移过垂直部位后,手掌即开始内旋,使掌心向外翻转(如采用小指先出水则无此动作)为入水动作做好准备(见图 6－39)。

6.两臂配

仰泳两臂的配合采用"连接式"的技术,即当一臂划水结束时,另一臂已入水并开始划水,一臂处于划水的中部,另一臂正处于移臂的一半,在整个臂的动作过程中,两臂几乎都处于完全相反的位置,这样的配合能保证动作的连贯性和速度的均匀性,而且还有助于划水力量的加强。

(四)仰泳呼吸

仰泳的呼吸要有严格的节奏,一般是划臂两次,呼吸一次,吸气时要用口来进行,用口和鼻呼气。应在一臂移臂时吸气,另一臂移臂时呼气。这种呼吸方法可防止呼吸频率过快,并可保证充分的吸气和呼气。

(五)臂腿配合技术

现代仰泳技术中采用6∶2∶1的配合形式,即6次打腿,2次划臂,1次呼吸(见图6-40)。这种配合技术能有效地发挥臂和腿的作用,使身体保持平衡和处于较高的位置,也有少数运动员采用4次打腿,2次划臂和1次呼吸的配合技术。

四、蝶泳(海豚泳)

蝶泳是由蛙泳演变而来的。当蛙泳发展到第二阶段(1937—1952年)时,人们在比赛中多采用两臂划水到大腿后提出水面,再从空中前移的技术,外形很像蝴蝶,所以称为"蝶泳"。为提高游进的匀速性,有人模仿海豚的击水动作,从而大大提高了游进的速度,因此又把蝶泳称为"海豚泳"。

蝶泳的规则要求是:两臂要同时对称地向后划水和提出水面经空中前摆。身体要完全俯卧,两肩须与水面平行,两腿动作必须同时对称,并允许垂直上下打水,但要用同一方式游完全程。

现代蝶泳技术特点:以两臂加速划水,身体姿势高平、小波浪、快频率、平移臂、晚呼吸配合技术。

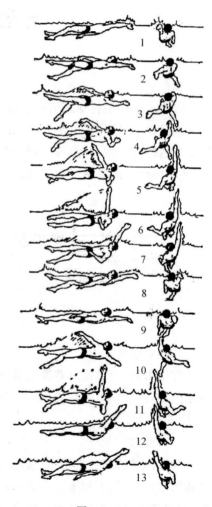

图 6-40

(一)身体姿势

蝶泳没有固定的身体位置,躯干各部分和头不断地改变彼此间的相对位置,由于波浪动作,自然形成上下的起伏。

正确的海豚技术是以横轴(腰)为中心躯干和腿做有节奏的摆动动作,发力点在腰部,以大腿带动小腿,做上下的鞭水动作,而这些动作与头和臂部动作紧密联系在一起,形成海豚所特有的波浪动作,这个波浪动作由下面几个因素形成:

(1)由于腿向下打水;水对腿的反作用力,使臀部上升到水面(见图6-41)。
(2)由于两臂抱水进入划水前部时,头和肩抬高,下肢上浮(见图6-42)。
(3)由于空中向前移臂的情况,头和肩下沉(见图6-43)。
(4)由于移臂抬头吸气臀部下沉(见图6-44)。

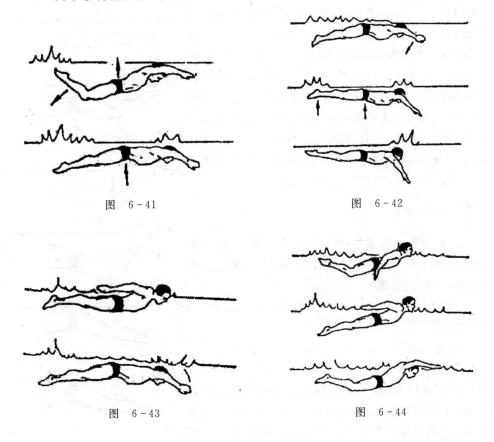

图 6-41　　　　　　　　图 6-42

图 6-43　　　　　　　　图 6-44

以上四个因素所形成的身体上下浪状摆动是有节奏的、自然的。它有利于身体各部分的协调配合,使身体始终保持较高的位置,形成较好的流线。同时给两臂划水和打腿创造了有利的条件。

(二)躯干和腿的动作

海豚泳打水时,两腿自然并拢,双脚掌稍向内旋成八字,在两腿在前一次划水周期向下打水结束后,两脚处于最低点,膝关节伸直,臀部上升至水面,髋关节约屈成16°角(见图6-45(a)),然后两腿伸直向上移动,髋关节渐渐展开,臀部下沉(见图6-45(b)(c)(d))。当两腿继续向上时,大腿开始下压,膝关节随大腿下压动作自然弯曲。大腿继续加速向下(见图6-45(e)),随着屈膝程度增加,脚抬起接近水面,臀部下降到最低点,膝关节屈成110°～130°角时,脚向上抬到最高点;并准备向下打水(见图4-45(f))。当脚向下打水时,踝关节放松,脚面绷直,此时即海豚泳打腿产生推进力的最有利阶段,然后脚面和小腿随着大腿加速下压的动作,使脚面和小腿加速向后推水。当两脚继续加速向下打水尚未结束时,大腿又开始向上移动,当膝关节伸直时向下打水的动作即结束(见图6-45(g)(h))。

(三)臂部动作

海豚泳臂的技术是:两臂在头前入水,同时沿着身体两侧做曲线向后划水,划水结束时,两臂经空中前移再做第二次划水。

海豚泳臂的动作是由入水、抱水、划水、推水、出水、空中移臂六部分组成。

1. 臂入水

海豚泳入水动作有宽入水和窄入水两种类型。现代海豚泳技术中,多采用与同肩宽的肩前入水技术,入水点距肩较近,同时手掌斜插入水,手掌与水面成45°角。其优点在于:臂入水后,略向外下侧抓水即可进入抱水和划水阶段,手掌与水平面成一定

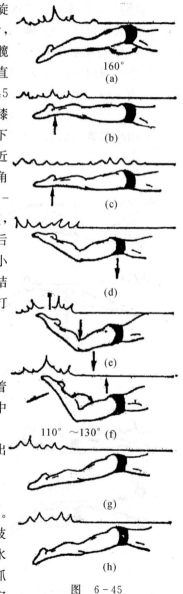

图 6-45

角度,可以减少手掌带进气泡并能迅速划水,有利于加快动作频率和做高肘划水动作。

臂入水时,手掌领先,小臂、大臂依次入水,入水后不宜向前伸和过分做潜水动作,否则会形成大波浪和造成身体上下起伏现象。

2. 抱水和划水

两臂入水后,手和前臂内旋向侧下方抓水,接着两臂逐渐向内弯曲,高抬肘,使手掌和前臂成主要的对水面,在进入划水阶段时,使肘保持较高的位置、随后前后作加速划水动作,在划水的前半部分,上臂内旋动作和逐步加大屈臂动作是同时进行的,当两臂划至肩下方时,小臂与大臂之间的角度成90°～100°角。然后,手掌、前臂、大臂继续加速向后推水,在推水过程中,小臂和大臂的角度逐渐加大,划至腹下时,两手距离最近,然后两手弧形向外推水而结束整个划水动作(见图6－46);两臂的划水路线是两条对称曲线,优秀运动员一般采用的划水路线,是在抓水后立即使手掌和前臂对好水向内划水划至头的下方时,两手距离最近,然后加速向后划。这种划水的路线好似钥匙洞,故称之为"钥匙洞"型划水路线;这种技术需要强大的臂力。

图 6－46

3. 出水

当两臂划至髋部两侧时,利用推水的惯性迅速提肘出水,在两臂推水尚未结束时肘已开始做向上提的动作,它是由于后半部划水产生的加速度,而使两臂做弧形的向外推水动作,并把从划水至推水时产生的动量,移到了提肘出水和空中移臂上(见图6－47)。

4. 空中移臂

推水结束提肘出水后,双臂即由空中前移,开始移臂时,肘微屈,手掌向上,肘先于手出水,两臂放松,内旋沿身体两侧低平抛物线前摆(见图6－48)。整个动作在开始时稍用力,利用臂推水的惯性向前提肘出水。移臂时速度要快,否则会造成躯干下沉。

肩关节的灵活性对海豚移臂动作起着重要作用,开始移臂时肩关节上提,肩胛骨并拢,然后向前转肩,肩关节灵活性好的运动员可以迅速轻松地完成这个动作。

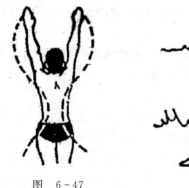 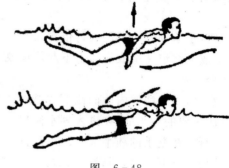

图 6-47　　　　　　　　图 6-48

(四)呼吸动作

海豚泳的呼吸是与臂动作配合进行的,海豚泳时借助两臂推水时的惯性,同时使头部抬起,口露出水面吸气;吸气时肩部应保持在水中。

海豚泳的呼吸,一般采用臂划水一次,呼吸一次。目前海豚泳呼吸方法一般是晚呼吸。

晚呼吸是在划水后 1/3 进行,运动员在划水的主要阶段,就已开始抬头,肩部升高,当两臂划至过身体的垂直线到推水时,脸部几乎完全出水,并开始吸气,吸气一直持续到两臂完成推水动作和开始提臂时,颈部应该弯曲,低头入水。晚呼吸的优点是:在身体位置升高时吸气,能使身体保持相对的水平,阻力小。海豚泳的呼吸与两臂配合,除上述以外为了提高速度和身体位置平稳创造条件,很多运动员采用划水两次,吸气一次的配合方法。也有的运动员在出发后和冲刺时采用闭气游的方法。

(五)臂腿配合运动

海豚泳配合技术应该是速度均匀,节奏明显,每次打水的间歇时间大致相同,打水连贯有力的。当前运动员都采用 2∶1∶1 的配合技术。

臂腿配合方法是:两臂入水时做第一次向下打水(见图 6-49(a)(b)(c)(d))。臂抓水时,腿向上(见图 6-49(e)(f))。当两臂划至胸、腹下部时,开始做第二次向下打水,臂推水结束,打水结束(见图 6-49(g)(h)(i)(j))。移臂时腿又向上准备做下一周期的打水动作。

臂入水时做第一次打水动作,能较好地发挥躯干和腿的作用,保持游进时良好的均匀速度并能减少移臂时身体下沉;当两臂划至腹下时,开始做第二次打水,这时游进速度比较快,身体位置也比较高,做第二次打水不仅能产生推进力,而且可以使下肢得到支撑,使身体升高,身体成较好的流线形,可增强划水效果,这种配合形式称之为连贯配合技术,为大多数运动员所采用。

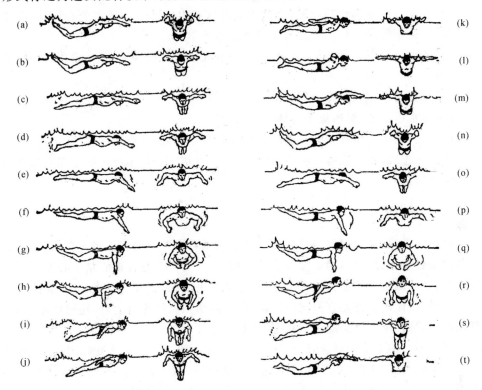

图 6-49

第三节 游泳安全与卫生常识

一、参加游泳运动的注意事项

学习和掌握游泳安全卫生常识是防止溺水事故、增进健康、保障游泳训练正常进行的一项重要措施。安全卫生工作,人人有责。为此,每位游泳者都要予以高度重视。需要注意的是:

(1)游泳前应进行身体检查,防止患病者游泳时发生意外,同时也避免传染他人。

(2)患有传染性肝炎、活动性肺结核、细菌性痢疾、化脓性中耳炎、心脏病、精神病、皮肤病、严重沙眼以及其他传染病者,不得游泳;女性月经期暂不要游泳。

(3)下水游泳前,要充分做好准备活动,使身体各部肌肉、关节及内脏器官、神经系统都进入活动与兴奋状态,使身体适应于激烈的运动和低温水的刺激。

(4)遵守游泳池(场)的规定,要在指定的区域内游泳。游泳者要有同伴,以便互教互学,互相照顾。初学游泳者不得到深水区学游泳。

(5)注意公共卫生,淋浴后方可下水,不准在水中吐痰和便溺,不要租借他人游泳衣(裤)。

(6)出现头晕、恶心、冷战等异常情况时,应及时出水。

(7)出水后淋浴,然后擦干身体,穿衣保暖。

(8)在天然浴场游泳,必须选择水质干净的地方。要注意水的深度、流速,不要越过安全标志线,不要在有血吸虫、漩涡、淤泥、水草、杂石、水质污染及船只来往频繁的航道游泳。

二、冬季游泳

进入冬季,越来越多的游泳爱好者开始尝试冬泳。但仍有许多人左右观望,不知冬泳是否适合自己练,担心会不会留下后遗症。其实,这种担心是不必要的。研究表明,冬泳能够促使血液循环和新陈代谢加快,有利于体内废物和毒素排出体外。同时,人体内各种器官得到合理锻炼,除能增强机体免疫力外,还可以增强心、肺功能,提高神经内分泌的调节作用,活跃微循环。

经常冬泳的人反应迅速,思维敏捷,适应能力强。很多冬泳爱好者表示,冬泳健身效果好,见效快,坚持冬泳后,吃得香、睡得好、精力充沛。冬泳后人会有一种振奋感,能大大缓解紧张的情绪,使人情绪高昂;冬泳还可以减轻风湿病患者的疼痛,增强其承受病痛的能力,并且不易患感冒,对功能性心血管病、慢性支气管炎、胃肠病、哮喘等也有一定的抑制作用。虽然冬泳有巨大的健身价值,但冬泳时既要接触低气温和冷水的刺激,又要在水中进行运动,对人体的刺激非常大。因此,冬泳必须严格遵循科学的方法。

如果常年不做身体检查,对自己的身体状况、疾病情况不了解,对冬泳的相关知识和注意事项没有准确把握,或者运动量、运动方式不当,不但不会带来锻炼的效果,有时反而导致疾病的发生,甚至会发生意外事故。所以很多人对冬泳也存在一些顾虑。

"冬泳对人体会不会产生危害呢?"这是希望尝试冬泳的人经常提出的问题。科学冬泳要求人们因人、因时、因地而异。要适时体检、循序渐进、持之以恒、量力而行。最好结伴而游以确保安全,同时适当着装、防止冻伤。准备活动与整理活动也要遵循正确的方法,做到适时适量。研究和实践证明,对于熟练掌握游泳技能,从夏秋季开始坚持游泳锻炼,对冬泳特点有正确认识并且有正确的自我保护意识的健康人来说,科学适度的冬泳锻炼是不会对身体产生危害的。

但是,并不是所有的人都适合冬泳。有严重疾病,如高血压、冠心病、脑血管病、肾病、肝病、精神障碍及糖尿病的患者、过敏性体质者、先天性心脏病人、癫痫病人,以及有外伤或有炎症的人和酗酒者都不宜参加冬泳,否则有可能导致疾病突发或伤害身体。儿童由于正处于身体发育期,参加冬泳更要注意适量,必须有成年人监护。冬泳的运动量要控制在安全有效的范围内。如果在水里时间过短,没有经受充分的刺激,就达不到锻炼的效果。

一般来说,刚下水时体温迅速下降,会感到发冷,随后皮肤发红,体温开始回升,感觉温暖而舒适,这时离水上岸,一般会感到比较轻松适意。如果继续接受冷水刺激,等到身体打寒战、手脚发麻,就已经是运动过量的表现,这样极容易损伤某些器官和组织。

冬泳后应注意保暖,并立即运动以恢复体温。上岸后,应用干毛巾擦干身体,到身体发红为止。然后,迅速穿好衣服,慢跑或原地跳动,直到体温基本恢复。冬泳后切忌马上进入高温的房间、烤火或者洗热水澡。冬泳实际是"四季的游泳",需要持之以恒地锻炼。它对人的心理和意志是一种挑战,是战胜自我、超越自我的绝好锻炼方式,对人的心理健康起着积极作用。同时,冬泳还可以培养勇敢、坚强的精神,陶冶积极向上的情操,增进工作和社会交往能力,促进人的全面发展。

三、游泳救护知识

游泳救护工作是保障人身安全的一项重要措施。因此,在组织游泳活动的同时,要加强救护工作,进行安全教育,学会和掌握一定的游泳救护知识和技术。

1. 树立舍己救人的奉献精神

游泳救护,人人有责。险情就是命令,时间就是生命。当发现险情时,应在救护人员的指导下积极参加救护。如果现场没有专职救护人员,在场游泳者应义不容辞地进行救护。面对险情要镇定,果断迅速地采取措施,发扬勇敢顽强和自我牺牲精神,体现出当代大学生的高尚品质。

2. 利用救生器材进行救护

由于水域不同,出现事故的情况也不同。对不同的情况,应采取不同的急救措施。对待正在呼救和挣扎的溺水者,一般采用竹竿、漂浮物、救生圈、绳子等器材进行救护。实践证明使用救生器材,既省力又安全迅速,效果好。

3. 直接入水救护

在周围无救生器材或不便使用救生器材的情况下,应果断迅速地跳入水中进行救护。救护者应迅速脱去妨碍游泳的衣裤,同时注意观察溺者的情况。选择恰当的入水处跳入水中,用抬头自由泳或蛙泳接近溺者,要从背后或潜入水中接近对方,避免被对方抱住。救护者先将溺者转至背向自己,然后用侧泳或反蛙泳进行拖带,拖带时要使溺者脸部露出水面;对于已经沉没在水中的溺者,要快速寻找,并组织打捞。救出岸后,一边进行人工呼吸抢救,一边报告医务急救部门。

4. 自我救护的方法

在游泳中,由于肌肉发生强制性收缩,有可能引起抽筋现象。抽筋的部位主要是小腿和大腿,有时手指、脚趾甚至胃部也会发生抽筋。抽筋的原因是游泳前没有做好准备活动,身体过分疲劳,水凉刺激,精神紧张或动作不协调等。发生抽筋时,必须保持镇定,不要惊慌,按照一定方法进行自救,也可发出呼救信号。发生抽筋时自我救护的方法如下:

(1)小腿或脚趾抽筋。先吸一口气仰卧水上;用抽筋肢体对侧的手握住抽筋肢体的脚趾,并用力向身体方向拉拽,同时同侧的手掌压在抽筋肢体的膝盖上,帮助抽筋腿伸直。

(2)大腿抽筋。可同样采用拉长抽筋肌肉的办法解救。

(3)手指抽筋。手握拳,然后用力张开,反复多次,直至抽筋消除为止。

5. 防呛水

避免呛水的办法,主要是掌握正确的水中呼吸方法。如果已呛了水,也不要心慌,应迅速调整呼吸或使头露出水面做几次水面游泳动作,也可以做原位踩水动作,休息一会儿即可恢复正常。

思考题六

1. 简述游泳运动的起源及发展概况。
2. 简述游泳运动的健身价值与实用价值。
3. 简述游泳运动的分类和特点。
4. 简述自由泳、蛙泳、仰泳、蝶泳各自的技术特点。
5. 从自由泳、蛙泳、仰泳、蝶泳中任意选择一种阐述其动作要领、教学步骤及方法。
6. 从自由泳、蛙泳、仰泳、蝶泳中任意选择一种阐述其手臂与身体的配合及呼吸方法。

第六章 游　泳

7. 天然水域游泳场所的选择有什么要求？到天然水域游泳应注意哪些问题？
8. 冬泳时人的体温变化有什么规律？冬泳要注意哪些方面？
9. 意外落水时应采取哪些应急措施？

第七章 瑜　　伽

本章摘要：本章主要介绍瑜伽的起源、发展、流派以及体位动作的练习方法及练习功效等内容。通过学习，学生应懂得练习瑜伽可以调整心态，管理情绪，灵活身体，放松身心，帮助人们从不健康的生活习惯中解脱出来，达到强健身心的目的。

第一节　瑜　伽　概　述

一、什么是瑜伽

瑜伽是一个通过提升意识，帮助人们充分发挥潜能的哲学体系及其指导下的运动体系。瑜伽姿势是一个运用古老而易于掌握的方法，提高人们生理、心理、情感和精神方面的能力，是一种达到身体、心灵与精神和谐统一的运动方式。

近年在世界多个不同地方流行和大热的瑜伽，不是只是一套流行或时髦的健身运动这么简单。瑜伽是一个非常古老的能量修炼方法，集哲学、科学和艺术于一身。瑜伽的基础建筑在古印度哲学上，数千年来，心理、生理和精神上的戒律已经成为印度文化中的一个重要组成部分。古代的瑜伽信徒发展了瑜伽体系，因为他们深信通过运动身体和调控呼吸，可以控制心智和情感，以及保持永远健康的身体。

瑜伽是梵文的 YOGA 的译音，本意是合一，连接，结合；就是我们中国人说的"天人合一"。瑜伽指的是梵我合一的境界，是身、心、灵的升华。

瑜伽起源于印度，距今有五千多年的历史文化被人们称为"世界的瑰宝"。瑜伽发源印度北部的喜马拉雅山麓地带，古印度瑜伽修行者在大自然中修炼身心时，无意中发现各种动物与植物天生具有治疗、放松、睡眠或保持清醒的方法，患病时能不经任何治疗而自然痊愈。于是古印度瑜伽修行者根据动物的姿势观察、模仿并亲自体验，创立出一系列有益身心的锻炼系统，也就是体位法。这些姿势历经了五千多年的锤炼，瑜伽教给人们的治愈法，让世世代代的人从中获益。

在有文字记载的历史开始以前实际上瑜伽就已存在了。闻名世界的古印度瑜伽典籍《薄伽梵歌》是五千年前用梵文写成的，在印度著名的 *VEDA SUTRUS*《韦

第七章 瑜　伽

达经》中也记载了练习瑜伽的方法,这些古老的文献不过是更早以前由师傅口授心传,代代相传下来的内容再加以文字记载,编撰成书罢了。换言之,瑜伽是从不可追忆的远古时代传下来的。现今的瑜伽,是印度瑜伽师几千年来从实践中总结出的人体科学的修炼法,不是只限于少数隐居士才能拥有和修炼的秘密。目前瑜伽已在全世界广泛流传,世界各地都有专门研究瑜伽的学校。

瑜伽的修持方法,能把散乱的精神集中并使之平静下来。瑜伽修炼首先着眼于身体的强健,然后要求身心融合为一。在瑜伽修炼过程中,修持者逐渐深化内在精神,从外到内,从感觉到精神、理性,而后到意识,最后可以把自我和内在的精神融合为一。

瑜伽是供人们练习的,不是供人们去思考推测的。因此,瑜伽注重锻炼实践。学习瑜伽,必须经过亲身的体验和反复的尝试,才会从中不断收益。

二、瑜伽的分类及特点

瑜伽相对而言可分为智瑜伽、业瑜伽、信仰瑜伽、哈他瑜伽、王瑜伽、昆达里尼瑜伽六大类,还有一些瑜伽体系并不占主流,因此这里不进行介绍。

1. 智瑜伽

智瑜伽是一个探讨哲学,进行思辨(最终获得自知之明)的体系。它要求修行者热心于研究工作,用其天赋智慧,探求人生的哲理。提倡培养知识理念,从愚昧中解脱出来,达到神圣知识,以期待与梵合一。智瑜伽认为,知识有低等和高等之别。寻常人说的知识仅仅局限于生命和物质的外在表现。这种低等知识可以通过直接或间接的途径获得。然而智瑜伽所寻求的知识则要求瑜伽者转眼内向,透过一切外在事物的本质,去体验和理解创造万物之神——梵。通过朗读古老的,被认为是天启的经典,理解书中那些真正的奥义,获得神圣的真谛。瑜伽师凭借瑜伽实践提升生命之气,打开头顶的梵穴轮,让梵进入身体获得无上智慧。

2. 业瑜伽

业瑜伽本意是指行为本身,而不是行为之后产生的"业"。因而,业瑜伽有时候也被称为"行为瑜伽""行动瑜伽"或者"行业瑜伽"。业瑜伽认为,行为是生命的第一表现,比如衣食、起居、言谈和举止等。业瑜伽提倡将精力集中于内心世界,通过精神活动,引导更加完善的行为。瑜伽师通常采取极度克制的苦行来力尽善行,静心寡欲。他们认为人最好的朋友和最坏的敌人都是它本身,这全由他自己的行为决定。只有完全的奉献和皈依,才能使自己的精神、情操、行为达到与梵相连的最终境界。

3. 信仰瑜伽

信仰瑜伽专注于杜绝愚昧杂念，启发对梵的敬仰之心，以期与梵同在。信仰瑜伽认为智、业、信仰是相互联系的。知识是生活的基础，行为是生活的表现。一个人如果没有知识，会陷入极大的盲目性，行为也失去了依托。但无论是知识，还是行为，都应该受到信仰之心的指导，否则，知识便成了粗鄙无用的知识，行为便成了低劣愚昧的行为。信仰瑜伽师奉行"以仁爱之心爱人，以虔诚之心敬神"，出没于山林或身居闹市，终身目的是纯洁自己的灵魂，杜绝杂念，把精神寄寓于梵中。

4. 哈他瑜伽

哈他瑜伽由两个音符组成，哈（ha）代表太阳，他（tha）代表月亮。哈他瑜伽认为，人体包括两个体系，一为精神，心里的体系；一为肌体，生理的体系。人的日常思想活动大部分是无序骚乱的，是能量的浪费。比如：疲劳、兴奋、哀伤、激动，人体只有一小部分能量用于维持生命。在通常情况下，如果这种能量的失调现象不太严重时，通过休息便可自然恢复平衡，但是如果不能主动的自我克制和调节，这种失调会日益加剧，导致精神和肌体上的疾病。通过练习体位法可以消除集体不安定的因素，停止恶性循环的运动；通过调息来清除体内神经系统的障碍，最后通过身体的能量并加以利用，以获得健康的身心。

5. 王瑜伽

王瑜伽又称为八部瑜伽，八分支瑜伽，即有如王者般地位崇高的瑜伽，是最为古老的瑜伽体系，是通往精神世界的必由之路。王瑜伽偏重于意念和调息。通常使用莲花座等一些体位法来进行冥想，摒弃了大多数严格的体位法。王瑜伽积极提倡瑜伽的八支分法，即自律、尊行、体位、调息、制感、内醒、静虑、三摩地。王瑜伽冥想方法很多，但体位姿势大多采用莲花座，练习冥想时通过意念来感受实体的运动，控制气脉在体内流通，产生不同的神通力。一点凝视法是瑜伽练习者喜爱的一种冥想练习，这通常是在环境幽静的地方，或在山林湖海边将注意力集中在某一固定的实体中，比如神像、蜡烛、树叶、野花或是瀑布、流水等等，使自己的精神完全沉浸在无限深邃的寂静中。

6. 昆达里尼瑜伽

昆达里尼瑜伽又称为蛇王瑜伽。昆达里尼证明了人体周身存在 72 000 条气脉、七大梵穴轮、一根主通道和一条尚未唤醒而处在休眠状态的圣蛇。现在练习昆达里尼瑜伽的人是相当少的，因为昆达里尼对人的要求很高，经常练习数十年的瑜伽者都还没有办法获得任何神通力或是三摩地境界。昆达里尼是瑜伽中较为难以练习的方法，只有持之以恒方可获得力量。

三、哈他瑜伽的流行风格

现在我们所接触的瑜伽都属于哈他瑜伽体系,但是,根据练习方法和个人的特点,又形成了以下几种风格。

1. 维尼瑜伽

维尼瑜伽也讲求瑜伽姿势的细节,亦讲求体力和耐力。它强调,学习瑜伽,必须以"Vinyasa Krama"为原则,即"有组织的研究"(an organized course of Yoga study),结合瑜伽姿势,调息法,冥想,课本研究,辅导,心象,祈祷,唱声及仪式。它会应对学员的不同心理状况、身体限制以及文化差异而教导瑜伽姿势;脊骨的健康及呼吸,比起怎样完成瑜伽姿势更重要,而且呼气和吸气会有以不同时间及长度进行,以配合瑜伽姿势的锻炼。

2. 阿师汤伽瑜伽

阿师汤伽瑜伽来源于圣哲瓦玛塔·瑞斯(Vamana Rishi)记录的一份手稿《瑜伽合集》(The Yoga Korunta)中的一种瑜伽体系。《瑜伽合集》是有关哈他瑜伽(Hatha Yoga)的原文的选集。它包含一系列许多不同体式的组合,是非常原始的有关串联体位(vinyasa)、凝视法(drishti)、收束法(bandhas)、契合法(mudras)和哲理的学说。Ashtanga 瑜伽运用流畅的动作使一系列瑜伽姿势交织在一起,进而创造出一个新的动作序列。瑜伽每一个动作都前后连贯,与人体呼吸保持协调一致,从而在运动中体验静思的神奇。在练习过程中,唯有当动作与呼吸的频率协调一致时,修习者才能充分享有该瑜伽体式蕴涵的益处,它是按照自己规定的体位动作顺序来练习的。

3. 艾扬格瑜伽

由印度著名瑜伽大师 B.K.S Iyengar 形成的一种独特风格的瑜伽体系。此学派是近年最为人熟悉的哈他瑜伽学派,它将瑜伽运动与医学结合在一起,借以改善个人生理及心理上的种种毛病。这一派导师特别强调做瑜伽姿势是手脚、盆骨、脊椎骨等身体部分的配合,绝对正确的位置和肌肉收紧放松的配合,对细节的掌握非常注重,因此能打好瑜伽姿势良好的基础,以及改善一些身体姿势的问题。这一派也特别重视"站式"的锻炼,呼吸技巧则稍微次要。此外,Iyengar Yoga 认为练习时必须因应个人体型上的限制,因此特别鼓励学员借道具来提高姿势的准确性,这些道具包括毛毡、转、揽枕、椅子、绳子等等。

4. 流瑜伽

流瑜伽由阿师汤伽瑜伽发展而来,是哈他瑜伽练习风格中的一种,它的体位基础也来自于哈他瑜伽的体位动作,但主要的区别在于,Vinyasa 以舞蹈般流畅的动作结合强有力的呼吸来强健身体。它的注重点在力量和柔韧性方面,它能透过呼吸和冥想达到精神的最终释放。练习流瑜伽时需要注意动作的连贯流畅,全心全意,注意力集中,动作准确。

5.热瑜伽

别号"高温瑜伽",由瑜伽大师 Bikram Choudhury 始创,是近年健身界的新宠儿,特色是课堂在一个较高温度的室内进行(38～42℃),令体温快速提升,加速排汗及排毒功能。每课结合 26 个瑜伽体式,帮助提高身体的柔韧度,强化肌肉和各个关节及韧带,最终达到身心松弛的目的。

四、瑜伽冥想

冥想就是停止意识对外的一切活动,而达到"忘我之境"的一种心灵自律行为。这不是要消失意识,而是在意识十分清醒的状态下,让潜在意识的活动更加敏锐与活跃。冥想可以帮助人们解除压力,稳定情绪,让头脑休息片刻,重新恢复活力,能提高自我觉醒的意识,增强身体的能量,发展洞察力,净化心灵,掌握心智,提高记忆力。只有通过实际体验去加以理解,难以描述。冥想方式包括 OM 唱诵冥想和烛光冥想等。

第二节 瑜伽呼吸及呼吸控制法

一、呼吸方式

瑜伽呼吸方法基本有三种,即腹式呼吸、胸式呼吸和完全式呼吸。

(1)腹式呼吸:坐立或仰卧,吸气时,把空气直吸向腹部,腹部会扩张抬高,接着呼气,腹部向内收,尽量收缩彻底,将所有废气从肺部全部呼出来。

(2)胸式呼吸:坐立或仰卧,深深吸气,但不要让腹部扩张,胸部区域扩张,腹部保持平坦,肋骨是向外和向上扩张的,接着呼气,肋骨向下并向内收。

(3)完全式呼吸:即把以上两种呼吸结合起来完成,这是一种自然的呼吸方式。这种完全式呼吸有许多益处:由于增加了氧气供应,血液得到了净化;肺部组织健壮,增强了免疫系统的功能;胸腹活力和耐力均有增长,心灵也变得更为清澈。

二、呼吸控制方法

要有节律地呼吸就要协调三个"要素":吸气,呼气,对吸入空气的保留。这三要素必须每一个都占用相等的时间段。通过实践瑜伽修行者变得有能力把它们延长,因为呼吸控制的目的就是尽量长时间地悬置呼吸,一个人通过逐渐地减缓节律就可以达到这个目的。呼吸控制练习辅助动作(舌头向上吸靠在牙床后的上颚部位,嘴微张,保持自然呼吸 30 s,做五组)。

第三节　瑜伽体位法

瑜伽体位能使人维持在最佳状态,使身体变得健康;并使人心智坚强,能忍受痛苦和不快,决定心和集中力得到发展。

练习体位法,切记互相攀比,勉强做过度的伸展或压缩容易伤到自己;练习过程中,动作应缓慢进行与呼吸保持一致;全程都用鼻子呼吸;空腹或饭后两到三个小时才可练习体位;若有左右两边的姿势,记得两边做的次数要一样,不能只做单边。

体位法的基本类型:

(1)向前弯曲。向前弯曲有冷静身体的效果,非常令人平静,尤其是站立向前弯曲和婴儿式。向前弯曲会让背部变得灵活,促进肾脏健康的发挥作用,舒展筋骨(向前深度屈身对有椎间盘突出的人是禁忌)。

(2)向后弯曲。此类型的体位令人鼓舞,和倒立动作结合起来,则更具能量。这个动作有很好的打开胸腔和心轮的功效,很激励人,发热,帮助练习者培养勇气,战胜抑郁,向后弯曲对减少背部疼痛和僵硬也有帮助。

(3)倒立。赋予身体以活力,改变我们的视角,增加循环,促进腺体平衡,把血液带到脑部,减少恐惧,帮助消化,平衡神经系统和情绪。特别是头倒立和肩倒立对实现身体内部平衡特别好。

(4)扭转。扭转动作是体位中有解毒疗效的姿势。通过扭转,内脏受到挤压按摩,促进血液循环。

(5)平衡。让身体和头脑合一。平衡姿势带来平衡,改善注意力,协调性,肌肉线条,给人集中、稳定、清晰的视力和轻松愉快的感觉。

第四节　大学瑜伽初级课程

此课程针对在校学生长期伏案及脑力工作所造成的身体紧张不适,免疫力下降及诸多的精神压力。有规律的练习不仅可以强化身体,提高身体的整体功能;而且有助于消除心理紧张,能保持活力,令思路清晰,使身体协调平衡并健康。

一、腹式呼吸(15 min)

采用简易坐姿。步骤与方法:

(1)坐在地板或垫上,双腿弯曲,小腿相互交叉,手腕轻轻放在膝盖上,大拇指与食指轻轻点在一起,其他手指自然打开(见图7-1)。

(2)脊椎伸展向上,从尾椎到颈椎垂直地板。

益处:有利于呼吸过程中空气的畅通,是一种比较舒适的坐姿。

图 7-1

二、体位练习(60 min)

1.颈部练习

(1)坐垫上,双手掌心向下放在膝盖上,两肩保持平直不动把头慢慢转向右边,停留5 s,再转向左边停留5 s。重复做2~3次(一左一右等于一次);

(2)向前低头停留5 s,而后轻柔地把头向后仰停留5 s。重复做2~3次。

(3)头部做轻柔的小圆圈旋转运动。开始时幅度应小,逐渐增大幅度,但不要使颈部过于用力。顺时针方向转动2~3次。

2.眼部练习

将眼睑尽量睁大;将眼球尽量向顶上转,保持1 s;然后将双眼尽量转向极右边,保持1 s;再将双眼尽量转向眼眶的底部,也是保持1 s;然后将双眼转向极左边,保持1 s;最后将双眼转向顶上。重复做3次,反方向再做3次。

3.肩旋转式

两臂向两侧平举,和地面平行;双手掌心转向上;弯曲双肘,把手指放在肩头上;一面把手指放在肩头上,一面将肘部做圆圈旋转运动;开始时做小圆圈旋转,逐渐增大直到两肘在胸前范围互相触碰为止;顺时针方向旋转3次,反时针方向再旋转3次。

4.手臂练习

(1)坐立地面,脊椎伸展向上,双臂胸前平举。

(2)双臂交叉,右臂在上,双手交握,并从上向下旋转,再向前伸展平直。

(3)保持3次呼吸。

(4)将交叉伸直平行的手臂,再从下向上旋转,再向前伸展平直。

(5)保持3次呼吸。重复做3次。

5.膝弯曲旋转练习

(1)坐于地板上,两腿向前伸直。

(2)十指在右大腿后交叉,右膝向上弯曲。

(3)两臂伸直,右腿前伸。

(4)不要让右脚触地。弯曲右膝,再次把右脚跟向右臀方向靠近。

(5)重复5次(换左脚)。

(6)同上,将两手手指相交在右腿之后,把右大腿抱近身体。

(7)用右膝做支点,将右小腿做顺时针方向的圆圈旋转5次。

(8)反方向再做5次。换左腿。

6.脚踝及脚趾的练习

(1)坐于地板上,两腿向前伸直。

(2)两手掌心向下放在臀部两侧,上身向后倾。

(3)两脚向前,向后扭动,最大限度地弯曲脚踝关节。

(4)重复做5次。

(5)微微分开两腿,双膝不要弯,保持脚跟贴地,右脚做顺时针旋转5次,后反方向旋转5次。

(6)(换左脚)后双脚同时旋转,同侧旋转5次,异侧旋转5次。

脚趾练习同上,两腿伸直坐地板上;一边保持两脚伸直不动,一边把十个脚趾向前和向后扭动;重复5次。

7.太阳式(2~3组)

向太阳致敬式是阿师汤伽瑜伽中的太阳致敬式A系列,是一套热身动作。

(1)山式站立(见图7-2)。

(2)吸气,双臂伸展向上,抬头看手指方向(见图7-3)。

(3)呼气,身体向前伸展,拉长背部,身体弯曲靠近双腿(见图7-4)。

(4)吸气,抬头,伸展背部(见图7-5)。

(5)呼气,双脚向后走到木板式,双臂弯曲接近地面(见图7-6和图7-7)。

(6)吸气,双臂向上伸展到上犬式,胸口肩膀打开,向上伸展(见图7-8)。

(7)呼气,还原到下犬式,保持3~5次呼吸(见图7-9)。

(8)吸气,弯曲膝盖,脚跟抬起,走到双手中间,手指放脚两侧地板,抬头,背部伸展平直(见图7-10)。

(9)呼气,身体向下靠近双腿(见图7-11)。

(10)吸气,抬头,背部伸展拉长,双臂由两侧向上伸展(见图7-12)。

(11)呼气,还原山式(见图7-13)。

图 7-2　　　　　图 7-3　　　　　图 7-4

图 7-5　　　　　图 7-6　　　　　图 7-7

图 7-8　　　　　图 7-9　　　　　图 7-10

图 7-11　　　　　　图 7-12　　　　　　图 7-13

8. 战士第一式

(1)山式站立开始,双手胸前合十,右脚向后撤一大步。

(2)右脚向里转 45°,侧方向放平地板上,左脚脚尖冲前,左脚脚跟与右脚脚心在一条直线上,右腿膝盖伸直。

(3)弯曲左腿膝盖,尽量让左腿大腿平行于地板,左膝盖在左脚跟正上方,小腿垂直地板。

(4)吸气,双臂向前向上伸展,眼睛向前看,手臂垂直向上伸展到最高点(见图7-14)。

(5)呼气,放松肩膀和背部。

(6)保持 3~5 次呼吸。

(7)换另一侧腿做。(以下所有体位只介绍单侧,可自行完成另一侧体位的练习)

9. 战士第二式

(1)山式站立开始,右脚向后撤一大步放平地板。

(2)右脚向里转 45°,侧方向放平地板,让左脚脚跟穿过右脚脚心,右腿膝盖伸直。

(3)双臂两侧水平方向打开。

(4)眼睛看左侧手指方向。

(5)吸气,手臂两侧最大限度地伸展(见图7-15)。

(6)呼气,肩膀放松。

(7)保持呼吸 3~5 次。

图 7-14　战士第一式　　　　图 7-15　战士第二式

10. 侧角式

(1) 从战士第二式开始,身体保持正直。

(2) 吸气,左臂向前伸展。

(3) 呼气,左臂垂直放在左腿外侧,左小腿垂直地板。手指尖接触地板。

(4) 吸气,右臂向上伸展,右髋关节向上扭转,髋关节伸展打开,右膝保持伸直,头侧转看右手指方向(见图 7-16)。

(5) 呼气,放松肩膀。

(6) 吸气,右臂贴近耳朵,从脚到手指伸展成直线(见图 7-17)。

(7) 呼气,放松肩膀。

(8) 保持 3~5 次呼吸。

11. 三角式

(1) 山式站立开始,右脚后撤一大步,两腿间距约两到三个肩膀的宽度,双臂水平方向打开,髋关节打开。

(2) 双臂水平方向伸展(见图 7-18)。

(3) 吸气,右臂向右侧伸展到最大限度,两臂继续成直线(见图 7-19)。

(4) 呼气,右臂垂直向下伸展,放小腿或者脚腕、地板上(根据个人情况选择)(见图 7-20)。

(5) 吸气,左臂向上垂直地面伸展。让腰部充分伸展拉伸,左髋关节向上扭转,胸口向上扭转,保持身体在一个平面上(见图 7-21)。

(6) 保持 3~5 次呼吸。

第七章 瑜　伽

图 7-16　侧角式 1

图 7-17　侧角式 2

图 7-18　三角式 1

图 7-19　三角式 2

图 7-20　三角式 3

图 7-21　三角式背部

12. 下犬式

(1)双手扶在地板上,同肩宽,双脚贴紧地板,双脚同肩宽,脚尖向里,脚跟向外,让脚外侧成直线。双脚与双手分别在一条直线上,膝盖伸直,双手十指分开平放地板上,两个中指相互平行。

(2)头放双臂上臂中间,眼睛看地板,后背伸展平直(见图7-22)。

(3)吸气,手推地板,伸展手臂、背部。

(4)呼气,脚跟向下压伸展到地板,肩关节打开。

(5)保持3~5次呼吸。

13.幻椅式

(1)山式站立开始(初学者可以分开双脚)。

(2)呼气,膝盖弯曲,下蹲。

(3)吸气,双臂向上伸展,上臂靠近耳朵,伸展脊椎(见图7-23)。

(4)保持3~5次呼吸。

图7-22 下犬式

图7-23 幻椅式

14.树式

(1)右腿站直,左腿自膝盖处弯曲,把左脚脚跟放在右大腿内侧(或大腿任何一个地方),弯曲的膝盖同身体在同一平面上,重心落在支撑脚上。

(2)双手合十到胸前,吸气,双臂向上伸展,举过头顶。从尾椎到颈椎向上伸展。

(3)眼睛看前方固定点不动,保持这个姿势5~8次呼吸时间,放开手掌,伸开双臂。手臂还原到身体两侧(见图7-24)。

15.脚分开前曲式

(1)从山式开始,双脚打开,约两个肩宽,脚尖向里,脚跟向外。

(2)吸气,双臂向上伸展,脊椎向上伸展,抬头,眼看双手。

(3)呼气,脊椎向前伸展,背部拉长,双手放到地板,尽量将双手放双脚中间,胳膊肘夹紧,相互平行,用前额接触地面(见图7-25)。

第七章 瑜　伽

(4)保持5～8次呼吸。
( )吸气,先抬头,双臂前伸向上还原。

图7-24　树式　　　　图7-25　脚分开前曲式

16.头碰膝直立式
(1)吸气,抬头,双臂从身体两侧向上伸展,双臂平行(见图7-26)。
(2)呼气,身体上肢向前弯曲伸展拉长背部,并向地面方向伸展,向前弯曲时,两手保持平行,从盆骨处开始向下弯曲(见图7-27)。
(3)眼看脚趾,双手抱住双腿,腹部贴近大腿,头触及小腿,双腿垂直地板重心均匀放在双脚上(见图7-28)。
(4)保持5～8次呼吸,腰部以上自然放松,下肢保持伸直状态。

图7-26　头碰膝直立式1　　图7-27　头碰膝直立式2　　图7-28　头碰膝直立式3

17.蝗虫式
(1)腹卧地板,双腿伸直,脚尖贴在地板上,双手背后手指交叉握在一起。
(2)吸气,将头,上身躯干抬离地面,手臂向身后伸展,双腿也离开地面,髋部撑于地板,收紧臀部,尽力向后延伸大腿直至双脚,脚尖指向正后方(见图 7-29)。

(3)面向前,凝视前方。

(4)保持此姿势 5~8 次呼吸。

18. 船式(简易)

(1)坐姿山式开始,两腿伸直放地板。

(2)吸气,双手抓膝盖,向上把腿抬起,小腿平行地板。

(3)呼气,双臂平行向前伸展,双腿 45°角伸直,身体呈 V 型(见图 7-30)。

(4)用臀部保持身体平衡。

(5)每次吸气时,脊椎向上伸展。

(6)保持 5~8 次呼吸。

图 7-29 蝗虫式　　　　图 7-30 船式

19. 脊椎扭转式

(1)坐姿山式开始,双腿向前伸直。

(2)弯曲右腿,右腿放于左腿膝盖外侧,脚心与膝盖在一条直线上。

(3)右手向右后方向地面支撑,左臂放于右膝盖外侧,身体向右后方向扭转(见图 7-31)。

(4)吸气,脊椎向上伸展。

(5)呼气,身体向右后方向扭转。包括腰椎、肩膀、颈椎、眼球都向后扭转。

(6)保持 5~8 次呼吸。

20. 双臂伸展前曲式

(1)坐姿山式,两腿向前伸直,脚跟脚趾并拢坐稳,脚尖勾起来。脊柱、颈部、头部保持直立。双手垂直放在身体两侧。

(2)吸气,双臂向上伸展,脊椎垂直地板(见图 7-32)。

(3)呼气,眼看手指,双臂向前伸展,背部拉长,向前靠近双腿,双手向前,分别放平地面或左手抓紧右手手腕(见图7-33)。

(4)若抓不到脚趾,可手放地板,但要保持腿部的平直,勾脚尖。

(5)吸气,手指沿地面向前伸展,进一步伸展背部。

(6)呼气,身体向下靠近双腿。

(7)保持5~8次呼吸,抬头,眼看手指,腰部收紧用力,双手,身体向上还原。

图7-31 脊椎扭转式

图7-32 双臂伸展前曲式1　　　　图7-33 双臂伸展前曲式2

21.躺卧扭转放松式

(1)从躺卧姿势开始。

(2)吸气,双臂左右方向打开,弯曲双腿。

(3)呼气,双腿向右侧倒向地板,头扭转左侧看左手方向(见图7-34)。

(4)保持8次呼吸。换另一边再做一遍(见图7-35)。

(5)放松休息练习(15 min)。

22.瘫尸式

(1)身体平躺地板,成一条直线,确保脊椎伸展。

(2)双脚自然打开。
(3)双手放身体两侧,掌心向上。
(4)闭上眼睛(见图7-36)。
(5)保持腹式呼吸10~15 min。

图7-34 躺卧扭转放松式1

图7-35 躺卧扭转放松式2

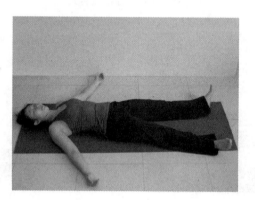

图7-36 瘫尸式

思考题七

1. 瑜伽起源于哪里?瑜伽大致分为几类?
2. 简要叙述智瑜伽、业瑜伽、信仰瑜伽、哈他瑜伽、王瑜伽、昆达里尼瑜伽各自的特点。
3. 什么是瑜伽中的"冥想"?
4. 简述"腹式呼吸"的要领。

第八章 武术 跆拳道

本章摘要： 本章主要介绍武术运动的基本概念和基本要求；初级长拳（第三路）、二十四式太极拳动作名称和动作说明；跆拳道的作用和基本技术等内容。通过学习，学生应了解武术运动的起源与传播，掌握初级长拳（第三路）、二十四式太极拳和跆拳道的基本动作以及如何参与、欣赏武术和跆拳道比赛。

第一节 武 术

一、武术概述

（一）武术的特点

武术是以技击为主要内容，以套路和搏斗为运动形式，注重内外兼修的中国传统体育项目。由于武术内容丰富多彩，对于不同的拳种和器械，它们的动作结构、技术要求、运动风格和套路运动量都各有不同的特点，但究其共性可以将其归纳为4个方面。

1. 以套路运动为主

根据拳种和器械的不同，套路有长有短，有刚有柔，有单练和对练，风格不同各具特色。通过套路运动的练习，有利于发展人体的速度、力量、灵敏、协调和耐力等素质，培养人的勇猛、顽强、坚忍不拔的意志品质。

2. 动作具有攻防的性质

武术的动作和练法中有踢、打、摔、拿、击、刺等动作，它是组成武术套路的主要内容，具有不同的使用特点和攻防规律。人们可以通过武术锻炼，不仅能够达到增强体质的作用，而且能够掌握一些搏斗的攻防技术。

3. 具有内外合一、形神兼备、节奏鲜明的运动特色和民族风格

由于武术动作是从格斗攻防技术中提炼出来的，因此要求手到眼到，手眼紧密配合；手脚相随，上下协调；意领身随，以气催力；意识、呼吸、动作必须内外合一，形

神兼备;动则快速有力,静则稳如石,动静有韵律,节奏非常鲜明。这就构成了武术所固有的运动特色,形成了群众喜爱的民族风格。

4.具有广泛的适应性

武术的内容和练习形式丰富多彩,不同类别的武术项目其练功方法、动作结构、运动负荷和风格不尽相同,分别适应不同年龄、性别、体质的需要,人们可以根据自己的条件和兴趣爱好加以选择。同时,武术运动不受时间、季节、场地的限制,这种广泛的适应性给普及武术运动创造了有利条件。

(二)武术的作用

1.培养道德情操,树"武德"的作用

武德,即武术道德,是从事武术活动的人在社会活动中所应遵循的道德规范和所应有的道德品质。尚武崇德的精神可以培养年轻人尊师重道、讲礼守信、宽以待人、严于律己等良好的心理素质和高尚的道德情操。习武练功特别需要吃苦耐劳、持之以恒的精神。它不仅能培养坚忍不拔、自强不息的意志品质,也是一种修身养性的重要手段,这是中华武术重礼仪,讲武德的优秀传统,我们还要一代一代地发扬光大。

2.起到强身健体的作用

武术注重内外兼修,经常习武不仅提高人体的速度、力量、柔韧、耐力和灵敏等六大身体素质,而且能改善人体神经系统、呼吸系统、循环系统、消化系统、运动系统的机能。例如:长拳类套路包括屈伸、回环、跳跃、平衡、翻腾、跌扑等动作,提高肌肉的力量、韧带的伸展性,使得人体各个器官都得到了锻炼。再例如太极拳可以达到人们祛病强体、振奋精神、延年益寿的作用。

3.提高防身自卫的能力

武术的特点之一就是以技击动作为主要内容,通过长年的习武,不仅能掌握各种踢、打、摔、拿、击、刺等技击方法,而且能提高人体的技能,增加击打的速度、力量,以及抗击打的能力,克敌制胜,提高防身自卫能力。

4.丰富文化生活

武术表演具有很高的观赏价值。拳术和器械套路演练动迅静定的节奏美,内外合一、形神兼备的和谐美让人赞不绝口。散打对抗中双方激烈的争夺,敢打敢拼的斗志,都可以给人一种美的享受和精神上的激励。武术活动讲究"以武会友",切磋技艺,扩大交往,增进国内外的友谊,丰富人民群众的文化生活。

二、武术的基本要求

(一)正确掌握图解知识

武术图解,是指记载武术的动作和套路的图与文字,用图来描绘动作的形象和身体各部的运动路线,用文字来说明动作详细过程和要领。正确掌握武术图解知识,对自修能力的培养和技术水平的提高都有重要意义。

(1)动作路线。图中一般用虚线(－－－)或实线(——)表示该部位下一动作行进的路线,箭尾为起点,箭头为止点,有的图上、下肢的运动路线都用虚线,有的上、下肢分别用实线和虚线表示,虽然用法不一,但作用是一致的。

(2)术语的运用。为了简练,图解中的文字说明中,常用术语来解释动作。如步法中的上步、退步、插步、步型中的弓步、马步、仆步等,有的从简说明,有的只用术语,需要时对照图解自行查阅。

(3)附图。图中有的动作除了用一个图描绘外,还增加一个起补充作用的"附图"可以全方位地了解动作。

(二)重视基本功训练

广大武术前辈在长期的练习实践中积累了很多行之有效的训练手段,逐步形成了一整套由浅入深、完整而系统的基本功和基本动作,通过基本功和基本动作练习,可使身体各部位得到全面的训练,为提高拳术和器械套路技术水平打下良好的基础。

(三)突出器械和拳术练习的特点

(1)寓技击于体育之中。武术最初作为军事训练手段,在实用中其目的在于杀伤制服对方,武术作为体育运动,技术上仍不失攻防技击的特性。

(2)内外合一,形神兼备的民族风格,既讲究形体规范,又求精神传意,内外合一的整体观,是中国武术的一大特色。以"手眼身法步,精神气力功"八法的变化来锻炼身心,其中还受中国古代哲学、医学、美学等方面的渗透和影响。

(3)广泛的适应性。武术的练习形式、内容丰富多样,不同的拳种、器械有不同的动作结构、技术要求、运动风格和运动量,分别适应不同年龄、性别、体质的需求,同时对场地、器材的要求也较低。一般来说受时间、季节限制也较小,利用这一特点,我们可使武术运动进一步社会化。

(四)练习步骤

(1)跟练与自练相结合。课堂上学习时,除了教师领做外,应及时通过自练,由少到多地逐步完成教学内容,课后应多看教材,以巩固课堂内容。

(2)自练与表演、比赛相结合。课外练习中,除应重视基本功和基本动作外,还应经常参加表演和比赛,提高心理素质,增加临场经验。

三、武术套路

(一)初级长拳(第三路)

1. 动作名称

(1)预备动作。虚步亮掌;并步对拳。

(2)第一段。弓步冲拳;弹腿冲拳;马步冲拳;弓步冲拳;弹腿冲拳;大跃步前穿;弓步击掌;马步架掌。

(3)第二段。虚步栽拳;提膝穿掌;仆步穿掌;虚步挑掌;马步击掌;叉步双摆掌;弓步击掌;转身踢腿马步盘肘。

(4)第三段。歇步抡砸拳;仆步亮掌;弓步劈拳;换跳步弓步冲拳;马步冲拳;弓步下冲拳;叉步亮掌侧踹腿;虚步挑拳。

(5)第四段。弓步顶肘;转身左拍脚;右拍脚;腾空飞脚;歇步下冲拳;仆步抡劈拳是;提膝挑掌;提膝劈掌弓步冲拳。

(6)结束动作。虚步亮掌;并步对拳。

(7)还原

2. 动作说明

(1)预备动作。

两脚并步站立,两臂垂于身体两侧,五指并拢贴靠腿外侧,眼向前平视(见图 8-1)。

要点:头要端正,颏微收,挺胸,塌腰,收腹。

1)虚步亮掌。

①右脚向右后方撤步成左弓步。右掌向右、向上、向前划弧,掌心向上;左臂屈肘,左掌提至腰侧,掌心向上。目视右掌(见图 8-2(a))。

②右腿微屈,重心后移。左掌经胸前从右臂上向前穿出伸直;右臂屈肘,右掌收至腰侧,掌心向上。目视左掌(见图 8-2(b))。

③重心继续后移,左脚稍向右移,脚尖点地,成左虚步。左臂内旋向左、向后划

弧成勾手,勾尖向上;右手继续向后、向右、向前上划弧,屈肘抖腕,在头前上方成亮掌(即横掌),掌心向前,掌指向左。目视左方(见图8-2(c))。

图 8-1　　　　　　　　图 8-2

要点:三个动作必须连贯。成虚步时,重心落于右腿上,右大腿与地面平行。左腿微屈,脚尖点地。

2)并步对拳。

①右腿蹬直,左腿提膝,脚尖里扣,上肢姿势不变(见图8-3(a))。

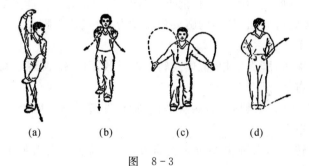

图 8-3

②左脚向前落步,重心前移。左臂屈肘,左勾手变掌经左肋前伸;右臂外旋向前下落于左掌右侧,两掌同高,掌心均向上(见图8-3(b))。

③右脚向前一步,两臂下垂后摆(见图8-3(c))。

④左脚向右脚并步,两臂向外向上经胸前屈肘下按,两掌变拳,拳心向下,停于小腹前。目视左侧(见图8-3(d))。

要点:并步后挺胸、塌腰。对拳、并步、转头要同时完成。

(2)第一段。

1)弓步冲拳。

①左脚向左上一步,脚尖向斜前方;右腿微屈,成半马步。左臂向上向左格打,拳眼向后,拳与肩同高;右拳收至腰侧,拳心向上。目视左拳(见图8-4(a))。

②右腿蹬直成左弓步。左拳收至腰侧,拳心向上;右拳向前冲出,高与肩平,拳眼向上。目视右拳(见图8-4(b))。

要点:成弓步时,右腿充分蹬直,脚跟不要离地。冲拳时,尽量转腰顺肩。

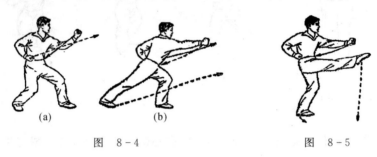

图 8-4   图 8-5

2)弹腿冲拳。

重心前移至左腿,右腿屈膝提起,脚面绷直,猛力向前弹出伸直,高与腰平。右拳收至腰侧;左拳向前冲出。目视前方(见图8-5)。

要点:支撑腿可微屈,弹出的腿要用爆发力,力点达于脚尖。

3)马步冲拳。

右脚向前落步,脚尖里扣,上体左转。左拳收至腰侧,两腿下蹲成马步,右拳向前冲出。目视右拳(见图8-6)。

要点:成马步时,大腿要平,两脚平行,脚跟外蹬,挺胸、塌腰。

4)弓步冲拳。

①上体右转90°,右脚尖外撇向斜前方,成半马步。右臂屈肘向右格打,拳眼向后。目视右拳(见图8-7(a))。

②左腿蹬直成右弓步。右拳收至腰侧;左拳向前冲出。目视左拳(见图8-7(b))。

要点:与本节的弓步冲拳相同,唯左右相反。

5)弹腿冲拳。

重心前移至右腿,左腿屈膝提起,脚面绷直,猛力向前弹出伸直,高与腰平。左拳收至腰侧,右拳向前冲出。目视前方(见图8-8)。

要点:与本节的弹腿冲拳相同。

图 8-6　　　　　图 8-7　　　　　图 8-8

6）大跃步前穿。

①左腿屈膝。右拳变掌内旋，以手背向下挂至左膝外侧，上体前倾。目视右手（见图 8-9(a)）。

②左脚向前落步，两腿微屈。右掌继续向后挂，左拳变掌，向后向下伸直。目视右掌（见图 8-9(b)）。

③右腿屈膝向前提起，左腿立即猛力蹬地向前跃出。两掌向前向上划弧摆起。目视左掌（见图 8-9(c)）。

④右腿落地全蹲，左腿随即落地向前铲出成仆步。右掌变拳抱于腰侧，左掌由上向右向下划弧成立掌，停于右胸前。目视左脚（见图 8-9(d)）。

要点：跃步要远，落地要轻，落地后立即接做下一个动作。

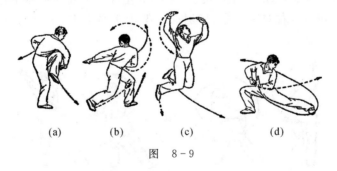

图 8-9

7）弓步击掌。

右腿猛力蹬直成左弓步。左掌经左脚面向后划弧至身后成勾手，左臂伸直，勾尖向上；右拳由腰侧变掌向前推出，掌指向上，掌外侧向前，目视右掌（见图 8-10）。

8）马步架掌。

①重心移至两腿中间，左脚脚尖内扣成马步，上体右转。右臂向左侧平摆，稍屈肘，同时左勾手变掌由后经左腰侧从右臂内向前上穿出，掌均朝上。目视左手

(见图8-11(a))。

②右掌立于左胸前;左臂向左上屈肘抖腕亮掌于头部左上方,掌心向前。目右转视(见图8-11(b))。

要点:马步同前。

图 8-10　　　　　图 8-11

(3)第二段。

1)虚步栽拳。

①右脚蹬地,屈膝提起;左腿伸直,以前脚掌为轴向右后转体180°。右掌由左胸前向下经右腿外侧向后划弧成勾手;左臂随体转动并外旋,使掌心朝右。目视右手(见图8-12(a))。

②右脚向右落地,重心移至右腿上,下蹲成左虚步。左掌变拳下落于左膝上,拳眼向里,拳心向后;右勾手变拳,屈肘向上架于头右上方,拳心向前。目视左方(见图8-12(b))。

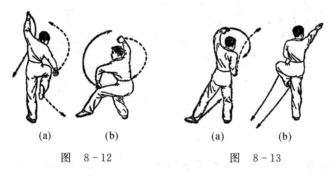

图 8-12　　　　　图 8-13

2)提膝穿掌。

①右腿稍伸直。右拳变掌收至腰侧,掌心向上;左拳变掌由下向左向上划弧盖压于头上方,掌心向前(见图8-13(a))。

②右腿蹬直,左腿屈膝提起,脚尖内扣。右掌从腰侧经左臂内向右前上方穿

出,掌心向上;左掌收至右胸前成立掌。目视右掌(见图 8-13(b))。

要点:支撑腿与右臂充分伸直。

3)仆步穿掌。

右腿全蹲,左腿向左后方铲出成左仆步。右臂不动,左掌由右胸前向下经左腿内侧,向左脚面穿出。目随左掌转视(见图 8-14)。

4)虚步挑掌。

①右腿蹬直,重心前移至左腿,成左弓步。右掌稍下降,左掌随重心前移向前挑起(见图 8-15(a))。

图 8-14   图 8-15

②右脚向左前方上步、左腿半蹲,成右虚步。身体随上步左转 180°。在右脚上步的同时,左掌由前向上向后划弧成立掌,右掌由后向下向前上挑起成立掌,指尖与眼平。目视右掌(见图 8-15(b))。

要点:上步要快,虚步要稳。

5)马步击掌。

①右脚落实,脚尖外撇,重心稍升高并右移,左掌变拳收至腰侧;右掌俯掌向外掳手(见图 8-16(a))。

图 8-16

②左脚向前上一步,以右脚为轴向右后转体 180°,两腿下蹲成马步。左掌从

右臂上成立掌向左侧击出；右掌变拳收至腰侧。目视左掌(见图8-16(b))。

要点：右手做掳手时，先使臂稍内旋，腕伸直，手掌向下向外转，接着臂外旋，掌心经下向上翻转，同时抓握成拳。收拳和击掌动作要同时进行。

6)叉步双摆掌。

①重心稍右移，同时两掌向下向右摆，掌指均向上。目视右掌(见图8-17(a))。

②右脚向左腿后插步，前脚掌着地。两臂继续由右向上向左摆，停于身体左侧，均成立掌，右掌停于左肘窝处。目随双掌转视(见图8-17(b))。

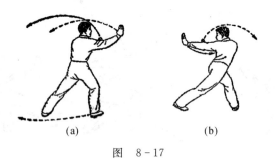

图 8-17

要点：两臂要划立圆，幅度要大，摆掌与后插步配合一致。

7)弓步击掌。

①两腿不动。左掌收至腰侧，掌心向上；右掌向上向右划弧，掌心向下(见图8-18(a))。

②左腿后撤一步，成右弓步。右掌向下向后伸直摆动，成勾手，勾尖向上；左掌成立掌向前推出。目视左掌(见图8-18(b))。

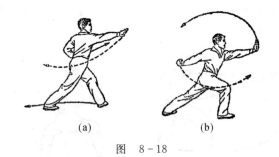

图 8-18

8)转身踢腿马步盘肘。

①两脚以前脚掌为轴向左后转体180°。在转体的同时，左臂向上向前划半立圆，右臂向下向后划半圆(见图8-19(a))。

②上动不停,两脚不动,右臂由后向上向前划半立圆,左臂由前向下向后划半立圆(见图 8-19(b))。

③上动不停,右臂向下成反臂勾手,勾尖向上;左臂向上成亮掌,掌心向前上方。右腿伸直,脚尖勾起,向额前踢(见图 8-19(c))。

④右脚向前落地,脚尖里扣。右手不动,左臂屈肘下落至胸前,左掌心向下。目视左掌(见图 8-19(d))。

⑤上体左转 90°,两腿下蹲成马步。同时左掌向前向左平搋变拳收至腰侧,右勾手变拳,右臂伸直,由体后向右向前平摆,至体前时屈肘,肘尖向前,高与肩平,拳心向下。目视肘尖(见图 8-19(e))。

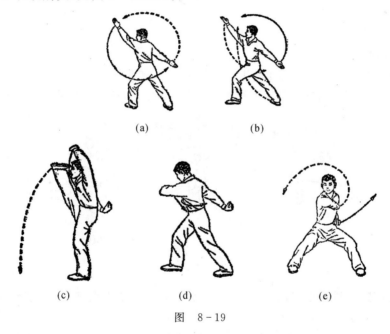

图 8-19

(4)第三段。

1)歇步抡砸拳。

①重心稍升高,右脚尖外撇。右臂由胸前向上向右抡直;左拳向下向左,使臂抡直。目视右拳(见图 8-20(a))。

②上动不停,两脚以前脚掌为轴,向右后转体 180°。右臂向下向后抡摆,左臂向上向前随身体转动(见图 8-20(b))。

③紧接上动,两腿全蹲成歇步。左臂随身体下蹲向下平砸,拳心向上,臂部微屈;右臂伸直向上举起。目视左拳(见图 8-20(c))。

要点:抡臂动作要连贯完成,划成立圆。歇步要两腿交叉全蹲,左腿大、小腿靠紧,臀部贴于左小腿外侧,膝关节在右小腿外侧,脚跟提起;右脚尖外撇,全脚着地。

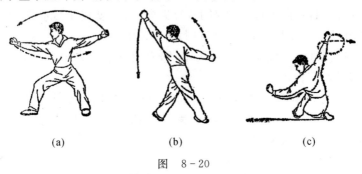

图 8-20

2)仆步亮拳。

①左脚由右腿后抽出前上一步,左腿蹬直,右腿半蹲,成右弓步。上体微向右转。左拳收至腰侧,右拳变掌向下经胸前向右横击掌。目视右掌(见图8-21(a))。

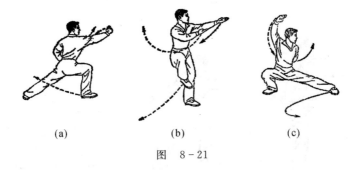

图 8-21

②右脚蹬地屈膝提起,上体右转。左拳变掌从右掌上向前穿出,掌心向上;右掌平收至左肘下(见图8-21(b))。

③右脚向右落步,屈膝全蹲,左腿伸直,成仆步。左掌向下向后划弧成勾手,勾尖向上。

右掌向右向上划弧微屈,抖腕成亮掌,掌心向前。头随右手转动,至亮掌时,目视左方(见图8-21(c))。

要点:仆步时,左腿充分伸直,脚尖内扣,右腿全蹲,两脚脚掌全部着地。上体挺胸塌腰,稍左转。

3)弓步劈拳。

①右腿蹬地立起;左腿收回并向左前方上步。右掌变拳收至腰侧,左勾手变掌

由下向前上经胸前向左做捋手(见图8-22(a))。

图 8-22

②右腿经左腿前方向左绕上一步,左腿蹬直成右弓步。左手向左平捋后再向前挥摆,虎口朝前(见图8-22(b))。

③在左手平捋的同时,右拳向后平摆,然后再向前向上做抡劈拳,拳高与耳平,拳心向上,左掌外旋接扶右前臂。目视右拳(见图8-22(c))。

要点:左右脚上步稍带弧形。

4)换跳步弓步冲拳。

①重心后移,右脚稍向后移动。右拳变掌臂内旋以掌背向下划弧挂至右膝内侧;左掌背贴靠右肘外侧,掌指向前。目视右掌(见图8-23(a))。

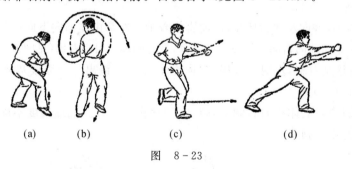

图 8-23

②右腿自然上抬,上体稍向左扭转。右掌挂至体左侧,左掌伸向右腋下。目随右掌转视(见图8-23(b))。

③右脚以全脚掌用力向下震踩,与此同时,左脚急速离地抬起。右手由左向上向前捋盖而后变拳收至腰侧;左掌伸直向下、向上、向前屈肘下按,掌心向下。上体右转,目视左掌(见图8-23(c))。

④左脚向前落步,右腿蹬直成左弓步。右拳向前冲出,拳高与肩平;左掌藏于右腋下,掌背贴靠腋窝。目视右拳(见图8-23(d))。

要点:换跳步动作要连贯、协调。震脚时腿要弯曲,全脚掌着地,左脚离地不要高。

5)马步冲拳。

上体右转90°,重心移至两腿中间,成马步。右拳收至腰侧,左掌变拳向左冲出,拳眼向上。目视左拳(见图8-24)。

图 8-24　　　　　图 8-25

6)弓步下冲拳。

右脚蹬直,左腿弯曲,上体稍向左转,成左弓步。左拳变掌向下经体前向上架于头的左上方,掌心向上,右拳自腰侧向左前斜下方冲出。目视右拳(见图8-25)。

7)叉步亮掌侧踹腿。

①上体稍右转。左掌由头上下落于右手腕上,右拳变掌,两手交叉成十字。目视双手(见图8-26(a))。

②右脚蹬地并向左腿后插步,以前脚掌着地。左掌由体前向下向后划弧成勾手,勾尖向上;右掌由前向右向上划弧抖腕亮掌,掌心向前。目视左侧(见图8-26(b))。

③重心移至右腿,左腿屈膝提起,向左上方猛力蹬出。上肢姿势不变,目视左侧(见图8-26(c))。

要点:插步时上体稍向右倾斜,腿、臂的动作要一致。侧踹高度不能低于腰,大腿内旋,着力点在脚跟。

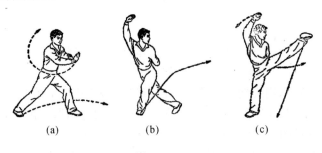

图 8-26

8)虚步挑拳。

①左脚在左侧落地。右掌变拳稍后移,左勾手变拳由体后向左上挑;拳背向上(见图 8-27(a))。

②上体左转 180°,微含胸前俯。左拳继续向前向上划弧上挑,右拳向下向前划弧挂至右膝外侧,同时右膝提起。目视右拳(见图 8-27(b))。

图 8-27

③右脚向左前方上步,脚尖点地,重心落于左脚,左腿下蹲成右虚步。左拳向后划弧收至腰侧,拳心向上;右拳向前屈臂挑出,拳眼斜向上,拳与肩同高。目视右拳(见图 8-27(c))。

(5)第四段。

1)弓步顶肘。

①重心升高,右脚踏实。右臂内旋向下直臂划弧以拳背下挂至右膝内侧,左拳不变。目视前下方(见图 8-28(a))。

②左腿蹬直,右腿屈膝上抬。左拳变掌,右拳不变,两臂向前向上划弧摆起。目随右拳转视(见图 8-28(b))。

③左脚蹬地起跳,身体腾空,两臂继续划弧至头上方(见图 8-28(c))。

④右脚先落地,右腿屈膝,左脚向前落步,以前脚掌着地。同时两臂向右向下屈肘停于右胸前,右拳变掌,左掌变拳。右掌心贴靠左拳面(见图 8-28(d))。

⑤左脚向左上一步,左腿屈膝,右腿蹬直成左弓步。右掌推左拳,以左肘尖向左顶出,高与肩平。目视前方(见图 8-28(e))。

要点:交换步时不要过高,但要快。两臂抡摆时要成圆弧。

2)转身左拍脚。

①以两脚前脚掌为轴向右后转体 180°。随着转体,右臂向上、向右向下划弧抡摆,同时左拳变掌向下向后向前上抡摆(见图 8-29(a))。

②左腿伸直向前上踢起,脚面绷平。左掌变拳收至腰侧,右掌由体后向上向前

拍击左脚面(见图 8-29(b))。

要点:右掌拍脚时手掌稍横过来,拍脚要准而响亮。

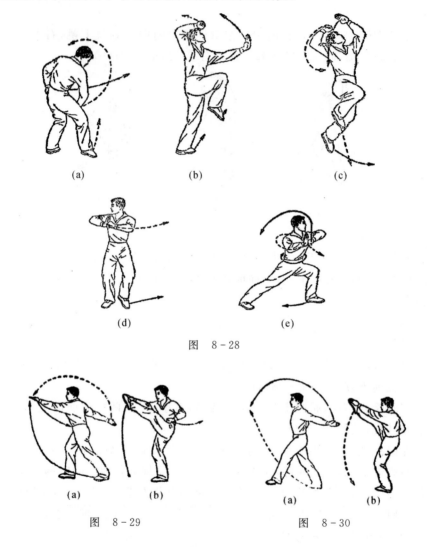

图 8-28

图 8-29

图 8-30

3)右拍脚。

①左脚向前落地,左拳变掌向下向后摆,右掌变拳收至腰侧(见图 8-30(a))。

②右腿伸直向前上踢起,脚面绷平。左拳变掌由后向上向前拍击右脚面(见图 8-30(b))。

要点:与本节的转身左拍脚相同。

4)腾空飞脚。

①右脚落地(见图8－31(a))。

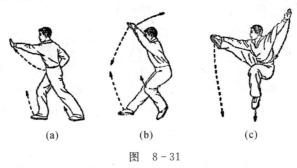

图 8－31

②左脚向前摆起,右脚猛力蹬地,左腿屈膝继续前上摆。同时右拳变掌向前向上摆起,左掌先上摆而后下降拍击右掌背(见图8－31(b))。

③右腿继续上摆,脚面绷平。右手拍击右脚面,左掌由体前向后上举(见图8－31(c))。

要点:蹬地要向上,不要太向前冲,左膝尽量上提。击响要在腾空时完成,右臂伸直成水平。

5)歇步下冲拳。

①左、右脚先后相继落地。左掌变拳收至腰侧(见图8－32(a))。

②身体右转90°,两腿全蹲成歇步。右掌抓握、外旋变拳收至腰侧;左拳由腰侧向前下方冲出,拳心向下。目视左拳(见图8－32(b))。

图 8－32

6)仆步抡劈拳。

①重心升高,右臂由腰侧向体后伸直,左臂随身体重心升高向上摆起(见图8－33(a))。

②以右脚前脚掌为轴,左腿屈膝提起,上体左转270°。左拳由前向后下划立

圆一周;右拳由后向下向前上划立圆一周(见图8-33(b))。

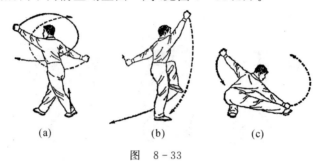

图 8-33

③左腿向后落一步,屈膝全蹲,右腿伸直,脚尖内扣成右仆步。右拳由上向下抡劈,拳眼向上;左拳后上举,拳眼向上。目视右拳(见图8-33(c))。

要点:抡臂时一定要划立圆。

7)提膝挑掌。

①重心前移成右弓步。同时右拳变掌由下向上抡摆,左拳变掌稍下落,右掌心向左,左掌心向右(见图8-34(a))。

②左、右臂在垂直面上由前向后各划立圆一周。右臂伸直停于头上,掌心向左,掌指向上;左臂伸直停于身后成反勾手。同时右腿屈膝提起,左腿挺膝伸直独立。目视前方(见图8-34(b))。

要点:抡臂时要划立圆。

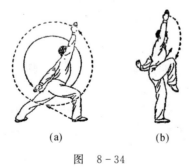

图 8-34

8)提膝劈掌弓步冲拳。

①下肢不动。右掌由上向下猛劈伸直,停于右小腿内倒,用力点在小指一倒;左勾手交掌,屈臂向前停于右上臂内侧,掌心向左。目视右掌(见图8-35(a))。

②右脚向右后落地;身体右转90°。同时左掌变拳收至腰侧,右臂内旋向右划弧劈掌(见图8-35(b))。

③上动不停,左腿蹬直成右弓步。右手抓握变拳收至腰侧,左拳由腰侧向左前方冲出。目视左拳(见图8-35(c))。

图 8-35

(6)结束动作。

1)虚步亮掌。

①右脚扣于左膝后,两拳变掌,两臂右上左下屈肘交叉于体左前。目视右掌(见图8-36(a))。

②右脚向右后落步,重心后移,右腿半蹲,上体稍右转。同时右掌向上向右向下划弧停于左腋下;左掌向左、向上划弧停于右臂上与左胸前,两掌心左下右上。目视左掌(见图8-36(b))。

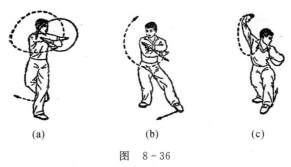

图 8-36

③左脚尖稍向右移,右腿下蹲成左虚步。左臂伸直向左向后划弧成反勾手;右臂伸直向下、向右、向上划弧抖腕亮掌,掌心向前。目视左方(见图8-36(c))。

2)并步对拳。

①左腿后撤一步,同时两掌从两腰侧向前穿出伸直,掌心向上(见图8-37(a))。

②右腿后撤一步,同时两臂分别向体后下摆(见图8-37(b))。

③左脚后退半步向右脚并拢。两臂由后向上经体前屈臂下按,两掌变拳,停于腹前,拳心向下,拳面相对。目视左方(见图8-37(c))。

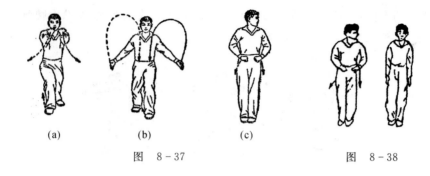

图 8-37　　　　　　　　　图 8-38

(7)还原。

两臂自然下垂,目视正前方(见图 8-38)。

(二)二十四式太极拳

1.动作名称

(1)第一组。起势;左右野马分鬃;白鹤亮翅。

(2)第二组。左右搂膝拗步;手挥琵琶;左右倒卷肱。

(3)第三组。左揽雀尾;右揽雀尾。

(4)第四组。单鞭;云手;单鞭。

(5)第五组。高探马;右蹬脚;双峰贯耳;转身左蹬脚。

(6)第六组。左下势独立;右下势独立。

(7)第七组。左右穿梭;海底针;闪通臂。

(8)第八组。转身搬拦捶;如封似闭;十字手;收势。

2.动作说明

(1)第一组。

1)起势。

①身体自然直立,两脚开立,与肩同宽,脚尖向前;两臂自然下垂,两手放在大腿外侧;眼向前平看(见图 8-39)。

要点:头颈正直,下颏微向后收,不要故意挺胸或收腹,精神集中。(起势由立正姿势开始,然后左脚向左分开,成开立步)

②两臂慢慢向前平举,两手高与肩平,与肩同宽,手心向下(见图 8-40、图 8-41)。

③上体保持正直,两腿屈膝下蹲;同时两掌轻轻下按,两肘下垂与两膝相对;眼平看前方(见图 8-42)。

第八章 武术 跆拳道

图 8-39　　　图 8-40　　　图 8-41　　　图 8-42

要点：两肩下沉，两肘松垂，手指自然微屈。屈膝松腰，臀部不可凸出，身体重心落于两腿中间。两臂下落和身体下蹲的动作要协调一致。

2）左右野马分鬃。

①上体微向右转，身体重心移至右腿上；同时右臂收在胸前平屈，手心向下，左手经体前向右下划弧放在右手下，手心向上，两手心相对成抱球状；左脚随即收到右脚内侧，脚尖点地；眼看右手（见图 8-43、图 8-44）。

图 8-43　　　图 8-44　　　图 8-45　　　图 8-46

②继续向左转，左右手随转体慢慢分别向左上右下分开，左手高与眼平（手心斜向上），肘微屈；右手落在右胯旁，肘也微屈，手心向下，指尖向前；眼看左手（见图 8-45 至图 8-47）。

③上体慢慢后坐，身体重心移至右腿，左脚尖翘起，微向外撇（45°～60°），随后脚掌慢慢踏实，左腿慢慢前弓，身体左转，身体重心再移至左腿；同时左手翻转向下，左臂收在胸前平屈，右手向左上划弧放在左手下，两手心相对成抱球状；右脚随即收到左脚内侧，脚尖点地；眼看左手（见图 8-48 至图 8-50）。

④右腿向右前方迈出，左腿自然伸直，成弓步；同时上体右转，左右手随转体分别慢慢向左下右上分开，右手高与眼平（手心斜向上），肘微屈；左手落在左胯旁，肘也微屈，手心向下，指尖向前；眼看右手（见图 8-51、图 8-52）。

⑤与③解同，只是左右相反（见图 8-53 至图 8-55）。

— 177 —

⑥与④解同,只是左右相反(见图8-56、图8-57)。

图 8-47　　图 8-48　　图 8-49　　图 8-50

图 8-51　　图 8-52　　图 8-53　　图 8-54

图 8-55　　图 8-56　　图 8-57

　　要点:上体不可前俯后仰,胸部必须宽松舒展。两臂分开时要保持弧形。身体转动时要以腰为轴。弓步动作与分手的速度要均匀一致。做弓步时,迈出的脚先是脚跟着地,然后脚掌慢慢踏实,脚尖向前,膝盖不要超过脚尖;后腿自然伸直;前后脚夹角成45°～60°(需要时后脚脚跟可以后蹬调整)。野马分鬃式的弓步,前后脚的脚跟要分在中轴线两侧,它们之间的横向距离(即以动作行进的中线为纵轴,其两侧的垂直距离为横向)应该保持在10～30 cm。

　　3)白鹤亮翅。

①上体微向左转,左手翻掌向下,左臂平屈胸前,右手向左上划弧,手心转向上,与左手成抱球状;眼看左手(见图8-58)。

②右脚跟进半步,上体后坐,身体重心移至右腿,上体先向右转,面向右前方,眼看右手;然后左脚稍向前移,脚尖点地,成左虚步,同时上体再微向左转,面向前方,两手随转体慢慢向右上左下分开,右手上提停于右额前,手心向左后方,左手落于左胯前,手心向下,指尖向前;眼平看前方(见图8-59、图8-60)。

图 8-58   图 8-59   图 8-60

要点:完成姿势胸部不要挺出,两臂上下都要保持半圆形,左膝要微屈。身体重心后移和右手上提、左手下按要协调一致。

(2)第二组。

4)左右搂膝拗步。

①右手从体前下落,由下向后上方划弧至右肩外侧,肘微屈,手与耳同高,手心斜向上;

左手由左下向上、向右下方划弧至右胸前,手心斜向下;同时上体先微向左再向右转;左脚收至右脚内侧,脚尖点地,眼看右手(见图8-61至图8-63)。

图 8-61   图 8-62   图 8-63   图 8-64

②上体左转,左脚向前(偏左)迈出成左弓步;同时右手屈回由耳侧向前推出,高与鼻尖平,左手向下由左膝前搂过落于左胯旁,指尖向前;眼看右手手指(见图

8-64、图 8-65)。

③右腿慢慢屈膝,上体后坐,身体重心移至右腿,左脚尖翘起微向外撇,随后脚掌慢慢踏实,左腿前弓,身体左转,身体重心移至左腿,右脚收到左脚内侧,脚尖点地;同时左手向外翻掌由左后向上划弧至左肩外侧,肘微屈,手与耳同高,手心斜向上;右手随转体向上、向左下划弧落于左胸前,手心斜向下;眼看左手(见图 8-66 至图 8-68)。

图 8-65　　　图 8-66　　　图 8-67　　　图 8-68

④与②解同,只是左右相反(见图 8-69、图 8-70)。
⑤与③解同,只是左右相反(见图 8-71 至图 8-73)。

图 8-69　　　图 8-70　　　图 8-71　　　图 8-72

⑥与②解同(见图 8-74、图 8-75)。

图 8-73　　　图 8-74　　　图 8-75

要点:前手推出时,身体不可前俯后仰,要松腰松胯。推掌时要沉肩垂肘、坐腕舒掌,同时须与松腰、弓腿上下协调一致。搂膝拗步成弓步时,两脚跟的横向距离保持 30 cm 左右。

5) 手挥琵琶。

右脚跟进半步,上体后坐,身体重心转至右腿上,上体半面向右转,左脚略提起稍向前移,变成左虚步,脚跟着地,脚尖翘起,膝部微屈;同时左手由左下向上挑举,高与鼻尖平,掌心向右,臂微屈;右手收回放在左臂肘部里侧,掌心向左;眼看左手食指(见图 8-76 至图 8-78)。

图 8-76　　　　图 8-77　　　　图 8-78

要点:身体要平稳自然,沉肩垂肘,胸部放松。左手上起时不要直向上挑,要由左向上、向前,微带弧形。右脚跟进时,脚掌先着地,再全脚踏实。身体重心后移和左手上起、右手回收要协调一致。

6) 左右倒卷肱。

①上体右转,右手翻掌(手心向上)经腹前由下向后上方划弧平举,臂微屈,左手随即翻掌向上;眼的视线随着向右转体先向右看、再转向前方看左手(见图 8-79、图 8-80)。

图 8-79　　　　　图 8-80

②右臂屈肘折向前,右手由耳侧向前推出,手心向前,左臂屈肘后撤,手心向上,撤至左肋外侧;同时左腿轻轻提起向后(偏左)退一步,脚掌先着地,然后全脚慢

慢踏实,身体重心移到左腿上,成右虚步,右脚随转体以脚掌为轴扭正;眼看右手(见图 8-81、图 8-82)。

③上体微向左转,同时左手随转体向后上方划弧平举,手心向上,右手随即翻掌,掌心向上;眼随转体先向左看,再转向前方看右手(见图 8-83)。

图 8-81　　　　　图 8-82　　　　　图 8-83

④与②解同,只是左右相反(见图 8-84、图 8-85)。

⑤与③解同,只是左右相反(见图 8-86)。

图 8-84　　　　　图 8-85　　　　　图 8-86

⑥与⑦解同(见图 8-87、图 8-88)。

⑦与③解同(见图 8-89)。

图 8-87　　　　　图 8-88　　　　　图 8-89

第八章 武术 跆拳道

⑧与②解同,只是左右相反(见图8-90、图8-91)。

图 8-90

图 8-91

要点:前推的手不要伸直,后撤手也不可直向回抽,随转体仍走弧线。前推时,要转腰松胯,两手的速度要一致,避免僵硬。退步时,脚掌先着地,再慢慢全脚踏实,同时,前脚随转体以脚掌为轴扭正。退左脚略向左后斜,退右脚略向右后斜,避免使两脚落在一条直线上。后退时,眼神随转体动作先向左右看,然后再转看前手。最后退右脚时,脚尖外撇的角度略大些,便于接做"左揽雀尾"的动作。

(3)第三组。

7)左揽雀尾。

①上体微向右转,同时右手随转体向后上方划弧平举,手心向上,左手放松,手心向下;眼看左手(见图8-92)。

②身体继续向右转,左手自然下落逐渐翻掌经腹前划弧至右肋前,手心向上;右臂屈肘,手心转向下,收至右胸前,两手相对成气抱球状;同时身体重心落在右腿上,左脚收到右脚内侧,脚尖点地;眼看右手(见图8-93、图8-94)。

图 8-92

图 8-93

图 8-94

③上体微向左转,左脚向左前方迈出,上体继续向左转,右腿自然蹬直,左腿屈膝,成左弓步;同时左臂向左前方绷出(即左臂平屈成弓形,用前臂外侧和手背向前方推出),高与肩平,手心向后;右手向右下落放于右胯旁,手心向下,指尖向前;眼

看左前臂(见图 8-95、图 8-96)。

图 8-95　　　　　图 8-96

要点：绷出时，两臂前后均保持弧形。分手、松腰、弓腿三者必须协调一致。揽雀尾弓步时，两脚跟横向距离不超过 10 cm。

④身体微向左转，左手随即前伸翻掌向下，右手翻掌向上，经腹前向上、向前伸至左前臂下方；然后两手下捋，即上体向右转，两手经腹前向右后上方划弧，直至右手手心向上，高与肩齐，左臂平屈于胸前，手心向后；同时身体重心移至右腿；眼看右手(见图 8-97、图 8-98)。

要点：下捋时，上体不可前倾，臀部不要凸出。两臂下捋须随腰旋转，仍走弧线。左脚全掌着地。

⑤上体微向左转，右臂屈肘折回，右手附于左手腕里侧(相距约 5 cm)，上体继续向左转，双手同时向前慢慢挤出，左手心向后，右手心向前，左前臂要保持半圆；同时身体重心逐渐前移变成左弓步；眼看左手腕部(见图 8-99、图 8-100)。

图 8-97　　　图 8-98　　　图 8-99　　　图 8-100

要点：向前挤时，上体要正直。挤的动作要与松腰、弓腿相一致。

⑥左手翻掌，手心向下，右手经左腕上方向前、向右伸出，高与左手齐，手心向下，两手左右分开，宽与肩同；然后右腿屈膝，上体慢慢后坐，身体重心移至右腿，左脚尖翘起；同时两手屈肘回收至腹前，手心均向前下方；眼向前平看(见图8-101至

图 8－103)。

⑦上式不停,身体重心慢慢前移,同时两手向前、向上按出,掌心向前;左腿前弓成左弓步;眼平看前方(见图 8－104)。

要点:向前按时,两手须走曲线,手腕部高与肩平,两肘微屈。

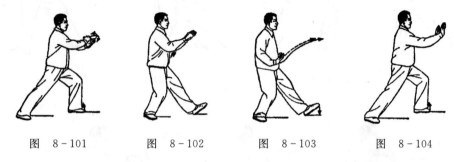

图 8－101　　　图 8－102　　　图 8－103　　　图 8－104

8) 右揽雀尾。

①上体后坐并向右转,身体重心移至右腿,左脚尖内扣;右手向右平行划弧至右侧,然后由右下经腹前向左上划弧至左肋前,手心向上;左臂平屈胸前,左手掌向下与右手成抱球状;同时身体重心再移至左腿上,右脚收至左脚内侧,脚尖点地;眼看左手(见图 8－105 至图 8－108)。

图 8－105　　　图 8－106　　　图 8－107　　　图 8－108

②同"左揽雀尾"③解,只是左右相反(见图 8－109、图 8－110)。
③同"左揽雀尾"④解,只是左右相反(见图 8－111、图 8－112)。
④同"左揽雀尾"⑤解,只是左右相反(见图 8－113、图 8－114)。
⑤同"左揽雀尾"⑥解,只是左右相反(见图 8－115 至图 8－117)。
⑥同"左揽雀尾"⑦解,只是左右相反(见图 8－118)。

要点:均与"左揽雀尾"相同,只是左右相反。

图 8-109　　图 8-110　　图 8-111　　图 8-112

图 8-113　　　　图 8-114　　　　图 8-115

图 8-116　　　　图 8-117　　　　图 8-118

(4) 第四组。

9) 单鞭。

①上体后坐,身体重心逐渐移至左腿上,右脚尖内扣;同时上体左转,两手(左高右低)向左弧形运转,直至左臂平举,伸于身体左侧,手心向左,右手经腹前运至左肋前,手心向后上方;眼看左手(见图 8-119、图 8-120)。

②身体重心再渐渐移至右腿上,上体右转,左脚向右脚靠拢,脚尖点地;同时右手向右上方划弧(手心由里转向外),至右侧方时变勾手,臂与肩平;左手向下经腹前向右上划弧停于右肩前,手心向里;眼看左手(见图8-121、图8-122)。

图 8-119　　　图 8-120　　　图 8-121　　　图 8-122

③上体微向左转,左脚向左前侧方迈出,右脚跟后蹬,成左弓步;身体重心移向左腿的同时,左掌随上体的左转慢慢翻转向前推出,手心向前,手指与眼齐平,臂微屈;眼看左手(见图8-123、图8-124)。

图 8-123　　　　　　图 8-124

要点:上体保持正直,松腰。完成式时,右臂肘部稍下垂,左肘与左膝上下相对,两肩下沉。左手向外翻掌前推时,要随转体边翻边推出,不要翻掌太快或最后突然翻掌。全部过渡动作上下要协调一致。如面向南起势,单鞭的方向(左脚尖)应向东偏北(大约为15°)。

10)云手。

①身体重心移至右腿上,身体渐向右转,左脚尖内扣;左手经腹前向右上划弧至右肩前,手心斜向后,同时右手变掌,手心向右前;眼看左手(见图8-125至图8-127)。

图 8-125　　　　　图 8-126　　　　　图 8-127

②上体慢慢左转,身体重心随之逐渐左移;左手由脸前向左侧运转,手心渐渐转向左方;右手由右下经腹前向左上划弧至左肩前,手心斜向后;同时右脚靠近左脚,成小开立步(两脚距离 10～20 cm);眼看右手(见图 8-128、图 8-129)。

图 8-128　　　图 8-129　　　图 8-130　　　图 8-131

③上体再向右转,同时左手经腹前向右上划弧至右肩前,手心斜向后;右手向右侧运转,手心翻转向右;随之左腿向左横跨一步;眼看左手(见图 8-130 至图 8-132)。

④同②解(见图 8-133、图 8-134)。

⑤同③解(见图 8-135 至图 8-137)。

⑥同②解(见图 8-138、图 8-139)。

图 8-132　　　图 8-133　　　图 8-134　　　图 8-135

第八章 武术 跆拳道

图 8-136　　　图 8-137　　　图 8-138　　　图 8-139

要点:身体转动要以腰脊为轴,松腰、松胯,不可忽高忽低。两臂随腰的转动而运转,要自然圆活,速度要缓慢均匀。下肢移动时,身体重心要稳定,两脚掌先着地再踏实,脚尖向前。眼的视线随左右手而移动。第三个"云手",右脚最后跟步时,脚尖微向内扣,便于接"单鞭"动作。

11)单鞭。

①上体向右转,右手随之向右运转,至右侧方时变成勾手;左手经腹前向右上划弧至右肩前,手心向内;身体重心落在右腿上,左脚尖点地;眼看左手(见图8-140至图8-142)。

图 8-140　　　图 8-141　　　图 8-142

②上体微向左转,左脚向左前侧方迈出,右脚跟后蹬,成左弓步;在身体重心移向左腿的同时,上体继续左转,左掌慢慢翻转向前推出,成"单鞭"式(见图 8-143、图 8-144)。

要点:与前"单鞭"式相同。

(5)第五组。

12)高探马。

①右脚跟进半步,身体重心逐渐后移至右腿上;右勾手变成掌,两手心翻转向上,两肘微屈;同时身体微向右转,左脚跟渐渐离地;眼看左前方(见图8-145)。

②上体微向左转,面向前方;右掌经右耳旁向前推出,手心向前,手指与眼同高;左手收至左侧腰前,手心向上;同时左脚微向前移,脚尖点地,成左虚步;眼看右手(见图8-146)。

要点:上体自然正直,双肩要下沉,右肘微下垂。跟步移换重心时,身体不要有起伏。

图 8-143　　　　　图 8-144

图 8-145　　　　　图 8-146

13)右蹬脚。

①左手手心向上,前伸至右手腕背面,两手相互交叉,随即向两侧分开并向下划弧,手心斜向下;同时左脚提起向左前侧方进步(脚尖略外撇);身体重心前移,右腿自然蹬直,成左弓步;眼看前方(见图8-147至图8-149)。

②两手由外圈向里圈划弧,两手交叉合抱于胸前,右手在外,手心均向后;同时右脚向左脚靠拢,脚尖点地;眼平看右前方(见图8-150)。

③两臂左右划弧分开平举,肘部微屈,手心均向外;同时右腿屈膝提起,右脚向右前方慢慢蹬出;眼看右手(见图8-151、图8-152)。

要点:身体要稳定,不可前俯后仰。两手分开时,腕部与肩齐平。蹬脚时,左腿微屈,右脚尖回勾,劲用在脚跟。分手和蹬脚须协调一致。右臂和右腿上下相对。

如面向南起势,蹬腿方向应为正东偏南。

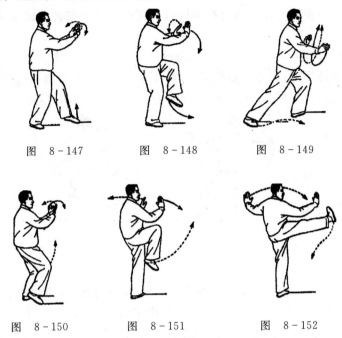

图 8-147　　　　图 8-148　　　　图 8-149

图 8-150　　　　图 8-151　　　　图 8-152

14)双峰贯耳。

①右腿收回,屈膝平举,左手由后向上、向前下落至体前,两手心均翻转向上,两手同时向下划弧分落于右膝盖两侧;眼看前方(见图 8-153、图 8-154)。

②右脚向右前方落下,身体重心渐渐前移,成右弓步,面向右前方。同时两手下落,慢慢变拳,分别从两侧向上、向前划弧至面部前方,成钳形状,两拳相对,高与耳齐,拳眼都斜向内下(两拳中间距离 10～20 cm);眼看右拳(见图 8-155、图8-156)。

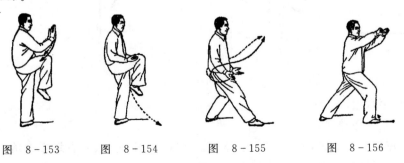

图 8-153　　　　图 8-154　　　　图 8-155　　　　图 8-156

要点:完成式时,头颈正直,松腰松胯,两拳松握,沉肩垂肘,两臂均保持弧形。双峰贯耳式的弓步和身体方向与右蹬脚方向相同。弓步的两脚跟横向距离同"揽雀尾"式。

15)转身左蹬脚。

①左腿屈膝后坐,身体重心移至左腿,上体左转,右脚尖内扣;同时两拳变掌,由上向左右划弧分开平举,手心向前;眼看左手(见图8-157、图8-158)。

图 8-157　　　　图 8-158　　　　图 8-159　　　　图 8-160

②身体重心再移至右腿,左脚收到右脚内侧,脚尖点地;同时两手由外圈向里圈划弧合抱于胸前,左手在外,手心均向后;眼平看左方(见图8-159、图8-160)。

③两臂左右划弧分开平举,肘部微屈,手心均向外;同时左腿屈膝提起,左脚向左前方慢慢蹬出;眼看左手(见图8-161、图8-162)。

要点:与右蹬脚式相同,只是左右相反。左蹬脚方向与右蹬脚成180°(即正西偏北,约30°)。

图 8-161　　　　　　图 8-162

(6)第六组。

16)左下势独立。

①左腿收回平屈,上体右转;右掌变成勾手,左掌向上、向右划弧下落,立于右肩前,掌心斜向后;眼看右手(见图8-163、图8-164)。

②右腿慢慢屈膝下蹲,左腿由内向左侧(偏后)伸出,成左仆步;左手下落(掌心向外)向左下顺左腿内侧向前穿出;眼看左手(见图8-165、图8-166)。

要点:右腿全蹲时,上体不可过于前倾。左腿伸直,左脚尖须向内扣,两脚脚掌全部着地。左脚尖与右脚跟踏在中轴线上。

图 8-163　　　图 8-164　　　图 8-165　　　图 8-166

③身体重心前移,左脚跟为轴,脚尖尽量外撇,左腿前弓,右腿后蹬,右脚尖内扣,上体微向左转并向前起身;左臂继续向前伸掌,掌心向右,右勾手下落,勾尖向后;眼看左手(见图8-167)。

④右腿慢慢提起平屈,成左独立式;右勾手变掌,由后下方顺右腿外侧向前弧形摆出,屈臂立于右腿上方,肘与膝相对,手心向左;左手落于左胯旁,手心向下,指尖向前;眼看右手(见图8-168、图8-169)。

图 8-167　　　图 8-168　　　图 8-169

要点:上体要正直,独立的腿要微屈,右腿提起时脚尖自然下垂。
17)右下势独立。
①右脚下落于左脚前,脚掌着地,然后左脚前掌为轴脚跟转动,身体随之左转;同时左手向后平举变成勾手,右掌随转体向左侧划弧,立于左肩前,掌心斜向后;眼看左手(见图8-170、图8-171)。

②同"左下势独立"②解,只是左右相反(见图8-172、图8-173)。

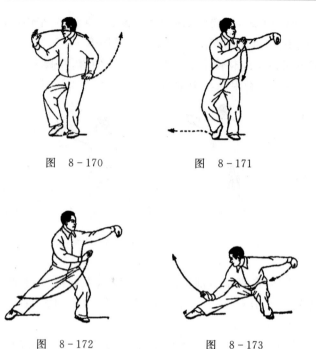

图 8-170　　　　　图 8-171

图 8-172　　　　　图 8-173

③同"左下势独立"③解,只是左右相反(见图8-174)。
④同"左下势独立"④解,只是左右相反(见图8-175、图8-176)。

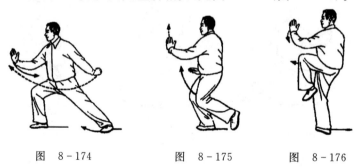

图 8-174　　　图 8-175　　　图 8-176

要点:右脚尖触地后必须稍微提起,然后再向下仆腿。其他均与"左下势独立"相同,只是左右相反。

(7)第七组。

18)左右穿梭。

①身体微向左转,左脚向前落地,脚尖外撇,右脚跟离地,两腿屈膝成半坐盘

式;同时两手在左胸前成抱球状(左上右下);然后右脚收到左脚的内侧,脚尖点地;眼看左前臂(见图8-177至图8-179)。

②身体右转,右脚向右前方迈出,屈膝弓腿,成右弓步;同时右手由脸前向上举并翻掌停在右额前,手心斜向上;左手先向左下再经体前向前推出,高与鼻尖平,手心向前;眼看左手(见图8-180至图8-182)。

图 8-177　　　图 8-178　　　图 8-179　　　图 8-180

③身体重心略向后移,右脚尖稍向外撇,随即身体重心再移至右腿,左脚跟进,停于右脚内侧,脚尖点地;同时两手在右胸前成抱球状(右上左下);眼看右前臂(见图8-183、图8-184)。

图 8-181　　　图 8-182　　　图 8-183　　　图 8-183

④同②解,只是左右相反(见图8-185至图8-187)。

图 8-185　　　图 8-186　　　图 8-187

要点:完成姿势面向斜前方(如面向南起势,左右穿梭方向分别为正西偏北和正西偏南,均约30°)。手推出后,上体不可前俯。手向上举时,防止引肩上耸。一手上举一手前推要与弓腿松腰上下协调一致。做弓步时,两脚跟的横向距离同搂膝拗步式,保持在30 cm左右。

(19)海底针。

右脚向前跟进半步,身体重心移至右腿,左脚稍向前移,脚尖点地,成左虚步;同时身体稍向右转,右手下落经体前向后、向上提抽至肩上耳旁,再随身体左转,由右耳旁斜向前下方插出,掌心向左,指尖斜向下;与此同时,左手向前、向下划弧落于左胯旁,手心向下,指尖向前;眼看前下方(见图4-188、图4-189)。

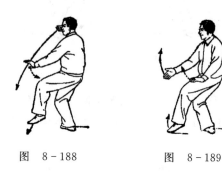

图 8-188　　　　图 8-189

要点:身体要先向右转,再向左转。完成姿势,面向正西。上体不可太前倾。避免低头和臀部外凸。左腿要微屈。

(20)闪通臂。

上体稍向右转,左脚向前迈出,屈膝弓腿成左弓步;同时右手由体前上提,屈臂上举,停于右额前上方,掌心翻转斜向上,拇指朝下;左手上起经胸前向前推出,高与鼻尖平,手心向前;眼看左手(见图8-190至图8-192)。

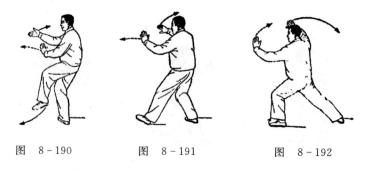

图 8-190　　　图 8-191　　　图 8-192

要点：完成姿势上体自然正直，松腰、松胯；左臂不要完全伸直，背部肌肉要伸展开。推掌、举掌和弓腿动作要协调一致。弓步时，两脚跟横向距离同"揽雀尾"式（不超过10 cm）。

(8) 第八组。

21) 转身搬拦捶。

①上体后坐，身体重心移至右腿上，左脚尖内扣，身体向右后转，后身体重心再移至左腿上；同时右手随转体向右、向下（变拳）经腹前划弧至左肋旁，拳心向下；左掌上举于头前，掌心斜向上；眼看前方（见图8-193、图8-194）。

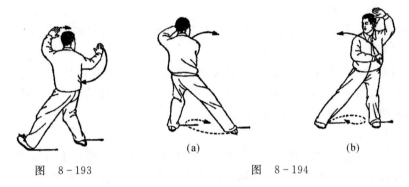

图 8-193　　　　　　　　　图 8-194

②向右转体，右拳经胸前向前翻转撇出，拳心向上；左手落于左胯旁，掌心向下，指尖向前；同时右脚收回后（不要停顿或脚尖点地）向前迈出，脚尖外撇；眼看右拳（见图8-195、图8-196）。

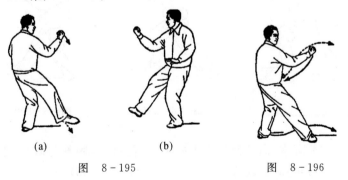

图 8-195　　　　　　　　　图 8-196

③身体重心移至右腿上，左脚向前迈一步；左手上起经左侧向前上划弧拦出，掌心向前下方；同时右拳向右划弧收到右腰旁，拳心向上；眼看左手（见图8-197、图8-198）。

图 8-197　　　　　图 8-198　　　　　图 8-199

④左腿前弓成左弓步,同时右拳向前打出,拳眼向上,高与胸平,左手附于右前臂里侧;眼看右拳(见图8-199)。

要点:右拳不要握得太紧。右拳回收时,前臂要慢慢内旋划弧,然后在外旋停于右腰旁,拳心向上。向前打拳时,右肩随拳略向前引伸,沉肩垂肘,右臂要微屈。弓步时,两脚横向距离同"揽雀尾"式。

22)如封似闭。

①左手由右腕下向前伸出,右拳变掌,两手手心逐渐翻转向上并慢慢分开回收;同时身体后坐,左脚尖翘起,身体重心移至右腿;眼看前方(见图8-200至图8-202)。

图 8-200　　　　　图 8-201　　　　　图 8-202

②两手在胸前翻掌,向下经腹前再向上、向前推出,腕部与肩平,手心向前;同时左腿前弓成左弓步;眼看前方(见图8-203至图8-205)。

要点:身体后坐时避免后仰,臀部不可凸出。两臂随身体回收时,肩肘部略向外松开,不要直着抽回。两手推出宽度不超过两肩。

图 8-203　　　　图 8-204　　　　图 8-205

23) 十字手。

①屈膝后坐,身体重心移向右腿,左脚尖内扣,向右转体;右手随着转体动作向右平摆划弧,与左手成两臂侧平举,掌心向前,肘部微屈;同时右脚尖随着转体稍向外撇,成右侧弓步;眼看右手(见图 8-206、图 8-207)。

②身体重心慢慢移至左腿,右脚尖里扣,随即向左收回,两脚距离与肩同宽,两腿逐渐蹬直,成开立步;同时两手向下经腹前向上划弧交叉合抱于胸前,两臂撑圆,腕高与肩乎,右手在外,成十字手,手心均向后;眼看前方(见图 8-208、图 8-209)。

图 8-206　　　　图 8-207　　　　图 8-208

要点:两手分开和合抱时,上体不要前俯。站起后身体自然正直,头微向上顶,下颏稍向后收。两臂环抱时须圆满舒适,沉肩垂肘。

24) 收势。

两手向外翻掌,手心向下,两臂慢慢下落,停于身体两侧;眼看前方(见图 8-210 至图 8-212)。

要点:两手左右分开下落时,要注意全身放松,同时气也徐徐下沉(呼气略加长)。呼吸平稳后,把左脚收到右脚旁,再走动休息。

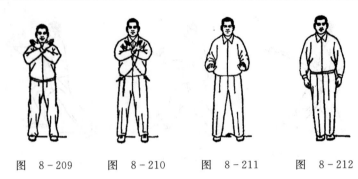

图 8-209　　图 8-210　　图 8-211　　图 8-212

第二节　跆拳道

一、跆拳道简介

跆拳道起源于朝鲜半岛,是一项利用拳和脚进行搏击的对抗性运动。它通过竞赛、品势和功力检验等运动形式使练习者增强体质,掌握技战术,并养成坚忍不拔的意志品质。跆拳道是一项能强身健体又能防身自卫的传统搏击术,又是一项新兴的集健身、竞技、娱乐为一体的最佳武术运动。它集生物力学、东方哲学、医学、伦理学为一体,进入体育化、制度化、科学化、具体化的发展阶段,以技击格斗为基础,以修身养性为核心,以磨炼人的意志,振奋人的内在精神气质,培养练习者良好的礼仪道德为目的,将人类生存意识通过躯体表现出来。

跆拳道中:跆(TAE),意思是脚的蹬踢、跳跃;拳(KWON),是指用拳、掌击打的进攻或防御;道(DO),则是一种方法一种结合。"跆拳道"就是一种脚手并用的技击格斗方法。跆拳道的定义是通过身体及精神上的训练,使人的肉体及精神达到完美的结合,为正当防卫而科学地运用身体一切可以利用的部位进行防守和反击的方法与技术。

跆拳道就是赤手空拳,利用手和足的打击进行防卫。它的发展是人类生存意识发展的缩影,是人类搏击运动文化的一种重要形式,被称为"东方崇高坚韧的强身武术",并发展成为"世界第一搏击运动"。

二、跆拳道的作用

跆拳道具有防身健身、修身养性、娱乐观赏等多方面的作用,是人们增强体质,培养意志品质的一种较好的手段。

(一)改善和增强体质

跆拳道的技术动作由全身协调配合,主要通过各种各样的腿法来表现。它能很好地促进人体的力量、速度、灵敏、耐力协调等全面身体素质的发展,具有强身健体的作用。由于运动员在比赛和平时训练中要经常临场应变技战术,或是快速进攻,或是主动后撤,或是腾空劈腿,或是后踢接后旋腿,这对提高神经中枢的灵活性,提高神经中枢协调支配各器官的能力,起着良好的作用。

(二)提高防身与自卫的能力

跆拳道运动紧张激烈,对抗性极强,可使人强壮筋骨,提高各关节的灵活性及肌肉的伸展性和收缩能力,提高人的速度、反应、灵敏、力量和耐力素质,提高人体内脏器官的机能和人体神经系统的灵活性,增强人体的击打和抗击打能力。通过攻防练习,可以学习掌握实用技击术和防身自卫的能力,为保护自身安全和维护社会正义学习真正的本领。

(三)磨炼意志,培养高品格的修养

跆拳道推崇"礼始礼终"的尚武精神。其宗旨是礼义廉耻,忍耐克己,百折不挠。跆拳道的训练,可以培养练习者坚忍不拔、勇敢无畏、顽强坚毅的意志品质,尤其讲究未曾学艺先学礼,未曾习武先习德,使练习者从开始就养成谦逊、宽容、礼让的高尚品德和尊师重道、讲理守信、见义勇为的情操,以有益于社会。

(四)娱乐观赏

跆拳道是一项很具有观赏性的运动项目。在功力检验中,运动员轻松击破木板、砖瓦使人为之惊叹。而竞赛跆拳道则是两人激烈的对抗,双方选手斗智斗勇,比赛中常有的凌空飞腿和组合腿法令人眼花缭乱,具有极高的观赏价值。

观赏竞技,享受击打艺术的美感,跆拳道比赛或实战时,双方腿法技术在对抗中高来低往,表现得淋漓尽致,不仅给人以美的享受,还能激发人的斗志,鼓舞人奋发向上的精神,陶冶人的道德情操,使人在欣赏的同时潜移默化地受到良好的意志品质教育。

三、跆拳道基本技术

(一)拳

在竞赛跆拳道中主要有正拳(也称平冲拳或直拳),在品势中则有正拳、勾拳、锤拳等。

1. 正拳

将手的四指并拢并握紧,拳面要平,然后拇指压贴于食指和中指的第二指节上。使用正拳时用拳的正面的食指和中指部分击打(见图 8-213)。

2. 勾拳

握法同正拳。使用时用食指和中指关节根部的突出部分击打(见图 8-214)。

3. 锤拳

握法同正拳。使用时用小指和手腕间的肌肉部分击打(见图 8-215)。

图 8-213　　　　图 8-214　　　　图 8-215

4. 平拳

向前平伸拳,然后把手指的第二指节弯曲,指尖贴紧手掌,拇指弯曲紧贴食指尖,用第二指尖击打(见图 8-216)。

5. 中突拳

中指或食指从正拳的握法中突出,主要是击打太阳穴和两肋部(见图 8-217)。

6. 肘部

用肘的鹰突关节攻击,只局限于在品势中使用(见图 8-218)。

图 8-216　　　　图 8-217　　　　图 8-218

(二)脚部和膝部

跆拳道比赛中,运动员主要以腿攻为主,所采用的脚的部位是脚面、足刀、脚尖和脚跟。

1. 脚面

用脚的正面部分攻击对方,主要用来踢击对方髋部关节以上、锁骨关节以下被护具包围的部位和头部的侧面剖面(见图 8-219)。

2. 足刀

用脚外沿侧蹬对方,多用于侧、推踢(见图 8-220)。

图 8-219　　　　图 8-220

3. 脚尖

主要用脚趾前端的部位攻击对方。

4. 脚跟

主要用脚跟后踢和推踢对方(见图 8-221)。

5. 脚前掌

主要用于前脚掌攻击对方,多用于劈腿(见图 8-222)。

6. 膝部

用膝盖顶击对方,只局限于在品势中使用(见图 8-223)。

图 8-221　　　图 8-222　　　图 8-223

四、准备姿势和步法

(一)准备姿势

准备姿势也称实战姿势或预备姿势,是竞赛跆拳道比赛中双方开始的基本站立姿势。准备姿势应便于进攻和防守反击以及步法的移动。

1. 动作过程

(1)两脚开立与肩同宽,两臂垂于体侧。

(2)左脚或右脚向另一脚的前方迈出,两脚相距前后站立,使身体侧对对方,同时两手半握拳,沉肩、两臂屈肘自然垂放(左脚在后是左架准备姿势,右脚在后是右架准备姿势)。

(3)重心落在两脚之间,膝部略弯曲,眼睛平视对方面部,下颚微收(见图8-224)。

图 8-224　　　图 8-225　　　图 8-226

2. 动作要领

(1)两臂所放位置不是固定的,也可以一臂垂下或两臂都垂下(见图8-225)。

(2)两脚之间的距离和重心的高低可根据具体情况进行调整,原则上是在移动时能最快调整好身体的重心。

(3)若重心下降,大小腿之间的夹角几乎等于90°时,则为低位准备姿势(见图8-226)。

(二)基本步法

准备姿势的基本步法,是指在准备姿势站立后,向不同方向移动的方法。

在跆拳道技术体系中,步法是其中重要的一环,尤其在运动员刚开始接触跆拳道这项运动时,要用较多的时间来进行专门的步法练习。由于竞赛跆拳道规则的限制,在比赛中运动员主要是用腿攻击和防守反击,因此运动员的步法是否灵活,在一定程度上决定了他的进攻和防守或反击是否能够达到目的,这也使得步法训练在跆拳道训练中占据着重要地位。

1. 上步

(1)动作过程:右架准备姿势(以下简称"右架")站立,右脚向前上一步,成为左架准备姿势(以下简称"左架")。反之左架亦然(见图 8-227)。

(2)动作要领:上步时通过向左拧腰转髋完成,两臂在体侧自然上下移动,重心不要上下起伏过大。

图 8-227　　　　　　　图 8-228

(3)实战使用:上步时,常用于逼迫对方后撤,或引诱对方进攻,而当对方使用上步时,自己可立即使用进攻技术攻击对方。

2. 后撤步

(1)动作过程:右架站立,左脚向后撤一步,成为左架准备姿势,反之左架亦然(见图 8-228)。

(2)动作要领:后撤步时重心保持平稳的移动,通过向左拧腰转髋完成,两臂在体侧自然上下移动。

(3)实战使用:后撤步时,常用在对方使用前横踢时,当对方准备继续进攻时,可用前腿的侧踢或鞭踢或劈腿阻击对方。

3. 前跃步

(1)动作过程:右架站立,两脚同时向前跃进一步,保持右架准备姿势,反之左架亦然(见图 8-229)。

(2)动作要领:向前跃步时,重心不宜起伏过大,尽量使重心平稳移动,两脚稍离即可。

(3)实战动作:前跃步时,常用在快速接近对方以使用横踢或劈腿等进攻动作;当对方前跃步时,可使用前腿的劈腿或后腿或后旋腿迎击对方,但有时对方使用前跃步是为了引诱自己,反击后要调整重心时再进攻得点。因此,此时自己可随之后撤一步而不被对方所利用。

图 8-229　　　　　图 8-230

4. 后跃步

(1)动作过程:右架站立,两脚同时向后回撤一步保持右架准备姿势,反之左架亦然(见图 8-230)。

(2)动作要领:向后回撤时,重心不宜起伏过大,尽量使重心平稳移动,两脚稍离地即可。

(3)实战使用:后跃步常用在对方进攻,自己需要快速与对方拉开距离时,此时由于自己有一个向后撤的惯性,再用进攻的动作就有一定的难度,一般是使用迎击动作如后踢或后旋踢等。因此若对方使用后跃步时,自己要防止对方的阻击动作;如果自己使用组合动作,在对方后跃步时,自己一般使用侧踢、推踢或外摆劈腿等动作。

5. 原地换步

(1)动作过程:右架站立,两脚原地前后交换成左架,反之左架亦然(见图8-231)。

(a)　　(b)

图 8-231

(2)动作要领:重心不宜起伏过大,尽量使重心平稳移动,两脚稍离地即可。

(3)实战使用:原地换步常用在对方与自己是闭式站位,自己为了与对方形成开式站位用以更有利地击打对方胸腹部时,或原地换步时,可利用此时机抢攻得点。

6．侧移步(左右移步)

(1)动作过程:第一种步法是以前脚为轴,后脚向左(右)侧方向移动,用以改变与对方的站位方向(见图 8-232);第二种步法是右架站立,右脚先向右(或向左)侧移动一步,随之左脚也迅速向右(向左)侧移动一步(见图 8-233)。

图 8-232　　　　　　图 8-233

(2)动作要领:一般是将身体重心移向前脚,以利于后腿攻击。

(3)实战使用:主动进攻时,对方反应速度快,则使用向一侧移动侧移步,诱使对方来不及调整身体重心而不能很好地反击。或是当对方进攻,自己不向后撤,而使用移步与对方贴近使用进攻动作。

7．垫步

(1)动作过程:右架站立,右脚向左脚内侧上步,同时左腿迅速抬起以便进攻和防守(见图 8-234)。

(2)动作要领:右脚垫步时,左脚要迅速提起,重心落在右脚上,右膝微屈。

(3)实战使用:使用垫步,主要是在主动进攻时用前腿攻击对方。

图 8-234

(三)准备姿势和步法的练习步骤

(1)练习左架准备姿势。

(2)练习右架准备姿势。

(3)练习左架与右架之间的原地换步。

(4)练习上步和后撤步(左架与右架都要练)。

(5)联系前跃步和后跃步。

(6)练习侧移步。

(7)练习连续向前跃步和连续向后跃步。

(8)练习连续侧移步。

(9)练习(左架)左脚先上步接右脚后撤步。

(10)练习(右架)右脚先上步接右脚后撤步。

(11)练习垫步。

(12)练习连续垫步。

(13)几种步法熟练后,可组合起来练习。

(14)结合教师的手势或声音信号练习。

(15)两人配合练习,一人进攻步法,一人防守或反击步法。

(16)将两人以上的步法组合起来练习。

(17)结合横踢、后踢等动作练习步法。

五、基本腿法

(一)横踢

横踢是跆拳道比赛中最为常用的动作之一,也是运动员得分的主要技术。

1. 动作过程

(1)右架站立,重心移至左腿(见图8-235(a))。

(2)提起右大腿同时髋部略向左转,膝盖朝前,大小腿折叠,脚面绷直(见图8-235(b))。

(3)继续将右大腿向前提高,左脚向外侧转动,右腿快速鞭打踢出小腿,膝盖朝向左侧(见图8-235(c)(d))。

(4)用脚面击打对方胸腹部和面部及两肋部(或是所有被护具包围的部位,以下同)。

(5)击打后,右脚自然落下成左架(见图8-235(e)),然后后撤右脚,还原成右架准备姿势(见图8-235(f))。

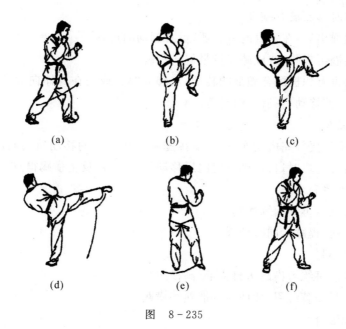

图 8-235

2.动作要领

(1)横踢与前踢类似,区别在于横踢腿的膝盖方向在击打的一刹那,是瞬间转髋朝向对方的腹部,而前踢腿的膝盖方向是向前上方。

(2)提起右腿时,两大腿内侧之间的距离应尽量小,即右腿尽量直线出击。

(3)为保持重心,躯干稍向后倾以配合快速转髋。

(4)击打时脚面稍绷直,但踝关节要放松。

(5)小腿弹出后,在弹直的一刹那,要有一个制动的过程,使脚面产生鞭打的效果。

(6)提膝应尽量随着转髋同时进行,不能完全转髋后再提膝,这样会造成膝盖过早偏向左侧。

(7)左脚应积极配合髋部的转动,转动时可稍有一点掂起。

(8)用横踢主要攻击对方胸腹部和面部及两肋部。

3.易犯错误与纠正

(1)右腿上提时没有直线向前上方提膝。

(2)躯干后倾,上体前压,使腿的长度没有被充分利用。

(3)大小腿折叠回收不够,击打力度不够。

(4)击打时脚面没有绷直。

(5)小腿弹出后,在弹直的一刹那,没有制动的过程。

(6)先转髋再提膝,造成膝盖过早偏向右侧。

(7)左脚没有积极配合髋部的转动,左脚太"死"或是在身体向前移动时,支撑腿没有配合向前移动,在后面"拖"着。

4. 反击横踢

按照横踢的要领完成动作,只是支撑腿随身体重心的移动轨迹向后或向斜后方移动,当对方进攻时,自己则迅速向后移动重心,使用反击横踢得点。

5. 练习步骤和方法

(1)待熟练后再开始练横踢。

(2)提后腿(提膝),同时转髋。

(3)弹出小腿。

(4)熟练后可练习横踢击打头部(高横踢)。

(5)左右架交替练习,使两腿都能熟练横踢。

(6)脚靶配合练习。

(7)高横踢击打脚靶。

(8)两人一组,交替进行横踢的护具练习。

(9)结合步法移动(前进、后撤、侧向移动)进行横踢的练习。

(10)练习反击横踢。

(二)后踢

后踢是跆拳道比赛中最为常用的动作之一,也是运动员反击对方进攻的主要技术。

1. 动作过程

(1)右架站立,重心移至左腿(见图8-236(a))。

(2)以左脚尖为轴,左脚外旋,身体向后方转动(见图8-236(b)),同时提起右大腿,使大小腿几乎折叠,脚尖勾起,头部稍向后方转动(见图8-236(c))。

(3)右脚向后平伸后蹬,在蹬直前膝盖稍外翻(向右侧)(见图8-236(d))。

(4)用脚跟部位打击对方腹部和胸部。

(5)击打后,右脚自然落下成左架,然后后撤右脚,还原成右架准备姿势(见图8-236(e))。

第八章　武术　跆拳道

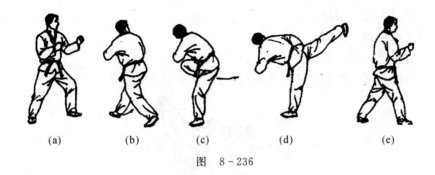

(a)　　　(b)　　　(c)　　　(d)　　　(e)

图 8-236

2. 动作要领

(1)身体向右后方向转动时,同时要快速提起右膝。

(2)转到背朝对方时要制动,同时右脚后蹬,此时身体不应再有转动,膝盖此时的方向应与左腿膝盖方向一致。

(3)在提起右腿时,两大腿内侧之间的距离应尽量小,即右腿"擦"着左腿起腿。

(4)身体转动时,头部配合同向转动。

(5)为保持重心,躯干在向下弯曲的同时可稍挺胸。

(6)动作熟练时,转身与后蹬应是同时进行的。

(7)最后再练习后踢击头(高后踢)。

(8)左脚应积极配合髋部的转动,调整好身体重心。

(9)由于对方进攻常常是侧向,后踢的方向应在正前方稍偏向右侧。

(10)用后踢主要攻击对方的胸腹部、头部和两肋部。

3. 易犯错误与纠正

(1)身体转到背后朝对方时没有制动,身体继续转动,腿不是直线向后踢出。

(2)在提起右腿时,右腿没有"擦"着左腿起腿。

(3)身体转动时,头部配合同向转动,但肩和上体不应跟着转动,否则容易被对方反击。

(4)转身与后蹬没有同时进行,动作不连贯。

(5)右脚没有积极配合髋部的转动。

4. 反击后踢

按照后踢的要领完成动作,只是支撑腿向前跳,当对方进攻时,自己则迅速向前移动身体,使用反击横后踢得点。目的是与对方拉开距离,实际是后跃步加后踢。

5. 练习步骤

(1)开始练习时可手扶支撑物,体会后蹬的感觉。

(2)练习转身同时提膝。
(3)平伸后蹬。
(4)进行完整的后踢动作练习,采用固定靶练习。
(5)熟练后可练习后踢击打头部(高后踢)(见图8-237)。

图 8-237

(6)左架右架都可以同时练习。
(7)练习反击后踢。
(8)用沙袋进行后踢的练习。
(9)同伴手持脚靶,进行反应靶练习(见图8-238)。
(10)护具,进行反应护具的练习。

图 8-238

6.战术训练方法

(1)在对方横踢时用后踢反击;甲乙右架闭式站立,乙方使用横踢进攻甲,甲立即转身使用后踢反击乙(见图8-239)。

(2)在对方使用前横踢时用后踢反击;甲乙双方右架闭式站立,乙方使用前横踢进攻甲,甲立即快速转身使用后踢反击乙(见图8-240)。

(3)先用假横踢调动对方,趁对方进攻横踢时使用后踢反击:甲乙双方右架闭式站立。甲使用后腿横踢假进攻乙,乙后撤一步然后用横踢进攻甲时,甲趁势使用后踢反击乙(见图 8-241)。

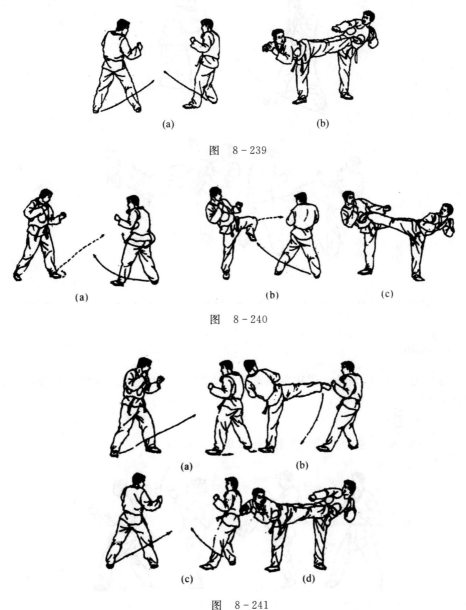

图 8-239

图 8-240

图 8-241

(4)在对方使用双飞踢时用后踢反击:甲乙右架闭式站立,乙方使用双飞踢进攻甲,甲立即转身使用后踢反击乙(见图 8-242)。

图 8-242

(三)劈腿

劈腿也称下劈,是跆拳道比赛中常用的动作之一,也是进攻和反击对方进攻的主要技术。

1. 动作过程

(1)右架站立,重心先移至左腿(见图8-243(a))。

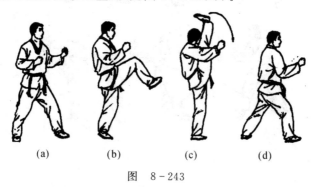

图 8-243

(2)提起右大腿,同时略转髋向左并向上送髋,使右腿膝盖与胸部尽量贴近,身体重心向上(见图 8-243(b))。

(3)右脚高举过头,右腿伸直贴近上体,上体保持正直或稍前俯,重心向上(见图 8-243(c))。

(4)右脚脚面稍绷直,右腿快速下压(如刀劈木块一样)用脚掌或脚后跟下砸对方的头部,身体重心前移至右腿上,身体要稍后仰来控制重心。

(5)击打后,右脚自然落下成左架,然后后撤右脚,还原成右架准备姿势(见图 8-243(d))。

2. 动作要领

(1)劈腿与中国武术的正踢腿相似,区别在于劈腿稍有一点转髋,并且提腿向上时,要向上积极送髋,大小腿之间也可有一定的弯曲度。

(2)在下劈时,身体重心向前移。

(3)上提右腿脚面不需要绷直,应自然放松,而下劈腿时要稍绷直。

(4)也可直接用前腿(左腿)使用劈腿,右脚进行跟步(即随着身体重心向前移动而向前跳动)。

(5)左脚应积极配合身体的向前移动,调整好身体重心。

(6)在练习时,也多采用如武术中的外摆腿和里合腿的劈腿方法,只是在下落时向前方劈下,分别称为外摆劈腿(由内向外摆)和内摆劈腿(由外向内摆)。

(7)在实际比赛中,自己使用劈腿,对方往往会头部向后移动来躲避,此时有经验的运动员常常会在下劈时距离对方面部很近时,有一个向前的蹬踏动作,就好像腿又长了一截似的,使对方躲闪不及而被击中面部,这要求使用者要有较好的柔韧性和控制腿的力量。

3. 易犯错误与纠正

(1)起腿高度不够。

(2)支撑腿没有积极配合身体向上和向前移动,"拖"在后面。

(3)下劈时,没有控制好重心,而使重心前压过多。

(4)上体过于后仰,使得下劈力量不足。

4. 腾空劈腿

(1)动作过程:左架准备姿势站立,先将身体重心移至左腿,右腿提膝向上,身体向上跃起,同时左脚蹬地起跳腾空,左脚使用劈腿的技术向前击打对方面部。

(2)动作要领:腾空劈腿常常用在对方处在中远距离时,要求两臂有力上摆,配合右腿上提和左脚蹬地而使身体迅速腾空,主要攻击对方面部。

(3)易犯错误与纠正:上体在提膝腾空时就过于后仰或是举腿高度不够,使劈腿时下劈力量不足。

5.练习步骤

(1)开始练习时可扶物先练习提膝和上举腿。

(2)练习下劈腿的动作。

(3)完整练习劈腿动作。

(4)练习外摆腿和内摆腿的劈腿动作。

(5)左架右架都可以同时练习。

(6)练习腾空劈腿。

(7)用脚靶进行劈腿的固定靶和反应靶的练习(见图 8-244)。

图 8-244

6.战术训练方法

(1)对方横踢时用劈腿反击。甲乙双方右架闭式,乙方用横踢进攻甲,甲立即使用劈腿反击乙的头部(见图 8-245)。

(2)在分开时使用劈腿。在比赛中双方在一个回合交战后贴在了一起,在要分开的一刹那用劈腿技术攻击对方(见图 8-246)。

图 8-245

(3)用横踢调动对方,再用劈腿攻击。甲乙右架闭式站立,甲方先用横踢假进攻先调动乙,乙后撤步使用横踢反击甲,甲则立即用劈腿攻击乙的头部(见图

8-247)。

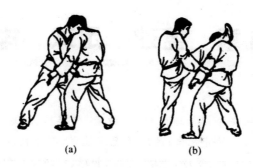

图 8-246

图 8-247

思考题八

1. 武术运动具备哪些特点?
2. 武术的基本步法和手型有哪些?
3. 太极拳理论中所谓"内""外"各指的是什么?
4. "内外合一""形神兼备"的练功方法对人体有哪些作用?
5. 跆拳道的基本技术有哪些?

第九章 篮球 足球 排球

本章摘要：本章主要介绍篮球的移动、投篮、传接球、运球、持球突破、防守对手、抢篮板球、进攻配合、防守配合；足球的无球技术、有球技术、进攻战术、防守战术；排球的准备姿势和移动、发球、垫球、传球、扣球、拦网阵容配备形式、进攻阵容、进攻打法等内容。通过学习，学生应了解篮球、足球、排球运动的基本技术；了解三大球运动的基本战术；掌握和规范运动技术，并通过理论学习提升篮球、足球、排球运动的鉴赏能力。

第一节 篮 球

一、篮球的基本技术

篮球技术是篮球比赛中为了一定的目的而采用的各种专门动作方法的总称，它分为进攻和防守两大部分，共同构成篮球比赛的基础。进攻技术有传球、接球、运球、持球突破、投篮等。防守技术有防守对手、抢球、打球、断球、盖帽等。在攻防技术中还含有移动和抢篮板的技术。

（一）移动

移动是运动员在篮球比赛中为了控制自己的身体和改变位置、方向、速度，争取高度所采用的各种脚步方法的通称。

1. 移动技术

移动有起动、跑（变速跑、变向跑、侧身跑、后退跑）、跳（双脚起跳、单脚起跳）、急停、跨步、转身（前、后转身）、滑步（侧滑步、前、后滑步）、后撤步、交叉步、攻击步和碎步等。下面介绍几种主要的移动技术。

变向跑（以从右向左变向为例）：最后一步屈膝着地的同时，脚尖和膝关节指向跑动方向，并以右脚前脚掌内侧用力蹬地，加快腰部扭转，上体向左前倾，转移重心，左脚向左前方跨出一小步，并用力蹬地，右脚迅速向左侧前跨出一大步，继续加速跑动。

侧身跑：在跑动时，头部和上体向来球的方向扭转，同时侧肩，脚尖对着跑的方向。做到既保持跑速，又要注意观察场上的情况。

跨步急停：在快速跑动中采用急停时，先向前跨出一大步，用全脚掌抵住地面，迅速屈膝，同时身体稍向后倾；转移重心，然后再跨出第二步，脚着地时，脚尖稍向内转，用脚掌内侧蹬地，屈膝，身体稍侧转，上体微向前倾，重心在两脚之间，两臂自然张开，帮助控制身体平衡。

跳步急停（一步急停）：队员在急停时，用单脚或双脚稍向前起跳，上体稍后仰，两脚平行或前后同时落地，略宽于肩，屈膝，用前脚掌内侧蹬地，两臂屈肘微张，维持平衡。

后转身：转身时两膝微屈，上体稍前倾，重心移至中枢脚，以中枢脚前掌为支点，跨步脚的前脚掌向后蹬地，身体向后转动，保持重心平衡，转身后重心在两脚之间。

侧滑步：由两脚平行站立姿势开始，向左侧滑步时，左脚向左（移动方向）迈出的同时，右脚蹬地滑行，跟随左脚移动，并保持屈膝降低重心的姿势，上体微向前倾，两臂张开，抬头注视对手，向右侧滑步时则动作相反。要保持重心低，身体不要上下起伏。

后撤步：撤步时，用前脚掌内侧蹬地，加上腰部用力向后转动，同时后脚碾地，前脚后撤，紧接滑步，保持防守姿势，身体不起伏。

攻击步：攻击步时，后脚要猛力蹬地，前脚突然迅速向前跨向对方。落地时重心偏在前脚上，前脚同侧手前伸做干扰和抢截性防守动作。

2.移动技术的练习方法

原地放松跑、高抬腿跑、小步跑等，听信号进行变向跑、变速跑、侧身跑和后退跑，再进行各种急停和转身练习。

在场内利用线、角、圈等标记做变向、急停、转身和起跳等综合练习。

慢跑、中速跑中做跨步急停和跳步急停练习。

运球中听信号做急停急起练习。

两人一组，一人运球，一人做防守滑步，运球者不停改变方向，防守者不断做滑步、后撤步、交叉步等步法练习。

两人一组，一人持球做跨步、转身、瞄篮、运球等动作（速度由慢到快），另一人相应做防守步法和动作（后撤步、攻击步等移动练习）。

三人成等边三角形站立传球（相距5～6m），一人在中间随传球的方向做侧滑步、侧身跑、后退步、后撤步以及急停等步法移动，与另两位传球者交换练习。

3.移动易犯的错误及纠正方法

在移动练习中,不能随时保持基本站立姿势,重心过高,甚至两腿直立。纠正方法:加强腿部和腰部的力量练习,强化低重心移动的基本姿态练习,一般采取跳台阶、下蹲跳、跳和跑练习,在固定高度设障碍物进行移动练习等。

徒手或运球做变向跑、急停和急停起跳时,往往不能控制重心,前冲力量过大,造成带球跑或撞人犯规。纠正方法:在教学中,抓住脚掌蹬地、脚的放置部位、膝的跪撑和指向、上体和腰髋的配合等技术要点,做到脚、膝、上体三个部位的动作协调配合(急停时上体稍后仰)。

(二)投篮

投篮是队员根据人体运动的科学原理,运用正确的身体姿势和手法,将球从篮圈上面投入球篮的各种动作方法的总称。投篮命中得分累计的多少决定比赛的胜负。

1.投篮技术

投篮的动作方法很多,按照持球的方法不同,可分为双手投篮和单手投篮两大类。在这两类投篮中,依据投篮前球置于身体的不同部位,可分为胸前、肩上、头上等各种动作方法;按运动员投篮时移动的形式,可分为原地、行进间和跳起投篮;依照投篮的距离,可分为近、中、远距离投篮;从投篮入篮的形式,又可分为碰板投篮和不碰板(空心)投篮等。

以下分别介绍几种投篮技术:

(1)原地双手胸前投篮。两脚左右或前后站立,两膝微屈、两脚脚跟略离地面,上体稍向前倾,两手手指自然张开,握球两侧略后的部位,两拇指相对成"八"字形,掌心空出,持球于胸前、屈肘靠近身体。投篮时,两脚蹬地身体伸展,同时两臂向前上方伸出,拇指向前上方用力推送,手腕稍外翻,使球从拇指、食指、中指指尖投出,球向后旋转飞行(见图9-1)。

图 9-1

(2)原地单手肩上投篮(以右手为例)。两脚开立,两膝微屈,身体重心在两脚之间,上体稍前倾,右手翻腕托球于右肩上,手指自然张开成球面,掌心不要贴球,球的重心要落在中指和食指之间,左手帮助扶在球的侧下部,右肘自然下垂,腕关节放松。随着下肢蹬地的同时,右臂向前上方伸展,手腕前屈,手指拨球,将球柔和地送出(见图9-2)。

图 9-2

(3)行进间单手肩上投篮(以右手为例)。向前跑动或运球前进时,右脚跨出一大步的同时接球,接着左脚跨出一小步并用力蹬地起跳,举球于肩上,当身体接近最高点时右臂向前伸直,手腕前屈,食、中指用力拨球,通过指端投出(见图9-3)。

图 9-3

(4)行进间单手低手投篮(以右手为例)。在跑动中接球或运球突破上篮时,应先跨右脚接球或拿球,接着第二步左脚起跳,左脚跨的步子稍小一些(已能掌握基本动作者,其左脚跨出的步子大小,可根据对方防守的情况和进攻的需要选择),

右腿屈膝上抬,身体上升到最高点时,右臂向上伸或向前上方伸,掌心向上,用手指和手腕的力量,将球上拨。

(5)二步急停起跳投篮(以右手为例)。左脚先着地,保持微屈,持球于腹前,然后右脚迅速向前跨出半步,成两脚自然半蹲开立姿势,重心在两脚之间,接着两脚用力蹬地起跳,两手迅速举球于右肩上,腰、腹用力,保持身体平衡,当身体接近最高点处于稳定的一刹那,迅速向上伸臂,用右手的手腕和手指的力量将球投出。

(6)一步急停起跳投篮(以右手为例)。接球或拿球时,向前或向上跳步双脚同时落地,一步急停,双膝微屈,重心在两脚之间,双手持球于腹前,双脚用力蹬地起跳。同时双手迅速举球于右肩上,腰、腹用力,保持身体平衡。当身体接近最高点处于稳定的一刹那,迅速向上伸臂,用右手手腕和手指的力量将球投出。

2.投篮技术的练习方法

(1)徒手做各种投篮动作的模仿练习。

(2)靠近墙站立,单手高举对墙拍球,做投篮的手形和手法练习。

(3)两人一组一球,相对站立,相互做各种投篮练习。

(4)原地站立在球篮的不同角度和位置连续做各种投篮练习。

(5)(半场)拿固定球做行进间单手肩上或行进间单手低手投篮练习。

(6)半场行进间运球或接传球、单手肩上和单手低手投篮。

(7)行进间运球急停、原地或跳起单手肩上投篮。

(8)行进间接传球急停、原地或跳起单手肩上投篮。

(9)做各种动作的传切投篮。

(10)做掩护跑篮与策应跳投。

3.投篮技术易犯的错误及纠正方法

投篮的技术错误,如掌心没有空出,五指没有自然分开,肘关节外展,球出手后手指没有展开,指尖末梢拨球形成抓拳动作。纠正方法:加强正确概念的讲解,反复看正确的示范,体会动作要领,强化手形和手法练习,如对墙高举拍球,反复多次地做徒手练习,持球投篮后不准看球是否进篮,而只看手形是否正确。

跳起投篮时,收腹、收腿、出手时机掌握不好。纠正方法:反复做徒手模仿练习,体会跳投动作节奏,起跳用力,空中放松,掌握在稳定的刹那间投球出手的时机。两人一组,相距三四米,持球做原地跳投动作,体会腾空出手时机,要求不收腹和不收腿。

(三)传、接球

传球是篮球比赛中进攻队员有目的地转移球的方法,也是队员之间配合和组成进攻战术的纽带。

1. 传、接球技术

传球的种类很多,可分双手传球(胸前、头上、低手、反弹)、单手传球(肩上、胸前、体侧、低手、反弹、勾手、背后)。以上各种传球可在原地、行进、跳起时(除反弹传球外)进行。

下面介绍几种常用的传球技术:

(1)双手胸前传球。持球时,两手五指自然分开,拇指相对成"八"字形,用指根以上部位握球的两下方,掌心空出,两臂自然弯曲于体侧,将球置于胸前。肩、臂、腕肌肉放松,两眼注视传球目标,身体成基本姿势。传球时,后脚蹬地,身体重心前移,同时两臂前伸,手腕由下向上翻转,同时拇指用力下压,食、中指用力弹拨,将球传出。出球时手心和拇指向下,其余手指向前。特点是准确有力,便于同投篮、突破等动作结合运用(见图9-4)。

图 9-4

(2)双手头上传球。双手举球于头上,两肘弯曲,持球手法与双手胸前传球相同。传球时,前臂内旋,手腕前屈,拇指、食指和中指用力拨球,若传球距离较远,脚要蹬地,腰腹用力,前臂迅速前摆配合手指、手腕将球传出。这样传球的特点是传球出手点高,便于和头上投篮结合,高大的队员在内线策应时运用较多(见图9-5)。

(3)单手肩上传球(以右手为例)。原地右手肩上传球时,两脚前后开立,左脚在前,侧对传球方向,右手肩上托球于头侧,掌心空出,以转体、挥臂、甩腕以及手指拨球的力量将球传出。其特点是传球力量大、速度快、距离远(见图9-6)。

(4)单手体侧传球(以右手为例)。两脚开立,两腿微屈,双手持球于胸前。传球时左脚向左跨步的同时将球移至右手引到身体右侧,出球前一刹那,持球手的拇指在上,掌心向前,手腕后屈,出球前臂向前做弧线摆动,当球摆过身体右前方时,迅速收前臂,用手腕、手指的力量将球传出。特点是隐蔽、动作快而幅度小(见图9-7)。

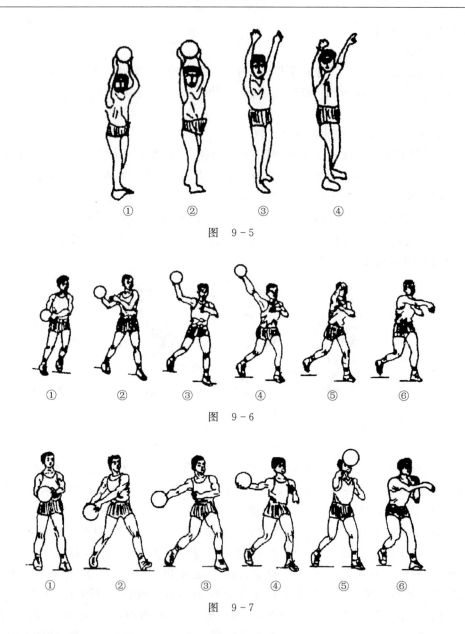

图 9-5

图 9-6

图 9-7

(5)反弹传球。方法很多,如单、双手胸前,单手体侧,单手背后等反弹传球,都可通过地面反弹传球给同伴。所以动作方法与各种传球相同,但运用反弹传球时要掌握好球的击地点,一般应在传球者距离接球者 2/3 的地方。如防守自己的对手距离自己较远,而传球的距离又较近时,可向防守者的脚侧击地传出。球弹起的高度一般在接球人的腰部为宜。

2. 传、接球技术的练习方法

(1)两人一组一球,相距 3~5m,做各种传接球练习。

(2)四角传球,相距 5~7m,用两个球做各种快速传球练习。

(3)三人一组,其中两人相距 5~7m 站立,采用各种不同的方法传球,另一人居中间防传球,要求传球者尽量将球躲避防守者传出去。

(4)2~3 人一组,全场行进间传球练习,主要采用双手胸前和单手体侧传球。

(5)两人一组,结合瞄篮、突破等假动作做单手体侧、双手头上、反弹给中锋传球练习。

(6)三人绕"8"字传球练习(全场行进间传球)。

3. 传球技术易犯的错误及纠正方法

(1)双手胸前传球易犯的错误。持球方法不正确,用手掌握球,指端没贴住球;肩、腕关节紧张;传球时两肘外展;伸臂和翻腕动作脱节形成挤球;两臂用力不均匀;全身动作配合不协调。纠正方法:学生做好持球准备姿势后,由教师的两手上下握球,让学生做传球时腕翻转和指拨球的动作,使学生从中体会动作方法,并多做徒手模仿练习。

(2)单手肩上传球易犯的错误。传球时臂、肘外展,或传球时不以肘领先带动小臂摆甩和扣腕,指拨动做传球,形成推铅球式传球;腕指控制球能力差使球落点不准。纠正方法:重复讲解,示范单手肩上传球的动作顺序,加强传球时肘关节领先。针对传球时前臂和腕指动作的错误,可采用各种单手传球的徒手练习和利用小球练习传球体会动作,以及其他腕、指专门性练习,提高腕、指灵活性和力量,增强控制球的能力。

(3)反弹球易犯的错误。传球时用前臂甩球,或两肘外张用力推挤球,球的击点不合适。纠正方法:可重复做单、双手平传球练习。针对击地落点不准的错误,进行两人用反弹通过防守的练习,体会球的击地点。

(4)双手接球易犯的错误。接球手形不正确,手指朝前,拇指向上,形成由两侧或上下去捂球或挟球;伸臂迎球时臂、腕、指紧张,引球动作不及时。纠正方法:多做自抛自接练习,养成张手、伸臂迎球和及时屈肘引臂的习惯。

(四)运球

持球队员在原地或移动中,用单手连续按拍和进行从地面反弹起来的球叫作运球。运球是个人进攻的重要手段,也是全队组织进攻的桥梁。

1. 运球技术

运球技术动作较多,可分为原地运球(高运球和低运球),行进间运球(变高度——高运球、低运球;变方向——体前变向换手运球、体前变向不换手运球、背后运球、胯下变向运球、运球转身;高速度——急停急起运球、快慢结合运球)。下面介绍几种主要运球技术。

(1)原地运球。两膝弯曲,两脚左右或前后开立,上体稍前倾,重心落在前脚掌上。拍球时,以肘关节为轴,五指自然分开,掌心内凹,用手指、手腕和前臂的力量,柔和地随球上下按拍球。要注意用异侧臂保护球。其特点是稳,易观察场上情况。

(2)行进间直线运球。向前运球时,上体稍向前倾,按拍球的后上方,跑动的步法要与球弹起的高度、速度协调一致。手臂的动作与原地运球相同。其特点是运球速度快。

(3)运球急停急起。可用两步急停,两腿屈膝前后开立,跨出第一步时,身体稍后仰。同时,按拍球的上方,降低球的反弹高度,使球在原地反弹,同时降低身体的重心,用腿和异侧臂护球。急起时,拍球的后上方。身体重心移至前脚掌,同时后脚迅速蹬地跨出超越防守者,迅速向前推进。特点是动作突然,起动快,线路多变,攻击力强,易摆脱防守。

(4)体前变向换手运球。右手运球向左侧做变向时,右手拍球的右侧上方,使球从右侧反弹向左侧,同时右脚向左侧前方跨步,侧右肩向前,并迅速用左手拍球的正后方继续运球前进。左手运球向右变向时,则与右手动作相反。特点是便于结合假动作,变化突然,易造成防守者错误判断,伺机运、传、投球。

(5)运球后转身。身体左侧对防守者,左脚在前做中枢脚,右手左右后侧运球或向后运球,同时做后转身,换左手拍球的后上方运至左侧,右脚落地贴近防守者的右侧(脚尖向前),然后运球继续前进。特点是转身时便于保护球,改变球的路线,幅度大,攻击力强,灵活多变。

2. 运球技术的练习方法

(1)原地做高、低运球,变向运球,胯下运球,背后运球等练习。

(2)行进间直线运球,变换方向运球,运球后转身,运球急停急起等练习。

(3)两人一组,一运一防,运球队员可采用各种运球技术突破防守。

(4)半场区内,做运球后转身,变向运球等动作,并结合投篮进行练习。

(5)在规定的范围内,每人一球,在自己一边控制球的情况下,一边去打抢别人的球。相互不许犯规。

3. 运球技术易犯的错误及纠正方法

(1)用手掌拍击球。主要原因是运球手形和最后对球加力部位不对,缺少迎、送球动作。纠正方法:强调运球手法,徒手做模仿练习,反复练习手、臂迎送动作;单手举球到头前侧上方,用手腕前屈、后仰和手指拨球动作连续对墙运球练习。

(2)控制不住球。主要原因是按、拍球的部位,手指手腕动作和加力不对,以及球的落点不适当等。纠正方法:讲解产生错误的原因,进行正确示范,反复进行按、拍球的动作练习。

(3)直线做运球时带球跑。主要原因是按、拍球与脚步动作配合不协调。纠正方法:多做原地碎步跑运球和慢速行进中运球的练习,熟练后再提高移动速度。

(4)低头运球。主要原因是上体过于前倾,不能保持基本姿势;手对球控制能力差。纠正方法:让学生目视教师手势进行运球,也可戴遮视线的"眼镜"进行运球练习。

(五)持球突破

持球突破是持球队员运用脚步动作与运球技术相结合的快速超越对手的一项攻击性很强的进攻技术。

1. 持球突破技术

持球突破技术主要由脚步动作、转体探肩、放球和加速几个技术环节所组成,它可分为交叉步突破、顺步(同侧步)突破、前转身突破和后转身突破。现介绍前两种技术。

交叉步突破(以从防守队员左侧突破为例)。突破时,用脚掌内侧向左后方用力蹬地,迅速向防守人左侧跨出一大步,同时弯腰屈膝,上体右转探肩,贴近对手身体;在右脚离地前,用右手立即将球拍至左脚右侧前方;右脚迅速蹬地跨步,加速超越对手。特别是与假动作配合,容易迷惑防守者,造成真假不分,以假乱真,迫使对手错判犯规等。

同侧步(顺步)持球突破(以从防守队员左侧突破为例)。突破时,用左脚掌内侧用力蹬地,右脚迅速向对手左侧跨出一步,同时上体稍后转,左肩下压,用右手放球于右脚侧前方,左脚迅速蹬跨步抢位,用右手推球,加速超越对手。特别是突破时动作幅度大,容易见机行事,摆脱防守者。

2. 持球突破技术的练习方法

(1)原地持球做瞄篮或假动作后接交叉步和顺步突破练习。

(2)自己抛球后接球急停做交叉步和顺步突破练习。

(3)接传球急停后做交叉步和顺步突破练习(从无防守到有防守练习)。

(4)一攻一守,进攻者每次接防守者的传球急停后做交叉步和顺步突破练习。

3. 突破技术易犯的错误及纠正方法

突破时双脚移动和中枢脚离地过早。

纠正方法：讲解规则要求，明确中枢脚概念，剖析造成原因，进行正确示范；做针对性练习，如两脚开立，足踵稍提起，做身体重心向左、右脚转移练习；基本姿势站立，做向左、右侧前跨步，再还原成基本姿势的反复练习；在慢速中做持球突破练习，逐步提高突破的速度。

跨步时身体挺直或远离防守。纠正方法：针对错误讲解跨步时转体探肩的目的和作用，明确跨步方向和身体姿势，并进行正确示范；多做模仿练习；要使学生明确，它是持球突破技术动作过程的一个环节，不能有意停顿。

放球位置不对，被防守队员打掉。纠正方法：讲解突破时持球移动的路线、放球时间、球的落点和反弹高度等方面的要求。应强调指出适宜的落点应该是便于保护、控制球和加速超越对手。进行正确示范；教师防守，让学生反复试做。

(六)防守对手

防守技术是队员在防守时，为了阻挠和破坏对手的进攻，达到夺球反攻的目的所采取的各种专门动作的总称。

个人防守技术是一项综合的技术动作。个人防守技术分防守无球对手(防原地摆脱、防纵切、防横切、防底线)和防守有球对手(防投篮、防突破、防运球、防传球)。

1. 防守无球队员

主要任务是不让或少让对手在有效的攻击区去接球，尽可能抢断、干扰传过来或传越自己防区的空中球或低滚球。动作要领：防守离球较近的对手时，防守者面对对手，身体侧向球站立，近球侧的手臂前伸干扰对手的接球路线，脚步随球的变化灵活移动，时刻注意堵截对手，不让对手摆脱自己，与同伴协防和抢断球；防距离球远的对手时，身体侧向对手站立，人球兼顾，随球的转移而变换步法和方位，随时准备进行协防和抢断球。

2. 防守有球队员

主要任务是尽力干扰和破坏对手投篮，堵截对手运球突破，封锁对手助攻传球，并积极地抢、打、断球，力争获得控制球权。动作要领：对手接到球后，防守位置应立即调整到对手与球篮之间。对手离球篮近，则防守者离对手也近，反之则远。要根据对手的技术特点、意图或战术意识随时调整位置，以防不测。平步防守(即两脚分开平行站立)面积大，便于横向滑动，两臂侧举有利防守球和突破对手；斜步防守(即两脚分开前后斜步站立)，一手臂斜上伸，另一手臂侧伸，有利于防守能切入的对手。防守时,要善于判断对手的真假动作,不轻易起跳上当,要伺机进行抢、打、断球,争取转防为攻。

3.防守对手技术的练习方法

(1)防守无球队员的练习方法。

1)两人一组,一攻一防:攻方做向左右突破的跨步动作,守方练习撤步堵截,逐渐加快速度。

2)在一定区域内进行脚步动作练习。

3)防空切练习。选择正确的防守位置进行阻截,并不让或在限制区内接球。

4)防溜底线摆脱练习。摆脱者面向篮下站在底线一侧,防守者背向篮防守摆脱者,防守者利用合理的防守动作,不让对方从底线空切和接到传来的球。

(2)防守有球队员的练习方法。

1)一对一练习。一人持球进攻,一人防守。进攻队员开始先做准备投篮和突破的动作,让防守队员练习防投、防突的上步、撤步及扬手等动作,然后进攻队员积极进攻,增加防守队员练习的难度。

2)二对二练习。进攻队员可以进行传、突、投、空切等动作,防守队员根据对手持球或不持球的情况进行积极防守。

4.防守对手易犯的错误及纠正方法

(1)防无球队员易犯错误。

1)视野范围小,不能人球兼顾。纠正方法:检查矫正防守站立姿势和角度,进行有助于扩大视野的基本功练习。练习防无球队员时,球与对手之间的距离和角度逐步加大。

2)防守的姿势高,重心不稳,移动步法乱。纠正方法:反复进行短距离防守移动,变换步法练习,要求低重心,保持身体平衡。多做各种一对一徒手追拍游戏,提高变方向移动的灵活性,简化防守练习形式,限制进攻者的移动路线和范围。

3)手臂动作运用不当,或手臂动作紧张僵硬,缺乏断球意识。纠正方法:练习抢位堵截对手接球时,教师有意识地向防守人传球,诱导防守者随时注意断球。

(2)防有球队员时易犯的错误。

1)防守中脚步移动慢,当对手由无球到有球时,防守不能及时到位,或对持球者不敢逼近。纠正方法:强调防守时注意力集中。教师组织二对二、三对三的练习时,要求进攻者固定位置传球,强调防守者随球转移及时调位,做到球到手人到位,球传出立即后撤,人球兼顾,增强防有球,无球的转换意识。

2)防中投和突破时,身体重心不稳,手脚配合不协调,易受对手假动作迷惑。纠正方法:简化练习方法,要求进攻者协助防守者练习,并检查防守者的动作和反应。进攻的动作由慢到快,由单一到结合,逐步增加练习难度。

3)防运球时脚步移动慢,不敢贴近对手,用手臂拦截代替抢先移动、盲目拍打球。纠正方法:提高脚步移动速度和灵活性。强调防运球时,主要以抢先移动用身体躯干堵截运球。

开始练习防运球时,只要求迅速移动跟防,不准用手打球,以后再提出打球的要求。

4)防中投时不举手干扰封盖或封盖时挥臂幅度过大,造成犯规。纠正方法:强调对方举球投篮时必须扬手干扰,盖帽时要手臂伸展向上起跳封球。提高封盖时的判断能力和跳起时保持身体平衡的能力。

(七)抢篮板球

比赛中双方队员在空间争抢投篮未中的球统称为抢篮板球。进攻队投篮未中,争抢在空间的球,称为进攻篮板球或前场篮板球。对方投篮未中,防守队争抢在空间的球,称为防守篮板球或后场篮板球。抢篮板球是获得控制权的重要来源之一,是攻守转化的关键,也是争取主动、控制高点、战胜对方的重要因素。

1.抢篮板球技术

抢篮板球技术分为抢进攻篮板球和防守篮板球两种。

抢进攻篮板球。当同伴或自己投篮时,处在近篮的进攻队员首先应判断球的反弹方向,然后先向相反方向的侧前方跨步,利用身体虚晃的假动作,诱开身前的防守队员,绕跨挤到对手的前面或侧前方,抢占有利位置,借助跨步或助跑起跳,跳至最高点补篮或抢篮板球。落地时,两膝弯曲,重心落在两脚之间,将球持于胸腹之间,两肘外展。高大队员可将球置于头上,必须衔接其他进攻技术动作。

抢防守篮板球。首先应保持正确的站位姿势,即两膝弯曲,上体稍前倾,重心落在两脚之间,两臂屈肘侧张占据较大的面积。对方投篮出手后,首先应注意对手的动向,并根据当时与进攻队员所处的位置和距离的远近,运用上步、撤步和转身抢占有利位置,把进攻队员挡在身后,与此同时还要判断球的落点准备起跳,起跳时前脚掌用力蹬地,提腰向上摆臂,同时手向球的方向伸展,跳至最高点指端触到球时,用双手、单手抢球或将球点拨给同伴。如果在空中没有传球,落地时应保持身体平衡侧对前插,将球持于胸腹之间或头上,以便于及时运用传、运、突技术。

2.抢篮板球技术的练习方法

(1)徒手模仿练习。

1)徒手原地双脚起跳模仿单、双手抢篮板球动作。

2)结合上步、跨步、转身、滑步等脚步动作,做单、双脚起跳抢篮板球的模仿动作。

(2)两人一组,一人向上抛球,另一人做抢篮板球练习。

(3)三人一组,一人罚球,另外两人在篮下争抢篮板球。

(4)全场三对三攻守练习,教师罚球,学生围绕教师慢跑,球出手后,一直冲抢篮板球,任何一方抢到篮板球,都将球传出重新组织进攻,另一方防守。

3.抢篮板球易犯的错误及纠正方法

(1)易犯的错误。

1)抢篮板球的意识差或挡人抢位不及时。

2)对球反弹的方向、落点判断不准确。

3)起跳过早或过晚,未能在跳至最高点时抢球。

4)抢球时,因手对球的控制能力差,跳起后抢不到球或控球不牢。

5)得球后落地时,身体重心高或重心不稳,影响与其他技术动作的衔接速率。

(2)纠正方法。

1)两人一组,一攻一守,练习抢位,以提高拼抢意识和合理的抢位技术。

2)两人一组,一投一抢,强化对球反弹方向和落点的判断。

3)加强手对球控制能力的辅助练习和弹跳力的练习,提高抢球能力。

4)徒手起跳在最高点做抢球动作,体会改进空中抢球的时间,落地时屈膝降低重心,要求保持身体平衡。

5)采用自抛自抢,体会抢球动作、抢球时间和得球后落地动作。

二、篮球的战术基础配合

战术基础配合是两三人之间有目的、有组织、合作行动的方法。它包括进攻与防守两个部分,是组成全队攻守战术的基础,也是培养运动员篮球意识的重要手段。

(一)进攻基础配合

进攻基础配合是指两三名进攻队员,为了创造投篮机会,合理运用技术而组成的合作方法。

1.配合方法

进攻基础配合包括传切配合、突分配合、掩护配合和策应配合。现分述如下:

(1)传切配合指进攻队员之间利用传球和切入技术所组成的简单配合。

示例一:如图9-8所示,⑤传球给④后,立即摆脱对手❺向篮下切入,接④的回传球投篮。

示例二:如图9-9所示,④传球给⑤,⑥立即摆脱对手❻向篮下切入,接⑤传来的球投篮。

传切配合的要求是切入队员要根据情况掌握切入时机,果断、快速摆脱对手切入篮下,并注意接同伴的传球。传球队员要利用瞄篮、突破、运球或假动作吸引、牵制对手,当切入队员摆脱对手处于有利位置时,应及时、准确地将球传给切入队员。

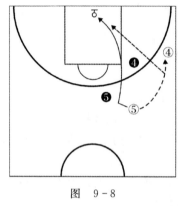
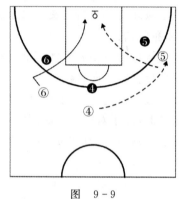

图 9-8　　　　　　　　　　　图 9-9

(2)突分配合,指有球队员持球突破后,主动地或应变地利用传球与同伴配合的方法。

示例:如图9-10所示,⑤从防守者的左侧突破,❹协防,封堵⑤向篮下突破的路线,此时④及时跑到有利的进攻位置,接⑤的球投篮或做其他进攻配合。

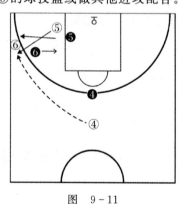

图 9-10　　　　　　　　　　图 9-11

突分配合的要求是,突破动作要突然、快速,在突破过程中,要随时观察场上攻、守队员行动和位置的变化,既要做好投篮的准备,又要及时、准确地传球给同伴。其他进攻队员要掌握时机及时跑到有利于进攻的位置上接球。

(3)掩护配合,指掩护队员采用合理的行动,用自己的身体挡住同伴的防守者的移动路线,使同伴借以摆脱防守,或利用同伴的身体和位置使自己摆脱防守的一种配合方法。

1)前掩护是掩护队员站在同伴防守者的前面,用身体挡住防守者向前移动的路线,使同伴借机摆脱防守接球进行攻击的一种掩护方法。如图 9-11 所示,⑥跑到❺的前面给⑤做前掩护,⑤利用掩护拉出,接④传来的球投篮或做其他攻击动作。

2)侧掩护指掩护队员站在同伴防守者的侧面,用身体挡住防守者的移动路线,使同伴得以摆脱防守的一种掩护方法。

示例:给持球队员做侧掩护。如图 9-12 所示,⑤传球给④后跑到❹的侧面做掩护,④接球后做投篮或突破的动作,吸引❹的防守,当⑤到达掩护位置时,④持球从❹的右侧突破投篮。⑤掩护后及时移动到有利的位置去接球或抢篮板。

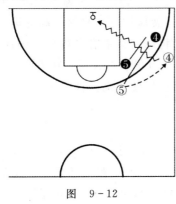 

图 9-12　　　　　　　　　图 9-13

3)后掩护:指做掩护的队员站在同伴防守者的身后,挡住防守者向后移动的路线,使同伴借以摆脱防守的一种掩护方法。

示例:给无球者做后掩护,如图 9-13 所示,⑤传球给⑥,④给⑤做后掩护,⑤做向左切入假动作吸引❻的防守,突然变向从右侧利用④的掩护,切入篮下接⑥传来的球投篮,也可拉到场角接⑥的传球投篮或做其他进攻动作。

(4)策应配合,指进攻队员背对篮或侧对篮接球,由他做枢纽,与同伴空切相配合而形成的一种里应外合的方法。

示例一:如图 9-14 所示,④摆脱防守插到罚球线做策应,⑤将球传给④并立即空切篮下,接④的策应传球投篮。

示例二:如图 9-15 所示,④传球给策应者⑤并从⑤身边切入篮下,⑥从底线下压后绕出,⑤可将球传给④篮下进攻或传给⑥外围投篮,也可自己进攻。

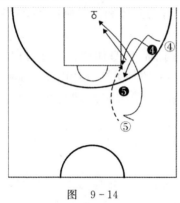
图 9-14

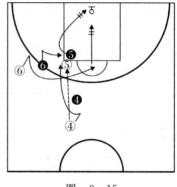
图 9-15

策应配合的要求是:策应者要及时抢位接球。接球后,两脚开立,要用手臂、身体、腿部挡住防守者,两手持球于胸前,两肘外展保护球。身材较高的策应者可将球持于头上,要随时观察场上情况,以便及时将球传给最有利进攻的同伴,注意自己的攻击机会,根据攻防的实际情况,处理好内外结合的关系。在策应过程中要用转身、跨步、假动作及时调整策应的方向、位置,以便协助同伴摆脱防守,增加策应的变化与成功率。

2. 进攻基础配合的教学方法

(1)传切配合练习。如图 9-16 所示,分成两队用一个球练习。⑤将球传给移动上来的④后立即切入,④接球后做投篮、突破假动作,然后传球给⑤上篮。⑤抢篮板,把球传给④后站在⑥的后面。⑦移动接④传来的球,④立即切入。依次练习。练习要求:传球队员传球后切入动作要突然,用侧身跑,并以手示意要球。传球队员要做假动作,用余光看切入的同伴。

(2)突分配合练习。如图 9-17 所示,④在突破运球过程中分球给突然插入罚球区的⑥,然后快速从左侧跑到⑦的队尾。⑥接球后传球给⑤,然后跑到⑤的队尾,⑤突破分给⑦,依次进行练习。此练习可以不同位置向篮下突破,传球给切入篮下队员或外围队员。

(3)掩护配合练习。队员分为两组,如图 9-18 所示,⑦给④做掩护,④向篮下切入,⑦同时转身跟进切入。相互交换位置,依次进行练习。

(4)应配合练习。队员分两组,如图 9-19 所示,一组做策应者,一组做传球者。⑦到罚球线后做策应,接⑥的传球后向⑥切入方向做传球的假动作,然后把球传给⑧,传球后跑到④的后面,⑥跑到⑧的后面。

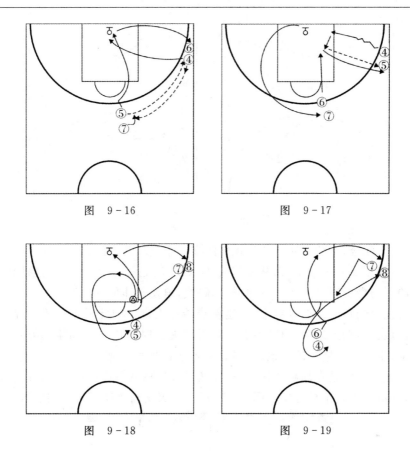

图 9-16　　　　　　　　图 9-17

图 9-18　　　　　　　　图 9-19

(二)防守基础配合

防守基础配合,是指两三名防守队员,为破坏对方进行配合,或当同伴防守出现困难时,及时互相协作行动的方法。

1.配合方法

防守基础配合包括"关门"配合、夹击配合、补防配合、挤过配合、穿过配合和交换防守配合。现分述如下:

(1)"关门"配合。"关门"是两个防守队员靠拢协同防守突破的配合方法。

示例:如图9-20所示,当⑤从正面突破时,❹、❺与❺、❻进行"关门"配合。

"关门"配合的要求是,防守队员应积极堵住进攻者的突破路线;临近突破一侧的防守队员要及时向同伴靠拢进行"关门",不给突破者留有通过的空隙。"关门"配合也运用于区域联防。

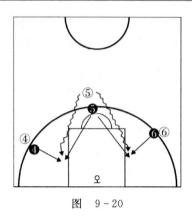
图 9-20

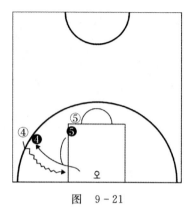
图 9-21

(2)夹击配合,指两个防守队员积极防守一个进攻队员配合的方法。

示例:如图 9-21 所示,❹从底线突破,❹封堵底线,迫使❹停球,❺同时向底线迅速跑去与❹协同夹击❹,封堵其传球路线,迫使其违例或失误。

夹击配合的目的是造成对手 5s 违例或传球失误。因此要正确地掌握夹击的时机和区域。行动要果断,出其不意。在形成夹击时要用身体和腿部限制进攻队员的活动,用手臂封堵传球或接球,但要防止不必要的犯规。

夹击配合一般是在局部地区,对持球队员或运球队员停球后进行;在对方掷界外球时,亦可两人夹击接应者。图 9-22 所示是夹击持球队员最有利的区域。

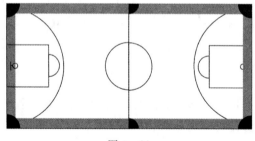
图 9-22

(3)补防配合,指防守队员在同伴漏防时,立即放弃自己的对手,去补防那个威胁最大的进攻者,而与漏人的防守队员及时换防的一种协同防守方法。

示例:如图 9-23 所示,⑤传球给④,突然摆脱❺的防守直插篮下,此时❻放弃⑥的防守补防⑤,❺去补防⑥。

补防配合的要求是,动作要迅速、果断、及时。漏防队员要积极补防,其他防守队员要密切注意场上情况,及时调整防守位置,随时注意补防和断球。

第九章　篮球　足球　排球

（4）挤过配合，是破坏掩护配合的积极有效的方法之一。防守者在掩护队员临近自己时，要积极向前跨出一步，贴近自己的防守对手，从掩护者前面挤过去，继续防住自己的对手。

防守掩护队员的同伴，要及时呼应，并配合行动，以备补防。

示例：如图9－24所示，④传球给⑤后跑去给⑥做掩护，❹发现后要提醒同伴❻注意。❻在④临近的一刹那，迅速抢在④之前继续防守⑥。

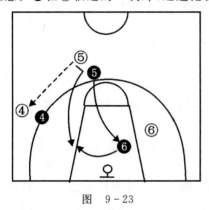

图 9－23

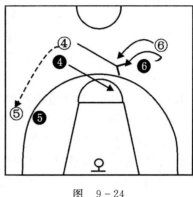

图 9－24

挤过配合的要求：挤过时，要贴近进攻者，上前侧抢步动作要及时、突然、有力。发现对方掩护，一定要提醒同伴。选择好有利的协防位置，密切注意两个进攻者的行动，及时做好补防。

（5）穿过配合，指破坏掩护配合，及时防住自己对手的一种配合。当进攻队员进行掩护时，防守去做掩护的队员要及时提醒同伴并主动后撤一步，让同伴及时从自己和掩护队员之间穿过，以便继续防住各自的对手。

示例：如图9－25所示，⑤传球给⑥后去给④做掩护，❹要提醒同伴，并离⑤远一点。❹当⑤掩护到位前一刹那主动后撤一步，从⑤和❺中间穿过，继续防守④。

穿过配合的要求：防守掩护的队员及时提醒同伴并主动让路，穿过队员要迅速穿过，并调整防守位置的距离。穿过配合，一般在无投篮威胁时运用。

（6）绕过配合，指破坏对方掩护配合及时防止自己对手的一种配合。当进攻队员进行掩护时，防止做掩护的队员主动贴近对手，让同伴从自己的身旁绕过，继续防住各自的对手。

示例：如图9－26所示，⑥传球给⑤并去给他做掩护，⑤传球给④后利用⑥的掩护向篮下切入，❺从❻和⑥旁绕过。

— 237 —

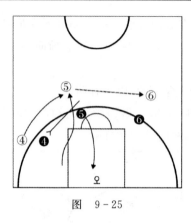
图 9-25

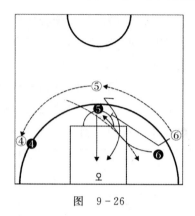
图 9-26

绕过配合的要求是,防守掩护者要及时提醒同伴,并贴近自己的对手,绕过队员要及时调整位置、距离,继续防住对手。

(7)交换配合,为了破坏进攻队员的掩护配合,防守队员之间彼此及时地相互呼应交换自己所防守的对手的一种配合方法。

示例:如图 9-27 所示,⑤去给④做掩护,❺要主动发出换人信号,及时封堵④向篮下突破的路线,此时❹应及时调整自己的防守位置,防止⑤向篮下空切。

交换防守配合的要求:交换防守时,防守掩护者的队员要主动发出换人信号,双方准备换防。两防守队员要到位交换,及时换防。运用交换防守后,应在适当时机再换防,以免在个人防守力量对比上失利。

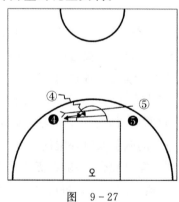
图 9-27

2.防守基础配合的教学方法
(1)"关门"配合练习。
练习一:如图 9-28 所示,半场二对二,④突破时❺协同❹进行"关门",若④传球给⑤时，❺迅速回防⑤。⑤突破时❹协同❺进行"关门"。反复练习到一定次数后攻守相互交换。

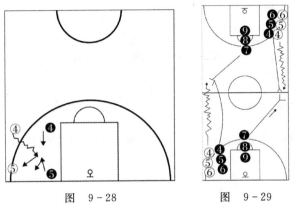

图 9-28　　　　　　　图 9-29

(2)夹击与补防配合练习。

练习一：如图 9-29 所示，④沿边线运球前进，❹在④的侧前半步防守，控制其运球行进的速度和方向。当④运球刚刚过中场线时，❼及时而迅速地上去迫使④停球并与❹一起夹击④。两组可以同时练习。队员按逆时针换位。

练习二：队员四人一组，二攻二守，如图 9-30 所示，④传球给⑤，❺迫使⑤向场角运球，❹及时上去和❺一起形成对⑤的夹击，封阻其将球给④的路线，造成其 5s 违例。练习若干次后攻守交换。

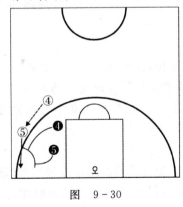 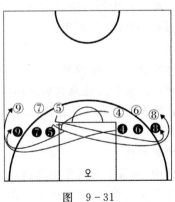

图 9-30　　　　　　　图 9-31

(3)挤过、穿过、绕过、交换防守等配合的练习方法。

练习一：队员如图 9-31 所示，④给⑤做掩护，❹和❺可根据教师的规定练习挤过、穿过、绕过或交换防守配合。④、⑤和❹、❺相互交换攻守职责，分别站到各组的排尾。依次进行练习。

练习二：在全场三人"8"字运球连续掩护中练习挤过、穿过、绕过或交换防守配合。

第二节 足 球

一、足球的基本技术

足球技术：指运动员在足球比赛中所采取的合理动作的总称，分为无球技术和有球技术两大类。

(一)无球技术

无球技术分为起动、跑、急停、转身、假动作。

1. 起动

足球比赛中的起动是多种多样的，有静止时起动、慢跑时起动等。但是，无论在什么情况下起动，都必须在起动时保持身体的低姿势和使重心快速前移，在不影响完成动作的基础上，尽量成直体前倾，以最大的速度破坏身体的平衡，步频要快，步幅要小些，髋、膝、踝三关节充分伸展，同时两臂积极配合。

2. 跑

跑是足球运动中不可缺少的重要的无球技术之一。它分为快速跑、曲线跑、折线跑、侧身跑、插肩跑、后退跑。

3. 急停转身

在足球比赛中，为甩掉对手或不被对手甩掉，需要队员有时在高速度的奔跑中突然停止跑动及突然停止跑动后立即转身或者原地转身改变移动方向。

急停在比赛中大致分为正面急停、转身急停。转身在比赛中大致分为前转身和后转身两类。

4. 身体假动作

在比赛中，为了摆脱对手的紧逼或者为了把对手控制的球夺过来，常常用快速逼真的身体虚晃动作，使对手产生错误的判断，做出错误的行动或动作，而达到自己的预定目的。

(二)有球技术

有球技术分为踢球、停球、顶球、运球、抢截球、假动作、掷界外球、守门员技术。

1. 踢球

踢球是运动员有目的地用脚的某一部位把球击向预定的目标,是足球技术中最为主要的技术,在比赛中运用得最多。踢球时因脚触球部位不同分为脚内侧踢球、脚背正面踢球、脚背内侧踢球、脚背外侧踢球,还有脚尖、脚跟踢球等。踢球主要用于射门和传球。

(1)脚内侧踢球,分为踢定位球、空中球、蹭球等。下面介绍一种基本的脚内侧踢定位球技术。

脚内侧踢定位球:直线助跑,支撑脚踏在球的侧方15 cm左右处,膝关节微屈,在支撑脚着地的同时,踢球腿以髋关节为轴由后向前摆动。在前摆过程中屈膝外转,使脚内侧正对击球方向,小腿加速前摆,脚尖稍翘起,脚掌与地面平行,用脚内侧部位推送或敲击球的后中部(见图9-32)。

图 9-32

易犯的错误:

1)踢球腿膝盖外转不够;脚尖没有翘起。

2)摆腿动作太紧张,成直腿扫球动作。

3)踢球脚脚掌内翻。

(2)脚背正面踢球,分为用脚背正面踢定位球、空中球、反弹球及倒勾球等。下面介绍一种基本的脚背正面踢定位球技术。

脚背正面踢定位球:直线助跑,最后一步稍大并要积极着地,支撑脚踏在球的侧方10～12 cm处,脚尖正对出球方向,膝关节微屈;踢球腿是在支撑脚前跨和助跑的最后一步蹬离地面时,顺势向后摆起,小腿弯曲。在支撑脚着地的同时,以髋关节为轴,大腿带动小腿由后向前摆。膝盖摆至接近球的正上方刹那,小腿做爆发式前摆,脚背绷直,脚趾扣紧,以脚背的正面击球的后中部。踢球腿随球继续提膝前摆(见图9-33)。

易犯的错误:

1)支撑脚的位置靠后,造成踢球时身体后仰,踢球的后下部出球偏高。

2)踢球腿前摆时,小腿过早前摆,造成直腿踢球,出球无力。
3)摆腿方向不正。
4)踢球时,因怕脚尖触地,脚背不敢绷直,造成脚趾触球。

图 9-33

(3)脚背内侧踢球,分为脚背内侧踢定位球、过顶球、远距离球或转身踢球等。下面介绍一种基本的脚背内侧踢定位球技术。

脚背内侧踢定位球:斜线助跑,助跑方向与出球方向约成 45°角,支撑脚以脚掌外沿积极着地,踏在球的侧后方 20~25 cm 处。屈膝,支撑脚尖指向出球方向,身体稍向支撑脚一侧倾斜。支撑脚着地同时踢球腿以髋关节为轴,大腿带动小腿由后向前摆。身体转向出球方向,膝盖摆到接近球的内侧正上方的刹那,小腿做爆发式前摆,脚尖稍外转,脚面绷直、脚趾扣紧,脚尖向斜下方,以脚背内侧踢球的后中部(踢高球时,击球的中下部)。踢球腿随球继续前摆(见图 9-34)。

图 9-34   图 9-35

易犯错误:
1)支撑脚的位置偏后,踢球时上体后仰,易把球踢高。
2)踢球脚脚尖外转不够,接触部位不正确。
3)没有直向出球方向摆腿,形成划弧动作,以致出球点偏外。

(4)脚背外侧踢球,分为用脚外侧踢定位球、弧线球和弹拨球等。下面介绍一种基本的脚背外侧踢定位球技术。

脚背外侧踢定位球：助跑、支撑脚的位置和踢球腿的摆动，基本上与脚背正面踢球相同。只是在踢球腿的膝盖摆到接近球的正上方的刹那，小腿做爆发式前摆时，膝盖和脚尖内转，脚面绷直，脚趾扣紧，以脚背外侧部位踢球的后中部。踢球腿随惯性继续前摆（见图9－35）。

易犯错误：

1）踢球时，膝盖和脚尖内转不够，造成接触球部位不正确。

2）支撑脚靠后，造成踢球时身体后仰，踢球的后下部，出球偏高。

2．停球

停球是指运动员有目的地用身体合理的部位，把运行中的球停控在所需要的控制范围内的动作，为更好地传球、运球过人和射门服务。比赛中常用的停球方法有脚内侧停球、脚底停球、脚背正面停球、脚背外侧停球、胸部停球、腹部及大腿停球。

（1）脚内侧停球，分为脚内侧停地滚球、反弹球、空中球等。下面介绍一种基本的停地滚球技术。

脚内侧停地滚球：支撑脚正对来球，膝关节微屈，停球腿屈膝外转并前迎，脚尖稍翘起，脚接触球前的刹那开始后撤，在后撤过程中用脚内侧接触球，把球控制在衔接下一个动作需要的位置上（见图9－36）。

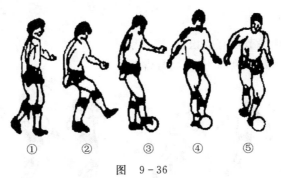

图 9－36

易犯错误：

1）停球脚的踝关节过于紧张，不利于缓冲。

2）停地滚球时，脚离地过高，使球漏过。

（2）脚底停球，分为脚底停地滚球和反弹球。下面介绍一下脚底停地滚球技术。

脚底停地滚球：支撑脚站在球的侧后方，膝关节微屈，脚尖正对来球，同时停球脚提起，膝关节自然弯曲，脚尖翘起高过脚跟（脚跟离地面稍低于球），踝关节放松，用脚前掌触球的中上部(见图 9-37)。

易犯错误：

1)脚抬起过高,用脚点踩球,使球漏过或停不稳。

2)停反弹球时,落点和落地时间判断不准确,使球漏过。

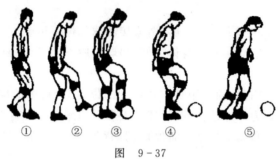

图 9-37

(3)脚背外侧停球,分为用脚背外侧停地滚球和反弹球。下面介绍一下脚背外侧停地滚球技术。

脚背外侧停地滚球：停球脚稍提起,膝关节和脚内转,以脚外侧正对来球,在支撑脚的侧前停球的侧后方。接触球时,要向停球外侧轻拨,把球停在侧前或侧方(见图 9-38)。

易犯错误：

1)停球脚的踝关节没有放松,停球不稳。

2)对球的反弹路线判断不准,将球漏过。

图 9-38　　　　　　　　图 9-39

(4)胸部停球分为挺胸和收胸停球两种。

挺胸停球：面对下落的球,收下颚,两臂自然张开,两脚前后开立,重心落于两脚之间,两膝微屈。球运行至胸部接触前的刹那,挺胸收腹。胸部接触球时,上体稍后仰和挺胸动作使球弹起改变运行路线后落于体前(见图 9-39)。

收胸停球：面对来球，两脚前后开立，两臂自然张开，重心前移，挺胸迎球。球运行至与胸部接触前刹那，迅速收胸收腹挡压球，缓冲球的力量，把球停在身前（见图9-40）。

易犯错误：

1)停球时，球在空中的位置选择不准，未能用正确部位接触球。

2)没有收下颚。

3)收胸停球时，收胸和收腹过晚，未能缓冲来球力量。

图 9-40　　　　　　　　　图 9-41

3. 头顶球

头顶球是运动员在比赛中，为争取时间和取得空中优势用头触击球的动作。可分为前额正面和前额侧面顶球。下面介绍一下前额正面顶球。

前额正面顶球可分为原地顶球、跳起顶球、跑动中顶球和鱼跃顶球。现就前两项动作技术要求做一介绍。

(1)原地前额正面顶球。身体正对来球，两脚前后开立，膝关节微屈，上体稍后倾，重心在后脚上，两臂自然张开，两眼注视来球。球运行到身体垂直部位前的刹那，后脚用力蹬地，重心移至前脚，同时迅速向前摆体，颈部紧张，迅速甩头，前额正面顶球的后中部，上体随球继续前摆（见图9-41）。

(2)跳起前额正面顶球。两腿先屈膝，重心下降，然后两脚用力蹬地向上跳起，同时两臂屈肘上摆，在球上升过程中，挺胸展腹，两臂自然张开，两眼注视来球。在跳到接近最高点，准备顶球时，身体成背弓。当球运行到身体垂直部位前的刹那，快速收腹，体前屈并甩头，用前额正面将球顶出，顶球后，两脚同时自然屈膝落地（见图9-42）。

易犯错误：

(1)顶球时闭眼、缩膝，不敢主动迎击。

(2)顶球点选择不准确，顶不到球或头部蹭到球。

(3)击球用力过早，出球无力。

图 9-42

(4)蹬地、摆体或收腹和颈部紧张动作不一致。在向侧顶球时,蹬地摆体与甩头动作配合不协调。

4. 运球

运球是运动员在跑动中用脚连续拨球,使球处于自己控制范围内的触球动作。在比赛中,运球是运动员控制球和进攻能力的集中体现,是为完成战术配合和个人突破服务的。运球包括脚背外侧运球、脚背内侧运球、脚正面运球、脚内侧运球。下面介绍一下脚背外侧运球和脚内侧运球技术。

(1)脚背外侧运球。跑动时身体放松,上体稍微倾,两臂自然摆动,步幅要小一些。运球脚提起时膝变弯曲,脚跟提起,脚尖稍内转。在迈步前伸着地前,用脚背外侧推拨球(见图 9-43)。

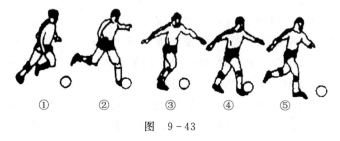

图 9-43

(2)脚内侧运球时,支撑脚稍向前跨,踏在球的前侧方,膝稍弯曲。上体前倾向里转。随着身体向前移动,运球脚提起用脚内侧推球的后中部(见图 9-44)。

易犯错误:

1)只是低头看球,而不能随时观察场上情况,以致不能及时完成传球或射门。

2)运球时不是推拨球而是击球,以致使球失去控制。

第九章 篮球 足球 排球

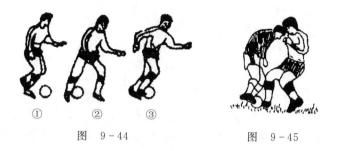

图 9-44　　　　　　　图 9-45

5.抢截球

抢截球是把对手控制的球夺过来,转守为攻,分为抢球和截球。

(1)抢球是在规则允许的条件下,运用各种方法把对方控制的球夺过来,踢出或破坏掉。抢球包括正面抢球、侧面抢球、侧后抢球三种方法。下面介绍一下正面跨步抢球和侧面合理冲撞抢球技术。

1)正面跨步抢球:面向对手,两脚前后开立,两膝微屈,重心下降放在两脚间,在对手运球脚触球后即将着地或刚着地时,支撑脚立即前跨,抢球脚以脚内侧对准球跨出,膝关节弯曲,上体前倾重心移至抢球脚。另一脚立即前跨。如双方脚同时触球时,则顺势向上提拉,使球从对方脚背滚过同时身体重心迅速跟上,把球控制好(见图9-45)。

2)侧面合理冲撞抢球:在与运球者平行跑动或从后面追成平行与对手并肩跑时,身体重心稍下降,同对手接触一侧的臂要贴紧身体。当对手靠近自己一侧的脚离地时,用肘关节以上部位冲撞对手相应部位,使其失去平衡乘机将球控制过来(见图9-46)。

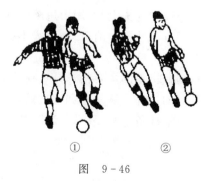

图 9-46

易犯错误:

1)身体重心不能及时移到抢球脚上,抢球脚的踝关节放松,抢球无力。

2）支撑脚没迅速跟上，影响衔接下一个动作。
3）抢球时，运用不合理的冲撞而造成犯规。
4）抢球时机掌握不好，出脚过早或太迟而失误。
5）冲撞时用手或肘、臂推对手，造成犯规。
6）不是在对手靠近自己一侧的脚离地时进行合理冲撞，因而影响效果。

(2) 截球，是把对方队员传出的球堵截住或破坏掉。比赛中要根据临场具体情况，选择恰当的位置。果断、快速地利用踢球、顶球、铲球和停球等技术完成截球。

6. 假动作

假动作是为了隐蔽自己的意图，而运用各种动作的假象迷惑和调动对手，使其产生错误的判断或失去身体的平衡，从而取得时间、位置、距离等有利条件，更好地实现自己的真正意图。

假动作的形式很多，经常使用的有传球射门前、停球前、运球中和过人等。下面介绍一下传球前的假动作技术。

传球前的踢球假动作：预备传球时，如对手迎面跑来抢球时，可先做假踢动作，诱使对手堵截传球路线，然后改变方向传球。

7. 掷界外球

掷界外球是一次很好的组织进攻机会，特别是靠近对方罚球区附近掷界外球，如能掷得既远又准，就有可能获得一次很好的进攻机会。掷界外球有原地掷界外球和助跑掷界外球。

下面介绍一下原地掷界外球技术。

原地掷界外球：面对出球方向，两脚前后或左右开立，膝关节弯曲上体后仰成背弓，双手持球屈肘置于头后。掷球时，脚用力蹬地，两腿迅速伸直快速摆体，同时两臂急速前摆，重心前移。当球摆到头上时，用力甩腕将球掷入场内。掷球时动作要连贯，两臂用力一致。后脚可沿地面向前滑动，两脚不得离地或踏入场内。

8. 守门员技术

守门员是全队最后一道防线，他的主要任务是不让球射入本方球门。同时，守门员要善于观察全局，起到协助指挥全队防守和进攻的作用，并组织发动进攻。

守门员技术包括位置选择、准备姿势、移动、接球、扑球、拳击球、托球、运球、掷球和踢球等。下面就介绍一下准备姿势、接地滚球、接低于胸部的平直球、接高球4种技术。

(1) 准备姿势，两脚左右开立，约与肩同宽，两膝自然弯曲并稍内扣，脚跟稍提起，重心落在前脚掌上，上体稍前倾，两臂于体前自然屈肘，手指自然张开，掌心向下，两眼注视来球（见图9-47）。

(2)接地滚球,分为直腿和单腿跪撑式两种。在直腿接球时,两腿自然并立,脚尖正对来球,上体前屈,两臂迎接来球(见图9-48)。

图 9-47　　　　　　图 9-48

(3)接低于胸部的平直球。身体正对来球,两脚左右开立,上体稍前倾,两臂下垂屈肘前迎,两手小指相靠手掌对球。手触球刹那,两臂后引屈肘顺势将球抱于胸前(见图9-49)。

图 9-49

(4)接高球。确定接球后,迅速移动跳起,两臂上伸迎球,两手拇指成"八"字,手指微屈手掌对球。手腕和手指适当用力将球接住,顺势屈肘、回缩下引并转腕将球抱于胸前(见图9-50)。

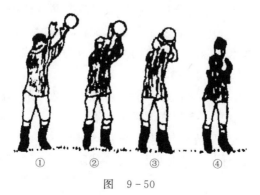

图 9-50

二、足球的基本战术

战术是在比赛攻守过程中,为了战胜对手,根据主客观的实际所采取的个人行动和集体配合的总称。

足球比赛由攻守这对矛盾组成,比赛中进攻与防守不断地变换组成了比赛的全过程。因此,足球战术可分为进攻战术和防守战术两大系统,无论进攻还是防守的战术都包含着个人和集体的战术。足球战术分类见表 9-1。

表 9-1 足球战术分类表

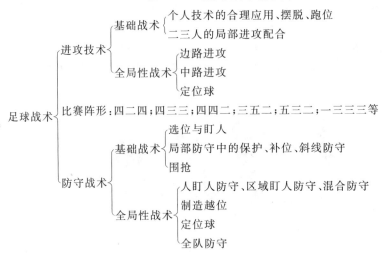

个人技术的合理运用、摆脱、跑位、选位、盯人等都属于个人战术。两人或两人以上的协同配合属于集体战术,个人战术是集体战术的组成部分,集体战术是个人战术的综合,足球比赛要靠集体合作才能完成进攻与防守任务。因此,要以集体配合为主,在进攻与防守中无论多么复杂的战术配合,它总是由个人战术和两三人协同配合所组成,个人战术和两三人的协同配合就成为基础战术,而全队或部分队员的协同配合就形成全队的攻守战术方法。

阵形是战术的组成部分,它使球队能更好地组织攻守战术配合。

在进行练习及训练中,一定要强调以下几点:

进攻:创造和利用空间,传球与跑动,定位球进攻。

防守:限制时间与空间,逼抢与保护,定位球防守。

第九章 篮球 足球 排球

(一)进攻战术

1. 个人战术

摆脱与跑位是队员个人的进攻战术,其目的是为了拉出空当、甩掉防守队员的防守,制造有利的传球位置,为同伴的传球和射门创造有利的条件。

摆脱:

示例一(见图 9-51):反切,⑦向东侧跑去准备接⑥的传球,把防守队员①引诱出来,再突然转身切入,摆脱①防守,这种自己给自己制造空当的方法,对一个跑得快的前锋来说,发挥技术和速度是比较有利的。

图 9-51

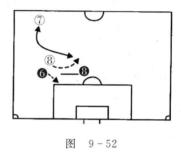
图 9-52

示例二(见图 9-52):先压后回,⑧向前插准备接应⑦的传球,当⑧把防守队员①和①吸引到一起时,便突然转身回跑,摆脱①和①防守接⑦传球。

跑位:

示例(见图 9-53):⑧得球,⑩前跑接应,⑦向侧跑起到扯动的作用,让右后卫②有可以插上的空隙,⑨回跑假作接应,突然反身切入,扯动⑦造成的空当,⑥立即高速切入空当接球,⑩在左边牵制②。

一场 90 min 的比赛,一个队员控球时间一般不超过两分钟,大量的时间都在不断地跑动,由此可见跑位的重要性,如图 9-53 所示中的⑦,他既扯动了①,又接应了⑧,⑨开始回跑既是扯动⑦又是接应了⑧,然后反身切入起到突破作用……

因此有人说,会踢球的人是非常能跑,而且是会跑的人,这句话是有道理的。足球场上情形瞬息万变,所以在跑位和摆脱时应做到:第一,目的明确;第二,机动灵活;第三,摆脱要及时。

2. 两人局部战术(二过一配合)

二过一配合战术是指在局部地区,两个进攻队员通过两次以上的连续传球配合,越过一个防守队员的默契配合行动。

(1)斜传直插二过一(见图9-54):⑧斜回传给⑧,⑩斜线传球,⑪直线插入接球,⑦运球越过①横传给⑨,⑨向前斜传,⑦直线插入接球。

图 9-53

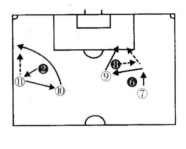

图 9-54

(2)回传反切二过一(见图9-55):⑩回撤迎球,⑪紧逼,⑩回传给⑪并转身反切接⑪传至⑪身后空当的球。

图 9-55

(二)防守战术

1.基础战术

(1)选位与盯人。选位与盯人是防守战术中重要的个人技术。防守队员的位置一般要处于本方球门与进攻队员之间,并且三点应在一直线上,盯人的目的在于阻止对手接球,而且要在对手接球之前或刚接到球的瞬间进行紧逼,在通常情况下,对有球队员及有球队员周围较近队员实行紧逼,而对远离球的队员实行松动盯人战术,盯人防守,既首先要力争断球又不能盲目出击,不能断时,则要靠近对手不让其转身,若转身,则要封堵传球路线,对于防运球过人的对手,关键是不能被对手的假动作所欺骗而身体失去平衡。

对手控球时,不能盲目扑抢,一般采用后撤步来延缓对方速度伺机抢或破坏对手控制的球。

(2)局部的防守配合。

保护与补位是局部地区集体防守的基础,保护是补位的前提,没有保护也不可能有效地补位,队员间距离适当的斜线站位是保护时选位的基本要求,也是后卫线防守站位的基本原则,斜线站位可避免对方突破一点全线崩溃的局面,后卫斜线站位时相互间的纵深距离不能太大,大了就为对方在纵深范围内穿插跑位提供了方便条件,就不会受到越位的限制。

补位是防守队员间协同配合相互帮助的一种方法,补位队员一般都是比被补位的队员更接近本方的球门,这样当同伴被对手突破时就能及时补位。

补位有两种:

一种是队员去补空当(见图9-56),如边后卫插上进攻时,就有其他一个同伴暂时补他的位置,以防插上进攻失误时对方利用这一空当进行反击。

图 9-56

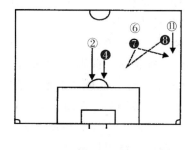

图 9-57

另一种是队员的相互补位,即交换防守(见图9-57),相互补位一般都是临近的两个同伴之间互相交换防守,这样出现漏洞的可能性就小。

2.全局性战术

全局性战术分为人盯人防守、区域盯人防守和混合防守三种,因前两种易出现漏洞,所以这里只介绍当今比赛中使用比较多的混合防守,它是把人盯人防守和区域盯人防守结合起来。一般三个后卫盯人,前锋和前锋区域盯人,拖后中卫(自由人)执行补位任务,根据对方队的具体情况,有时专门指定某一前卫死盯对方某一灵魂人物。

第三节 排 球

一、排球的基本技术

排球技术是指在排球规则允许的条件下,运动员采用的各种合理的击球动作和为完成击球动作所必不可少的与其他配合动作的总称。合理的击球动作指各种直接触球的动作,如发球、垫球、传球、扣球、拦网等技术,这五项基本击球动作又称为有球技术。而各种准备姿势、移动、助跑、起跳、倒地等没有直接触及球的配合动作,又称为无球战术。

(一)准备姿势和移动

在起动、移动和击球前所采用的合理的身体动作或姿势,称为准备姿势。准备姿势的目的既是为了迅速起动和快速移动,同时,也是为了及时助跑、起跳、倒地等完成各种击球动作,保证各项技术动作的规范化,提高技术动作质量。

1. 准备姿势的种类与动作方法

(1)稍蹲准备姿势。两脚左右开立与肩同宽,一脚在前,两膝微屈,身体重心位于两脚之间,并稍靠近前脚,后脚跟稍提起,上体稍前倾,两臂放松,自然弯曲置于腹前。两眼注视球并兼顾场上各种情况,两脚保持微动状态。

(2)半蹲准备姿势。两脚开立略比肩宽,两膝弯曲,脚跟自然提起,上体前倾,重心靠前,膝部的垂直线应在脚尖前面,两臂放松,自然弯曲置于腹前,两眼平视,注意来球,两脚始终保持微动。

(3)低蹲准备姿势。身体重心比半蹲准备姿势更低更靠前,两脚左右、前后的距离更宽一些,膝部弯曲的程度大于半蹲准备姿势。身体重心要更靠前,肩部垂直线过膝,膝部垂直线超过脚尖。两手臂置于胸腹之间。

2. 移动的种类

从起动到制动之间的位移动作称为移动。移动的完整过程包括起动、移动、制动三个环节。起动是移动的开始,它是在准备姿势基础上交换身体重心的位置,破坏准备姿势重心的稳定,使身体便于向某一方向移动步法;移动则是在起动的基础上,利用脚步动作来改变运动员在场上的位置,完成技术动作和战术配合的行动;制动是移动的结束,要及时克服身体的惯性冲力,保持好击球前的身体姿势。

移动的目的是为了及时接近球,保持好人与球的位置关系以便击球,同时也是为了迅速占据场上的有利位置。

(1)并步。两脚前后站立与肩同宽,两膝微屈,上体稍前倾,两手自然放松置于腰腹,并步时,前脚向来球方向跨出一步,后脚迅速蹬地跟上,并做好击球前的姿势。并步的特点是容易保持身体平衡,便于做击球动作。并步可向前、后、左、右各方面移动。

(2)滑步。两脚平行站立。向左滑步时左脚先向左侧迈出一步,右脚同时迅速跟上做滑步动作。滑步移动时身体重心变换快而移动速度较慢,宜在短距离移动中运用,通常在来球距体侧稍远,并步不能接近球时可采用滑步移动接球。

(3)交叉步。两脚左右开立。向右侧交叉步移动时上体稍向右转,左脚从右脚前向右交叉迈出一步,然后右脚先向右侧方向跨出一大步,同时重心移至右脚,身体转向来球方向,保持击球前的姿势。交叉步的特点是步子大,动作快,便于制动。

(4)跨步。跨步时前膝部弯曲,上体前倾,身体重心移至跨出脚上。跨步时,一腿用力蹬地,另一腿向来球方向跨出一大步,而后腿随重心前移自然跟上,两臂做好迎球动作。跨步的特点是,跨距大,便于向前、斜前方降低重心进行低点击球。

(5)跑步。跑步时一脚蹬地起动,另一脚迅速向前跟上,两脚交替进行,两臂配合摆动,不要过早作击球动作的准备,以免影响跑步速度。球在侧方或后方时,应边转身观察球边跑。跑步的特点是移动速度快,便于随时改变方向。

(6)综合步。两种移动步法综合运用称为综合移动步法。例如,跑步移动后接侧滑步,滑步移动后接交叉或跨步移动等。综合步移动法可根据实际需要和具体情况恰当运用。

(二)发球

队员在发球区用一只手将自己抛起的球直接击入对方场区的技术动作称为发球。发球是排球比赛的一项重要的进攻性技术,它随着排球运动的发展而不断地创新与提高。

发球是比赛的开始,也是进攻的开始。准确而有攻击性的发球,不仅可以直接得分或破坏对方进攻战术的组成,还可减轻本方防守压力,为防反攻创造有利条件。有威力的发球,还可鼓舞全队士气,不断扩大战果,从而打乱对方阵脚,在心理上给对方造成威胁,起到破坏对方部署和挫伤对方士气的作用。

1. 正面上手发球

正面上手发球是指发球队员面对球网站立,利用收腹团体动作带动手臂加速挥动,在头的右前上方用全手掌击球过网的发球方法。这种发球击球点高,可以充分利用胸腹和上肢的爆发力,加之运用手掌的推压动作使球呈上旋飞行,不易出界,具有较大的攻击性和准确性。

(1)动作方法。

1)准备姿势。面对球网,两脚自然开立,左脚在前,左手托球于体前。

2)抛球与引臂。左手将球平稳地抛于右肩的前上方,高度适中,同时右臂抬起,屈肘后引,肘与肩平,上体稍向右侧转动,抬头、挺胸、展腹、手掌自然张开。

3)挥臂击球。利用蹬地,使上体向左转动,同时收腹,带动手臂向前上方快速挥动。在右肩前上方伸直手臂的最高点,用全掌击球的后中下部。击球时,手指和手掌要张开与球吻合,手腕要迅速做推压动作(见图9-58),使击出的球呈上旋飞行。击球时,随着重心前移,迅速入场。

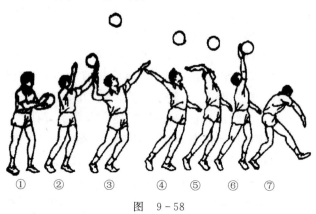

图 9-58

(2)技术分析。

1)准备姿势和发球的取位。准备姿势应左脚在前,这样便于引臂和身体自然右转。发球的取位应根据对方接发球布阵情况和攻击目标及发球队员自身的特点选定。在端线后9 m宽的区域内,可以站在左右两侧,也可站在中央发球。前后位距要根据个人发球特点和性能的变化来确定,一般可分远、中、近3种位距。离端线6m以上为远距离发球;离端线3 m以内为近距离发球;离端线3~6 m为中距离发球。

2)抛球与引臂。抛球应以手臂上抬、手掌平托上送的动作将球抛在身前30 cm处,球离手约1 m的高度为宜。球一定要平稳上抛,不要屈腕,以免球体旋转和偏离上抛垂直线,造成击球不准。抛球过前,会造成手臂推球而不易过网;抛球过后,不能充分发挥转体收腹力量;抛球过高,不易掌握动作节奏和击球时机;抛球过低,不能充分发挥击球的力量和提高击球点。右臂后引时,应有屈肘上抬的动作,要充分拉长胸腹和肩关节前侧的肌肉,便于增加工作距离和击球力量。

3)挥臂击球。挥臂时,发力是从两足蹬地开始,上体迅速向左侧旋转,同时收腹,以腰胸带动肩、肩带动大臂、大臂带动前臂、前臂带动手腕,最后将力量传送到手上。

击球时,前臂和手腕动作要稳定,不要左右转动。手腕推压动作的大小,应根据击球点的位置进行调整,击球点高或离身体近时,手腕向前推压的动作要稍大;击球偏前或较低时,手腕向前推压动作要稍小,以免击球出界或入网。

2.侧面下手发球

这种发球动作较简单,容易掌握,可借助转体力量来击球,便于用力,适合女子初学者。采用这种方式发球失误少,但攻击性不强。

(1)动作方法。

1)准备姿势。左肩对网,两脚左右开立,约与肩同宽,两膝微屈,上体稍前倾,重心落在两脚之间,左手持球置于腹前。

2)抛球。左手将球平稳上抛于胸前,距身体约一臂远,球离手高度约一个半球。抛球同时,右臂摆至右侧后下方。

3)挥臂击球。利用右脚蹬地向左转体的力量,带动右臂向前上方摆动,在腹前用全掌、虎口或掌根击球后下方。击球后,身体转向球网,并顺势进场。

(2)技术分析。

1)利用蹬地转体动作带动手臂挥摆,可增加发球的力量,击球手臂应由体侧右下方向斜前上方挥动。

2)击球点不应超过肩的高度,并注意控制球出手的角度和路线,球出手时仰角大,球飞行就高,仰角太小,则不易过网。

(三)垫球

用除手指弹击动作外的身体任何部位击球的动作称为垫球。垫球是排球的基本技术之一,最常用的是前臂垫球。

垫球动作简单易学,由于可用身体任何部位来击球,因此控制范围大,对各种困难的来球运用起来更为方便。

垫球在比赛中主要用于接发球、接扣球、接拦回球以及防守和处理各种困难球。接发球是组织一攻的基础,对得分夺权,争取少失分具有重要意义。接扣球是组织反攻的基础,是争取得分,由被动转为主动,稳定情绪,鼓舞士气,促进排球攻防平衡的重要手段。此外,在比赛中有时还可用垫球来组织进攻,起到弥补传球之不足,辅佐进攻的作用。

1.正面双手垫球

正面双手垫球是指垫球者用双手在腹前将球垫起的动作方法。它是最基本的垫球方法,是各项垫球技术的基础,适合于接各种发球、扣球和拦回球,有时也用于垫二传(图9-59)。

正面双手垫球在垫轻球、垫中等力量球和垫重球时,其动作方法是有区别的。

(1)动作方法。

第一,垫轻球。

1)准备姿势。面对来球,成半蹲或稍蹲姿势站立。

2)垫球手形。两手掌根相靠,两手手指重叠,手掌互握,两拇指平行向前,手腕下压,两前臂外翻成一个平面。

3)垫球动作。球飞到腹前约一臂距离时,两臂夹紧前伸,插入球下,同时配合蹬地、跟腰、提肩、顶肘、压腕、抬臂等全身协调动作迎向来球,身体重心随着击球动作向前上方移动。

4)击球点。保持在腹前高度。

5)球触手臂部位和击球部位。用前臂的手腕关节以上10 cm左右的两小臂桡骨内侧所构成的平面击球的后下部。

图 9-59

6)击球后动作。在击球瞬间,两臂要保持稳定,身体重心继续协调地向抬臂方向伴送球。垫击动作结束后,立即松开双臂做好下一动作的准备。

第二,垫中等力量球。准备姿势、击球点和手形与垫轻球相同。由于来球有一定力量,手臂迎击球动作的速度要慢,手臂要适当放松,主要靠来球本身的反弹力将球垫起。击球时,要运用蹬地、跟腰、提肩、压腕、向前抬臂的动作击球的后下部。

第三,垫重球。采用半蹲或低蹲的准备姿势,两臂放松置于腹前。击球用力时,由于来球速度快,力量大,触球后球体自身的反弹力也大。因此,不但不能主动用力迎击来球,还应采用含胸收腹的动作,帮助手臂随球后撤并适当放松肌肉,以缓冲来球力量。同时,用手臂和手腕动作来控制垫球的方向和角度。击球的手形和部位,应根据来球的情况而作变动。当击球点稍高并靠近身体时,仍可用前臂垫球;当击球点低而距身体较远时,就要用屈肘翘腕的动作把球垫在手腕部位的虎口处。

2.体侧垫球

在体侧用双手击球称体侧垫球。当来球飞向体侧,队员来不及移动对正来球时,可采用体侧垫球。其特点是伸臂动作快,控制范围大,但不易控制垫球方向,准确性不及正面垫球。

(1)动作方法。左侧垫球时,先以右脚前脚掌内侧蹬地,左脚向左跨出一步,重心移至左脚,保持两膝弯曲,同时两臂向左侧伸出,左臂高于右臂,右肩微向下倾斜。击球时,用右转体和收腹的动作,配合提肩抬臂在身体左侧稍前的位置截住来球,用两前臂垫击球的后下部。来球在右侧时,以相反方向的动作击球。

(2)技术分析。体侧垫球的击球点应在体侧前方,双臂要抢先在体侧稍前的位置截击来球,不能当球飞到体侧时再摆臂去击球,这样容易造成球触手后向侧方飞出。垫球时,要注意调整和控制好两臂组成的垫击面,使球准确地垫向目标。

(3)技术要领。向侧跨步侧前伸臂,向内转体提肩击球。

3.背垫球

背对垫球目标,从身前向背后双手垫球称为背垫球。在接应同伴起球后,球飞得较远而又无法进行正面垫球时,以及须将球处理过网时运用较多。其特点是垫击点较高,准确性稍差。

(1)动作方法。背垫球时,要判断好来球的方向,快速移动到球的落点处,背对垫出球的方向,两臂夹紧伸直。击球时,用蹬地、抬头挺胸、展腹和上体后仰的动作带动两臂向后上方摆动抬送,以前臂触球的前下方,将球向后上方击出。背垫的击球点一般应在肩前上方。

(2)技术分析。

1)背向垫球中,应根据垫球目标的远近和不同的高度变化击球点的高低。例如,要垫出高远球时,可适当降低击球点;要垫出平弧度球时,应升高击球点。在无法调整击球点高度时,可利用腰部和手臂的动作来控制出球的高度和距离。若遇低远的来球,需要向后上方高处垫出时,可采用屈肘屈腕的动作,以腕部虎口处将球向后上方垫起。

2)由于背垫球是背对垫球的目标,不利于观察场上的情况和垫出球的方向落点,要特别强调垫球时的方位感觉,判断好球、网、目标三者之间的位置关系,才能提高准确性。

(3)技术要领:蹬挺抬仰两臂摆,背对目标肩上击。

(四)传球

利用全身协调力量并通过手指手腕的弹力,将球传至一定目标的击球动作称为传球。传球是排球运动中的一项重要的基本技术,是组织进攻战术的基础。自排球运动诞生以来,传球就被广泛采用。

传球是用双手的配合动作来完成击球的,触球的面积大,加上手指手腕灵活、感觉灵敏,因而容易掌握传出球的方向、速度、弧度和落点,准确性高,变化多。传球也常常被用来接对方的推攻球、被拦回的高球和接轻发球及轻扣球,还可用于二传的吊球和处理球。

正面传球:面对目标的传球称正面传球。它是传球中最基本的方法,是掌握和运用其他各种传球技术的基础。

(1)动作方法。

1)准备姿势。采用稍蹲姿势,上体稍挺起,仰头看球,两手自然抬起,屈肘,放松置于前(见图9-60)。

2)迎球动作。当来球接近额前时,开始蹬地、伸膝、伸臂,手指微张从胸前向前上方迎出。全身各部位动作应协调一致。

3)击球点。在脸额前上方约一球距离处。

4)手型。手触球时,十指应自然张开使两手成半球状,手腕稍后仰,以拇指内侧,食指全部,中指的二、三指节触球的后下方,无名指和小指在球两侧辅助控制球的方向。两拇指相对近"一"字形。

图 9-60

5)用力方法。在迎球动作的基础上,当手传球即将接触前,手腕和手指要有前屈迎球的动作,当手与球接触时,各大关节应继续伸展,最后用手指手腕的弹力将球击出(见图 9-61)。

图 9-61

(五)扣球

队员跳起在空中,用一只手或手臂将本方场区上空高于球网上沿的球击入对方场区的一种击球方法叫扣球。扣球技术随着排球运动的发展而不断创新和提高。

正面扣球是扣球技术中最基本的一种方法。由于面对球网,便于观察,准确性较高。加之正面扣球挥臂动作灵活,能根据对方防守情况随时改变扣球的路线和力量,控制落点,因而进攻效果较好。初学者必须掌握好正面扣一般球后,再学习其他扣球技术。现以两步助跑,右手扣球为例来分析其动作方法和技术要领。

1. 动作方法

(1)准备姿势。扣球助跑前采用稍蹲姿势,两臂自然下垂,站在离网 3m 左右处,身体转向来球方向,观察来球,做好向各个方向助跑起跳的准备。

(2)助跑。助跑开始时,左脚先向前迈出一步,紧接着右脚再快速跨出一大步,左脚及时并上,踏在右脚之前,两脚尖稍向右转。两臂绕体侧向上引摆。

(3)起跳。在助跑跨出最后一步(即第二步),左脚并上踏地制动的同时,两臂自后积极向前摆动,随着双腿蹬地向上起跳,两臂配合起跳有力地向上摆动(见图9-62)。

(4)空中击球。起跳后,挺胸展腹,上体稍向右转,右臂向后上方抬起,身体成反弓形。挥臂时,以迅速转体、收腹动作发力,依次带动肩、肘、腕各部位关节向前上方成鞭甩动作挥动。击球时,五指微张,以掌心为主,全掌包满球,在手臂伸直的最高点的前上方击球的后中部,同时主动用力屈腕屈指向前推压,使扣出的球呈上旋。

图 9-62

(5)落地。落地时,以两脚前脚掌先着地再迅速过渡到全脚掌着地,同时顺势屈膝、收腹,以缓冲下落的力量,立即做好下一个动作的准备。

2. 技术分析

(1)助跑。助跑的目的,一是为了接近球,选择恰当的起跳点;二是利用助跑的水平速度配合起跳,起到增加弹跳高度的作用。

1)步法。助跑的步法种类很多,有一步、两步、三步和多步法;有向两侧的跨步和并步法;有原地踏跳步和后撤步等。步法的运用要因球而异,因人而异,力求灵活,适应性强。但无论采用几步助跑,第一步要小,最后一步应大。现以两步助跑右手扣球为例,分析如下:

第一步:以左脚向来球的落点方向自然迈出,其主要作用是确定助跑方向。第一步应小,但要对正上步的方向,使静止的身体获得向前起动的速度,故有方向之称。

第二步:步幅要大,步速要快,使支撑点落在身体重心之前,身体后倾,重心自然后移和降低,从而有利于制动。第二步即最后一步,要以右脚的脚跟先着地,再过渡到全脚掌着地,这样有利于制动身体的前冲力,增加腿部肌肉的张力,提高弹跳高度。这一步起着调整身体与球的距离、决定起跳点的重要作用。

2)助跑的路线。由于二传来球的落点不同,扣球队员助跑的方向和路线也不相同。以 4 号队员扣球为例,其主要的助跑路线有 3 种:扣集中球采用斜线助跑;扣一般球采用直线助跑;扣拉开球采用外绕助跑。

3),助跑的时机。由于二传来球的高度和速度不同,扣球队员必须掌握不同的起动时机。二传球低或传球速度快时,起动要早一点,球高则要晚一点。同时,还要根据扣球队员的个人动作特点来确定助跑起动时机,动作慢的队员要早一点起动,动作快的队员则应晚一点起动。助跑起动过早或过晚,都会影响起跳扣球的质量。

4)助跑的制动。最后一步既是制动步,又是起跳步,起着制动和起跳方面的作用。助跑最后一步,双脚落地有3种方法:第1种,由支撑脚的脚跟先着地,过渡到全脚掌蹬地起跳;第2种,由前脚掌蹬地起跳,起跳动作快,有利于加快起跳速度,争取起跳时间和向前上方冲跳的高度;第3种,由全脚掌着地蹬地起跳,身体重心较稳定,踏跳有力。

(2)起跳。

1)起跳的步法。助跑的最后一步称为起跳步,它既是助跑的结束步法又是起跳的准备动作。常用的起跳步法有两种:一种是并步起跳,即一脚跨出一大步后,另一脚迅速向前并步,随即蹬地起跳。这种方法便于调整起跳时间,适应性强,制动效果好,身体重心易保持稳定,但对起跳高度稍有影响。另一种是跨跳步起跳,即一脚跨出一大步的同时,另一脚也跟着跨出去,双脚步有一个腾空的阶段,两脚同时着地,蹬地起跳。这种方法能利用人体下落的重力加速度,增加弹跳高度,但不便于加快助跑速度,易影响起跳节奏,不利快攻起跳。

2)起跳的位置。一般应选择在距离球一臂之远的位置起跳。这样才能保持好身体和球合理的位置关系,便于充分发挥全身的协调力量,保持较高的击球点。

3)起跳的摆臂。起跳时的手臂摆动一般有两种方法:一种是划弧摆臂。方法是以肩关节为轴,两臂经体侧向后再向前上方划弧摆动。这种摆臂可根据需要来变化划弧的大小,动作连贯协调,便于调整摆臂速度和节奏,适应性强,运用较普遍。另一种是前后摆。方法是两臂由体前先向后摆动,然后再由后向前上方直接摆动,这种摆臂振幅较大,摆动较有力,有利于提高弹跳高度,但因动作大,使空中的转体动作不便,对及时快速起跳有影响。

(3)空中击球。

1)挥臂方法。起跳身体腾空后,左臂摆至身体前方,协助保持上体的空中平稳。此时,击球手臂应屈肘置于头侧,肘高于肩,身体成反弓形。挥臂前合理的屈肘动作,可以缩短挥臂时以肩为轴的转动半径,减少转动惯量,提高挥臂的初速度。随之边挥臂边伸肘,加长转动半径,增加挥臂的线速度。在挥臂转动的角速度不变的情况下,上臂甩得直,也能扣低、平弧度球,适应范围较广。

2)击球动作。击球时,要求击球手有巨大的动量和速度,而扣球中全身协调的击球力量是由于手臂的鞭打式动作,最后通过手腕的甩动和加速,由全手掌作用于球体的。因此,只有用全手掌击球,手腕关节才能很好地参与整个鞭打动作,传递并加大击球的力量。

3)击球点。扣球的击球点应在起跳最高点和手臂甩直的最高点的前上方。手臂与躯干的夹角约为164°。也可利用击球点附近的垂直空间和水平空间来扩大击球范围,增加扣球路线和角度的变化。一般近网扣球的击球点应略靠前,远网扣球的击球点应保持在头的上方。

(六)拦网

靠近球网的队员,将手伸向高于球网处阻挡对方的来球,并触及球,称为拦网。拦网是排球运动的基本技术之一。拦网技术随着排球运动的发展提高和规则的变化而不断改进和创新。拦网,目的是把球拦起、拦高为主。拦网是被动的、防御性的,力求削弱对方的进攻。

1. 作用

拦网是排球比赛中的第一道防线,也是第一道进攻线。现代排球比赛中网上精彩激烈的争夺战就是扣球与拦网这一对矛盾的展开。高水平的排球比赛中,如果没有有力的拦网,后排防守将是非常困难的。拦网不仅可以将对方的扣球拦回、拦起,减轻后排防守的压力,而且可以直接将球拦死,使之成为得分的重要手段。此外,拦网还能干扰和破坏对方进攻战术的组织,削弱对方进攻的锐气,动摇对方的信心给对方造成心理上的威胁。因此,拦网水平的高低,直接影响着比赛的胜负。拦网技术的提高和创新,对促进排球运动的发展有着重要的作用(见图9-63)。

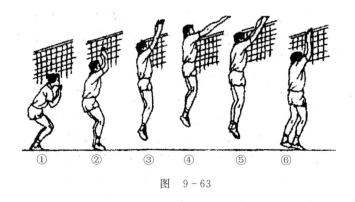

图 9-63

2. 单人拦网

单人拦网是集体拦网的基础。其动作结构分为准备姿势、移动、起跳、空中动作和落地5个互相衔接的部分。

动作方法如下:

1) 准备姿势。队员面对球网,两脚左右开立,约与肩同宽,距网 30~40 cm。两膝微屈,两臂屈肘置于胸前。

2) 移动。常用步法有一步、并步、交叉步、跑步等。无论采用哪种移动步法,都要做好制动动作,以保证向上起跳,避免触网和冲撞同队队员。

3) 起跳。原地起跳时,两腿屈膝,重心降低,随即用力蹬地,两臂以肩发力,于体侧近身处,做划弧或前后摆动,帮助身体迅速跳起。移动后的起跳,其起跳动作与原地起跳一样,但要注意制动并使移动与起跳动作紧密衔接。

4) 空中动作。起跳时,两手从额前沿球网向上方伸出,两臂伸直并保持平行,两肩上提。拦网时,两臂应伸过网去接近球。两手自然张开,屈指屈腕成半球状。当手触球时,两手要突然紧张,手腕下压盖在球的前上方。

5) 落地。拦球后,要做含胸动作,以保持身体平衡。手臂要先后摆或上提,从网上收回至本方上空,再屈肘向下收臂,以保持身体平衡。与此同时屈膝缓冲,双脚落地,随即转身面向后场,准备接应来球或做下一个动作准备。

3. 双人拦网

由前排两个队员互相靠近,同时起跳组成的拦网,称双人拦网。双人拦网是集体拦网的一种,是比赛中最常用的一种拦网形式,主要在对方大力扣球时采用。拦网的技术动作与单人拦网相同。

双人拦网时,应以一人为主拦队员,另一人为配合队员。但主拦队员不是固定的,一般情况下距对方扣球点近的队员应为主拦队员。主拦队员必须抢先移动到对正扣球点的位置,做好起跳准备,配合队员则迅速移动靠近主拦队员准备同时起跳。两队员之间的距离一定要合适:距离太远,跳起后将出现"空门";距离太近,起跳时互相干扰,致使双方都跳不高。双人拦网起跳时,两人的手臂应该在体前划小弧向上摆伸,都要尽量垂直向上起跳,要防止互相碰撞或干扰。手臂在空中既不能重叠,造成拦击面缩小,又不能间隔太宽,造成中间漏球。扣球靠近边线时,靠边线近的拦网队员外侧的手应适当内转,以防打手出界。

4. 三人拦网

三人拦网也是集体拦网的一种形式。它是在对扣球进攻力强,路线变化多,但很少轻扣和吊球时采用。三人拦网的动作方法与双人拦网相同,关键在于移动迅速,取位恰当,配合密切。无论对方从哪个位置进行扣球,一般都以 3 号位队员为主拦队员,2,4 号位队员为配合队员。由于三人拦网对配合的要求高,加之减弱了防守、保护的力量,因而要在很有必要的情况下才采用。

二、排球的基本战术

排球战术是指运动员在比赛中,根据排球竞赛规则和排球运动的规律、比赛双方的具体情况和临场变化,合理运用个人技术及集体配合所采取的有意识、有组织的行动。

(一)阵容配备的形式

1."三三"配备(见图9-64(a))

由三名进攻队员和三名二传队员组成。站位时,一名进攻队员间隔一名二传队员。目前采用这种配备形式的队伍比较少。一般适用于初学者和水平较低的球队。

2."四二"配备(见图9-64(b))

(1)"四二"配备的方法。由四名进攻队员(主攻和副攻队员各两名)和两名二传队员组成,他们分别站在对角的位置上。目前,在水平一般的球队中采用这种配备形式的比较多。

(2)"四二"配备的优缺点。"四二"配备的优点是每一轮次前排都有一个二传队员和两个进攻队员,便于组织"中二三""边二三"进攻,战术配合有一定的稳定性。缺点是前排进攻点相对较少,隐蔽性差,不能适应高水平球队的要求。

(a)
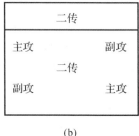
(b)
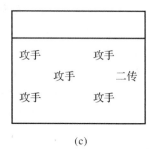
(c)

图 9-64

(a)"三三"配备; (b)"四二"配备; (c)"五一"配备

3."五一"配备(见图9-64(c))

(1)"五一"配备的方法。由五名进攻队员和一名二传队员组成。位置的安排与"四二"配备基本相同,只是由一名进攻队员站在与二传对应的位置上作为接应二传,其目的是弥补在主二传来不及到位传球时所出现的被动局面,但主要还是承担进攻任务。这种阵容配备在水平较高的球队中普遍采用。

(2)"五一"配备的优缺点。"五一"配备的优点是加强了拦网和前排进攻力量,使全队的进攻队员只须适应一名二传队员的技术特点,有利于统一指挥、相互配合,能够更好地控制比赛的进行,使进攻战术富于变化。缺点是当二传队员轮转到前排时,有三轮前排只有两名进攻队员,影响了前排整体进攻的威力。

(二)进攻阵形

当前排球运动已进入一个新的发展时期,随着队员技术水平的提高,排球进攻日趋丰富多彩。进攻战术的快速、多变、立体化,已成为世界各国排球队的发展方向。

进攻阵形即进攻时采用的组织形式。合理的进攻阵形有助于某些集体战术的组成。在现代排球比赛中,进攻战术的运用已不是前排进攻队员的专利,而是形成了高快结合、前后结合的全方位进攻格局。

1."中二三"进攻阵形(见图9-65)

该阵形是指由前排3号位队员担任二传,其他队员将球垫、传给二传队员,再由二传队员将球传给前排4号位队员、2号位队员或后排三名队员进攻,这种战术配合方法称为"中二三"进攻阵形。

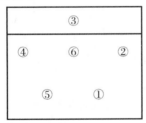

图9-65 "中二三"进攻阵形图

这种阵形是排球战术中最基础、最简单的一种进攻阵形。其特点是二传队员位置居中,距离场上各个位置都比较近,一传的目标明确,二传队员也易于接应,加之战术配合简单,因此便于进攻。缺点是战术配合方法少,进攻点较清楚,战术意图易被对方识破,对方容易组成集体拦网。这种阵形在技术水平较低的球队中多被采用,但在某些特定条件下,技术水平较高的球队为了稳定战局的需要,或在来不及组织复杂战术进攻的情况下,也采用这种进攻阵形。

2."边二三"进攻阵形(见图9-66)

该阵形是指由前排2号位队员站在2号位与3号位之间,担任二传,其他队员将球传、垫给二传队员,再由二传将球传给前排4号位队员、3号位队员或后排三名队员进攻。这种战术称为"边二三"进攻阵形。

"边二三"进攻阵形比较简单,容易掌握,但由于对一传、二传的要求都较高,组织"边二三"进攻阵形要比组织"中二三"进攻阵形的难度大,其战术配合也较为复杂。"边二三"进攻阵形由于前排两名进攻队员的位置相邻近,便于进行互相掩护的进攻配合,可以组织较多的快变战术,有利于后排进攻的掩护。因此,"边二三"进攻阵形的突然性和攻击性要比"中二三"进攻阵形威力大。

3."插三二"进攻阵形(见图 9-67)

"插三二"进攻阵形是指由后排的队员插到前排 2,3 号位之间担任二传,其他队员将球传、垫给二传队员,再由二传队员将球传给前三名队员或后排两名队员进攻,这种战术称为"插三二"进攻阵形。方法有 1 号位、6 号位、5 号位插上,站位及跑动路线如图所示。

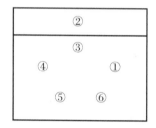 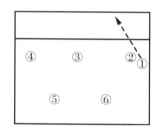

图 9-66 "边二三"进攻阵形图　　图 9-67 "插三二"进攻阵形图

高水平的队多采用"插三二"进攻阵形。"插三二"进攻阵形的最大特点是前排能保持三名队员参加进攻,可以充分利用球网的全长,有利于发挥进攻队员的多种互相掩护战术配合,加上后排的两点进攻,形成多方位、前后交错的"立体进攻",更有利于突破对方的防线。因此,更具有突然性和攻击性。

(1)"中二三"+进攻的战术变化。在运用"中二三"进攻战术时,不同水平的队可采用不同的变化方法。水平较低的队,可采用 4 号位、2 号位队员定位进攻的方法;中等水平的队,可在定位进攻的基础上,采用集中、拉开、平拉开、背传半高球进攻的方法;高水平的队,不但可以运用定位和活点相结合的进攻形式,而且还可以采用两点跑动换位和后排进攻的方法。

(2)"边二三"+进攻的战术变化。"边二三"进攻战术可以根据本队水平的变化而变化,除组织前排两名队员定位进攻外,还可以组织定位与跑动换位进攻、两名队员同时或先后跑动的双活点进攻和后排进攻。

(三)进攻打法

进攻打法是指排球比赛中一传队员二传队员和扣球队员之间所进行的各种进攻战术配合的方法其目的是为了避开对方的拦网突破对方的防线争取主动扩大战果

1. 强攻

强攻是凭借队员个人的身高和弹跳力,利用扣球的力量和个人扣球战术强行突破对方的防御。如4号位、2号位的强攻。

2. 快攻

快攻是指各种平快扣球及以平快扣球掩护同伴进攻或自我掩护进攻所组成的各种快速多变进攻战术的总称。快攻是我国排球的传统打法。由于快攻具有速度快和掩护作用强的特点,能在时间和空间上发挥优势,有效地突破对方的防御。如近体快围绕错位前交叉、后交叉、背交叉。

3. 两次球及其转移进攻

当一传弧度较高,落点又在网前时,前排队员可以直接将球扣或吊入对方场区,或佯扣将球在空中转移给其他前排队员的进攻。这种有两次机会进攻的方式,称为两次攻。两次攻加快了进攻的速度,改变了进攻的节奏使对方难于防守。两次转移进攻,还能迷惑对方拦网。这种战术对一传的要求高,技术难度大,因此在比赛中运用的机会不多,一般在对方发球攻击性小,扣球威力不大,或把球垫过来时采用。

4. 立体攻

前排队员运用各种快变战术组织进攻,同时也掩护后排队员从进攻线后跳起进攻,形成横向、纵深全方位的进攻,这种打法称为立体进攻。由于这种打法突然性大,攻击性强,容易突破对方的防线,已是当今进攻战术的发展方向。其特点是形成进攻队员在人数上的优势,增加了进攻点,既有近网进攻,也有中、远网进攻,扩大了进攻的范围,给对方拦网起跳和后防取位造成困难。但这种打法难度较大,需要队员有高度的默契配合。

采用这种打法应以前排队员进攻为主,后排队员进攻为辅。前排队员的快速突破是核心部分,只有前排队员快攻掩护逼真,才能吸引对方拦网,为后排队员实扣创造有利的机会。

当2号位队员作二传时,4,3号位队员同时作短平快和近体快掩护,后排的1号位队员从后排冲跳到2号位扣半高球。

思考题九

1. 填空题：

用双手胸前传球技术动作传球，球出手后，拇指应向_____，四指应向_____。

2. 实践题：

徒手和持球练习原地单手肩上投篮技术动作。

3. 画图题：

画出传切配合的战术配合图，并简要说明。

4. 足球技术的定义是什么？怎样分类？

5. 无球技术和有球技术分别包括什么内容？

6. 足球的基本战术有哪些？

7. 排球垫球的动作要领是什么？列举三种练习方法。

8. 在排球比赛中，什么情况下会被判为连击？

9. 排球运动的三种进攻战术都有哪些？选择其中一种简要叙述。

第十章 乒乓球 羽毛球 网球

第一节 乒 乓 球

本章摘要：本章主要介绍乒乓球的握拍、准备姿势、站位、步伐、发球、接发球、攻球、发球抢攻、对攻、拉攻、搓攻、削球反攻；羽毛球的握拍法、发球、接发球、击球法、步法、单打、双打、场地；网球的握拍法、击球、发球、接发球、截击球、高压球、挑高球等内容。通过学习，学生应初步掌握乒乓球、羽毛球、网球的基本技术和基本战术，激发对乒乓球、羽毛球、网球运动的学习兴趣。

一、乒乓球的基本技术

(一)握拍

握拍方法有直拍握法和横拍握法。

1. 直拍握法(见图10-1)

这种握拍的优点是：正手攻球有力，有利于进攻；能从速度、球路的力量上取得主动。缺点是：反手不能用外力提拉球；攻削结合困难，照顾范围小。

图 10-1

2. 横拍握拍法(见图10-2)

优点是：照顾面广，可攻可削；反手攻、削球，手腕容易着力，威胁性比直拍反手大，这种握法有利于削球。

3. 握拍应注意的问题

击球前后，握拍不可过紧或过松，过紧会使手腕僵硬，过松会因拍面摇动而影响发力和击发球的准确性。

手指应能灵活调整拍面的角度以提高击球命中率。

图 10－2

(二)准备姿势与其他技术

1.准备姿势

击球时,合理的准备姿势便于迅速移动步法,选择恰当的位置,及时准确地击球。

准备姿势要做到:

(1)两脚平行站,与肩同宽或稍宽,保持身体平衡。

(2)脚后跟稍提起,前脚掌内侧着地。

(3)两膝微屈内扣。

(4)稍微含胸收腹,上体略前倾。

(5)持拍手臂自然弯曲,直握拍时肘部稍外张,手腕放松,球拍置于腹部右侧前面 20～30cm 处,横握拍时,肘向下前臂自然平举。

2.站位

基本站位因打法类型不同,站位方法应与每个人的特长相适应。

(1)快攻型:左推右攻的,基本站位离台 30～40 cm 偏左;两面攻打法的基本站位离台 50 cm 左右,中间略偏左(见图 10－3)。

(2)以弧圈球型打法为主基本站位离台 50 cm 左右,偏左(右手执拍)(见图10－4)。

图 10－3 近台快攻型站位　　图 10－4 弧圈球型站位

(3)削球型:横拍攻削结合打法,站位在中台附近以削为主配合反攻打法,基本站位在中远台(见图10-5)。

图10-5 削球型打法站位

3.步法

(1)单步(见图10-6)。

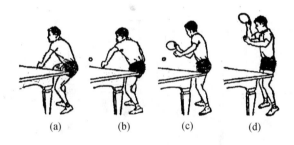

图 10-6

(a)单步向右前方移动; (b)单步向左前方移动; (c)单步向右后方移动; (d)单步向左后方移动

特点:移动简单,范围小,重心移动平稳。

动作方法:以一脚为轴心,另一脚向前左右移动一步,身体重心也随之落到移动脚上,挥臂击球。

(2)滑步(见图10-7)。

特点:移动范围较大,重心转换迅速。当来球离身较远时,使用移动后两脚距离基本不变,适合连续快速回击来球。

动作方法:两脚几乎同时向来球方向蹬地,几乎同时离地。来球异方向脚落地,同方向脚紧随着地挥臂击球。

(3)跨步(见图10-8)。

特点:移动范围比单步大,当来球离身较远时,使用移动速度快,多用于借力回击。但由于一脚移动幅度大,常会降低身体重心,不易连续使用。

动作方法:来球异方向脚蹬地,同方向脚向来球方向跨出一大步,身体重心随即移至该脚,另一脚迅速跟上。

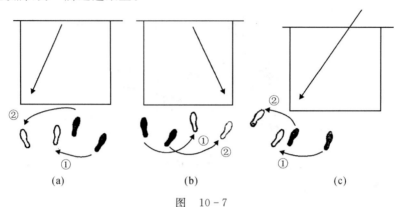

图 10－7

(a)滑步从右向左移动； (b)滑步从左向右移动； (c)滑步侧身移动

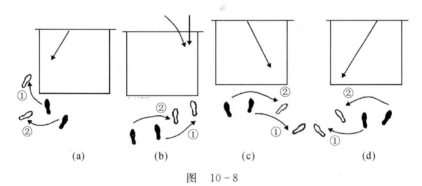

图 10－8

(a)跨步侧身攻； (b)跨步正手打回头； (c)跨步正手削突击； (d)跨步反手削突击

(4)交叉步(见图 10－9)。

特点:移动范围比其他步法大,当来球离身远时,使用适用于主动发力,进攻动作过程要求上肢、腰、髋、下肢密切配合。

动作方法:来球同方向脚蹬地,异方向脚向来球方向跨出一大步。此时,在身前形成交叉状,然后蹬地脚迅速跟上解除交叉。

4. 发球

发球是重要的基本技术,可选择最合适的位置,按照自己的意图发出各种各样的球,在战术上起积极配合作用,发球好可直接得分或为下一板抢攻创造机会。

(1)正手平击发球。

特点:平击发球是一种一般上旋、一般速度的发球。它是初学者最基本的发球方法,也是掌握其他复杂发球的基础。

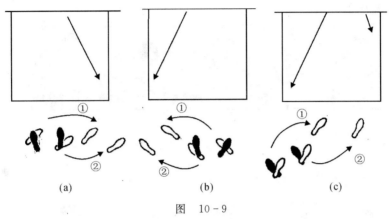

图 10-9

(a)交叉步从左向右移动; (b)交叉步从右向左移动; (c)交叉步从左向右前方移动

动作方法:左脚稍前,身体略向右转,左手将球向上抛起同时右臂内旋,使拍面角度稍前倾。向身体右后方引拍,右臂从身体右后方向右前方挥动,击球中上部向左前方发平击球,手臂继续左前方随势挥动,迅速还原。

(2)正手发急球。右手握拍于身体左侧,抛球后待球下落时前臂迅速由后向前挥动,拍面稍倾,击球的中上部。

(3)反手发急球。右手握拍于身体左侧,抛球后,待球下落时前臂迅速由后向前挥动,拍面稍前倾,击球的中上部。

(4)正手发右侧上旋急球(奔球)。

特点:球速快,落点长,冲力大。球的飞行弧线低并向左偏斜,具有较强的右侧上旋。

动作方法:左脚稍前,身体向右偏斜,左手掌心托球置于身前偏右,左手抛球,同时右臂内旋。拍面稍前倾,向身体右后方引拍。当球从高点下降至近于网高时,击球右侧向右侧上方摩擦。球击出后第一落点接近自己端线。

(5)发短球。与发急球相反,区别是击球时拍形稍后仰,轻轻击球的中下部,击球点同网高。第一落点在本方球台中段。

(6)正手发左侧上(下)旋球(见图10-10)。

特点:以旋转变化为主,飞行弧线向右偏拐,对方回球向其左侧上(下)反弹。由于近似手法发出两种不同旋转,因而能起到迷惑对方的作用。

动作方法:抛球时,持拍手向右上方引拍,手腕外展,当球下落与网同高时,手臂迅速向左下方挥动,触球的瞬间手腕快速向左上方转动,使球拍从球的中部向左上方摩擦。出球左侧上旋;手腕快速向左下方转动,使球拍从球的中部向左下方摩擦,则出球左侧下旋。

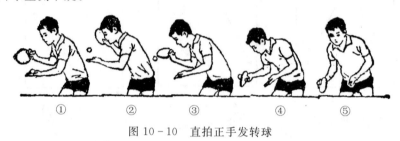

图 10-10 直拍正手发转球

(7) 反手发右侧上(下)旋球(见图 10-11)。

图 10-11 直拍正手发不转球

特点:以旋转变化为主,飞行弧线向左偏拐,对方回球向其左侧上(下)反弹。

动作方法:触球瞬间,手腕向右上方转动,使球拍从球的中部向右上方摩擦,出球右上旋;手腕向右下方转动,使球拍从球的中部向右下方摩擦,则出球右下旋。

(8) 高抛发球。身体侧对球台,持球手一侧距台 20 cm。球应抛得高而直。待球下落到比网稍高时,挥臂击球,触球瞬间动作与发正手左侧上(下)旋球相同。

(9) 下蹲式发球。发球时,有立姿与半蹲抛球两种。下蹲式击球的动作是:当球下落到比网稍高时,身处半蹲位,球拍由左向右前方挥动,摩擦球的右侧上(下)部,使球产生右侧上(下)旋转。

(10) 正手发转与不转球。拍面后仰,用前臂挥动和手腕转动,摩擦球的中下部、球转;拍与球接触瞬间,用球拍撞击球,减少摩擦力,球则不转。

5. 接发球

随着发球技术的不断发展,对接发球技术提出了越来越高的要求,接发球,应根据自己的打法特点和来球性能,决定运用推、搓、削、拉、攻等技术。接发球时,应选择好站位,判断来球的旋转性能和落点。基本的接球方法是向对方球拍开始运动的方向回击。比如:对方球拍由左向右触球,就应向对方球台的右侧回击,对方球拍由上往下触球,则就应向上回击。

6.攻球

攻球具有速度快,力量大等优点,是一项重要的基本技术。攻球可分为正手攻球与反手攻球。按站位的远近可分近台、中台和远台攻球;按击球点、击球时间又分为抽、拉、扣和杀高球等。

常用的攻球技术如下:

(1)正手近台攻球。站位近出手快,动作幅度小,可直接得分也可为扣球创造条件。握拍击球前,引拍至身体右侧,上臂与身体成35°夹角,与前臂成120°夹角。球从台面弹起时,手臂由右侧向左前上方迅速挥拍,以前臂发力为主。击球时,食指放松。拇指压拍使面前倾。结合手腕内转动作,在球上升期击球的中上部(见图10-12、图10-13)。

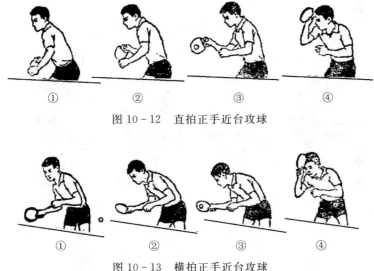

图 10-12 直拍正手近台攻球

图 10-13 横拍正手近台攻球

(2)正手中台攻球。站位稍远,动作幅度较大,靠本身发力击球。击球时以上臂发力为主。带动前臂和手腕向左前上方挥动,在球最高点或下降期前段击球的中部(见图10-14、图10-15)。

(3)正手拉球。正手拉球回击下旋球的主要攻球技术。能为扣球创造条件:当球从最高点开始下降时,上臂和前臂由后向前上方挥动,前臂迅速内收结合手腕转动,使球拍摩擦球的中下部(见图10-16、图10-17)。

图 10-14　直拍正手中台攻球

图 10-15　直拍正手中台攻球

图 10-16　直拍正手拉球

图 10-17　横拍正手拉球

(4)正手扣球。动作幅度大,力量大,是得分的主要技术。击球时,上臂带动前臂由后向前用力挥击,结合右腿蹬地和转腰力量,在高点期击球。击上旋球时,拍面稍前倾,击球中上部;击下旋球时,球拍略低于来球,击球中部(见图 10-18、图 10-19)。

图 10-18　直拍正手扣球

图 10-19　横拍正手扣球

(5)侧身正手攻球。移动脚步,使身体左侧对着球台。左脚在前,右脚稍后,体略前倾,并稍收腹,根据来球情况,在侧身位打近台、中台、台内攻球、拉球或扣球(见图 10-20、图 10-21)。

图 10-20　直拍侧身正手攻球

(6)正手攻弧圈球。回击加转弧圈球(快带)时,在来球着台时拉开手臂,球刚弹起即挥臂向前下方迎球。拍一触球前臂迅速内旋,击球时,拍与台面成 70°,击球的中上部。发力以向前为主。

(7)正手滑板球。声东击西的辅助进攻技术,回球角度大,带有左侧旋,有时可直接得分。在高点期触球右侧面,触球瞬间顺势向左滑拍使球左侧旋。

图 10-21　横拍侧身正手攻球

(8)杀高球。动作大,力量重,是回击高球的一种有效技术。击球时上臂从上向下做环形挥动,拍面前倾,前臂和手腕同时下压,在头与肩之间的高度击球中上部。

反手攻球时,常用的有反手近台攻球、反手中台攻球、反手拉球、反手扣球、反手台内攻球、反手快拨和反手近台攻(快拨)弧圈球等。

(9)推挡球。

特点:站位近,动作小,落点多变,速度快,有一定力量。所以在比赛中能主动调动和压制对方,为正手攻和侧身攻创造有利时机。

动作方法:侧身站位,离台/1′cm,手臂自然弯曲并作内旋,拍面角度接近垂直,前臂与台面几乎平行,当球跳至上升期,拍面接近垂直击球中部。

推挡球分为:平挡,减力挡,快推,加力推,推下旋和推挡弧圈球等(见图10-22、图10-23)。

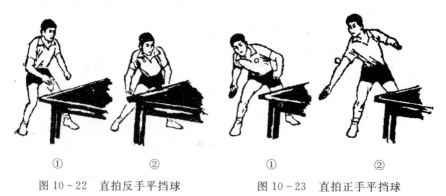

图 10-22　直拍反手平挡球　　　　图 10-23　直拍正手平挡球

(10)弧圈球。

特点:弧圈球是一种上旋非常强的进攻技术。能够制造适当的弧线,回击低而强烈的下旋球,与攻球相比有更多的发力击球时机。无论对攻球还是削球其,杀伤力很大,能直接得分。比赛中运用即可主动攻击,又可以作为相持或被动时的过渡技术。

常用弧圈球有以下几种:

1)正手加转弧圈球。击出的球弧线较高,球速较慢,上旋很强,着台向后滑落快。这种球往往使对方击球出界或出球高,为扣球创造机会。打法是当球从台面弹起时,手臂向前上挥动,前臂在上臂带动下很快收缩,拍面与台面约成80°,在球下降期间用拍摩擦球的中部或中上部(见图10-24、图10-25)。

图10-24 直拍正手拉加转弧圈球

图10-25 横拍正手拉加转弧圈球

2)正手拉前冲弧圈球。击出的球弧线较低,球速快,前冲力大。正手拉前冲弧圈球是弧圈型运动员的主要得分手段。

打法是当球从台面弹起时,腰部由右向左转动,前臂在上臂的带动下发力,手腕略转动,拍面与台面约成 50°,在高点期摩擦球的中上部(见图 10-26、图 10-27)。

图 10-26　直拍正手拉前冲弧圈球

图 10-27　横拍正手拉前冲弧圈球

3)正手侧上旋弧圈球。出球有强烈的侧上旋,球着台后会拐弯,给对方回击增加困难。

4)反手弧圈球。多为横握拍运动员采用。一般给正手抢攻,抢冲创造机会,也可直接得分。

5)正胶小弧圈球。用正贴海绵胶皮拉出的弧圈球是快攻型打法对付下旋球的一种辅助技术。

(11)削球。一项重要的防守技术。削球时,通过球的旋转和落点的变化调动对方,伺机反攻得分。削球分为正手削球和反手削球。

1)正(反)手近削。击球动作较小,回球速度快。近削逼角时,对方回击困难,击球时身体离台稍近,拍面稍后仰,前臂用力向左(右)前下方切削,手腕配合下压。一般是在来球高点期摩擦球的中部或中下部(见图 10-28、图 10-29)

2)正(反)手远削。击球动作较大,球速度较慢,弧线较长,出球较稳,利于接旋转变化和防守对方的扣球。身体离台 1 m 处。击球时,手臂向左(右)前下方挥

动,拍面后仰,手腕在
拍与球接触的瞬间转动,在来球下降期摩擦球的中下部(见图10-30、图10-31)。
此外,还有削追身球、接突击球、削弧圈球、接短球等。

图10-28 直拍正手近台削球

图10-29 直拍反手近台削球

图10-30 直拍正手远台削球

(12)搓球。还击下旋球的一种技术。搓球回球稳健,旋转和落点变化较多,因此常用作进攻的过渡手段。搓球分正、反手搓球。根据击球时间又分为快搓和慢搓。在来球上升期,拍面稍后仰摩擦球的中下部为快搓球;来球下降时,拍面后仰摩擦球的中下部为慢搓球,搓球时可运用转与不转迷惑对方。转球用拍面摩擦球,不转则用拍面把球托出。

搓球可分为:快搓,搓球摆短,慢搓,搓转与不转,搓侧旋(见图10-32至图10-35)。

图 10-31　正拍反手远台削球

图 10-32　直拍正手快搓

图 10-33　横拍正手快搓

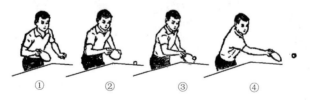

图 10-34　直拍反手快搓

图 10-35　横拍反手快搓

二、乒乓球运动的基本战术

(一)乒乓球战术

1. 发球抢攻战术

发球抢攻技术是一种先发制人的战术。特别是以攻为主的运动员,常以此作为一种主要手段。运用发球抢攻的效果,取决于发球的质量和进攻能力。各种打法常用的发球抢攻战术,主要有以下几套:第一套,急球与轻球结合落点变化进行抢攻;第二套,上旋与下旋结合落点变化进行抢攻;第三套,侧上、下旋结合落点变化进行抢攻;第四套,转与不转结合落点变化进行抢攻;第五套,急球与侧上、下旋相结合进行抢攻。

2. 对攻战术

对攻战术是进攻型打法互相对垒时常用的一项重要战术。快攻类打法主要是依靠正、反手攻球和反手推挡技术,充分发挥快速多变的特点调动对方,以达到攻击的目的;弧圈类打法主要是依靠正、反手拉弧圈球和扣杀技术,充分发挥旋转的威力来牵制对方,以达到攻击的目的。常用的对攻战术主要有以下几套:第一套,攻两角;第二套,侧身攻;第三套,攻追身;第四套,轻重结合;第五套,攻防结合。

3. 拉攻战术

拉攻战术是以攻为主打法对付削球类打法的主要战术。要使拉攻战术运用得好,首先要拉得稳,并有落点、旋转和轻重力量的变化,才能创造较多的战机;其次要有拉中突击或拉冲结合和连续扣杀的能力,方能奏效。常用的拉攻战术主要有以下几套:第一套,攻两角;第二套,攻追身;第三套,长短结合;第四套,转与不转或轻重结合;第五套,攻防结合。

4. 搓攻战术

搓攻战术是进攻型运动员的一项辅助战术。搓攻战术主要是利用搓球的旋转变化和落点变化为进攻创造机会,借以达到攻击对方的目的。常用的搓攻战术主要有以下几套:第一套,搓不同落点进行突击;第二套,搓转与不转结合落点变化进行突击;第三套,搓拉结合落点变化伺机突击;第四套,搓削结合落点变化进行反击。

5. 削中反攻战术

削中反攻战术是削球类打法赖以得分的主要战术。以前球的旋转变化和落点变化,迫使对方回球偏高,伺机进行反攻。为此,首先要求能用削球与对方相持并控制对方,才能为反攻创造战机;其次要具备在走动中进行攻击的能力,方能使战术运用达到目的。常用的削中反攻战术主要有以下几套:第一套,削两角伺机反攻;第二套,削长短球伺机反攻;第三套,削转与不转伺机反攻;第四套,削攻结合;第五套,严密防御。

6. 接发球战术

它是与发球抢攻战术相抗衡的一项战术,其目的在于破坏对方发球抢攻战术的运用,争取形成相持或主动的局面。常用的接发球战术主要有以下几种:

(1)用拉球、快拨或推挡回击,争取形成对攻的相持局面。

(2)用快搓摆短回接,使对方难以发力抢攻(拉)。

(3)用削球或搓球的旋转、落点变化来控制对方,以造成对方击球失误,或形成相持局面。

(4)接发球抢攻,这是比较积极、凶狠的回接方法。

第二节 羽 毛 球

一、羽毛球运动的起源与发展

人们公认的现代羽毛球运动在19世纪70年代初起源于英国。英语中的"羽毛球"一词就是以英国格拉斯哥郡的一座名叫伯明顿的庄园命名的。1873年,在英国格拉斯哥郡的伯明顿镇有一位叫鲍弗特的公爵,在他的领地开游园会,但是由于大雨,人们感到无聊,几个从印度回来的退役军官就向大家介绍了一种隔网用拍子来回击打毽球的游戏,人们对此产生了很大的兴趣。因这项活动极富趣味性,很快就在上层社会社交场上风行开来。开始它只是一种贵族运动,后来因为它引人入胜,妙趣横生,从此这项运动便在英国各地迅速流传开来。随着游戏规则水平的不断提高,技术也日益成熟,现代羽毛球运动诞生了。伯明顿也就成为了现代羽毛球的名称。

1891年,世界上第一个羽毛球俱乐部诞生于英国南部。1893年,在英国成立了世界上第一个羽毛球协会。1899年英国举办了第一届著名的全英羽毛球锦标赛,羽毛球运动从此越出英国走向世界。1934年成立了国际羽毛球联合会,总部设在伦敦。1978年2月,世界羽毛球联合会在香港成立。1981年5月,国际羽毛球联合会和世界羽毛球联合会正式合并,现在国际羽毛球联合会已拥有 100 多个会员国。国际羽联管辖的世界性比赛有汤姆斯杯赛、尤伯杯赛、世界锦标赛、全英公开赛。

二、羽毛球运动的基本技术

(一)握拍法

正确的握拍法对于掌握合理、准确、全面的基本技术关系重大,可使我们随心所欲地把球打到对方场区的任何落点上。相反,如果握拍的方法不得当,往往会影响我们对球的控制能力,会限制我们的一些战术和球路。在完成技术动作的时候,也容易被对方预先判断到我们所要还击的球,同时也会影响技术动作的完成和发挥,降低了击球的效果和准确性,减弱了击球的威力。

1. 正手握拍法动作规范要点

(1)握拍之前,先用左手拿住拍杆,使拍面与地面垂直,再张开右手,使手掌下部(小鱼际)靠在球拍的握柄底托部位,虎口对着球拍柄窄的一面(即对着拍柄窄面内侧的棱角线)。

(2)中指、无名指和小指并拢握住拍柄,小鱼际与拍柄末端相齐。握拍位置不宜过前或过后。

(3)拇指和食指略微前伸,贴在拍柄的两个宽面上。

(4)掌心与拍柄面之间留有空隙,有助于灵活调节握拍的动作和发力。

2. 反手握拍法动作规范要点

在正手握拍的基础上,拍柄稍外转,食指收回,拇指第一指节的内侧贴在拍柄内侧宽面上,柄端紧靠小指根部,使掌心有空隙。

3. 握拍练习法

按照正确的要领握住球拍,并交替作正手握拍和反手握拍的练习,要注意适当放松手指,要快而准确地变换握法。在练习击球时,要经常提醒和检查握法是否正确,这一点非常重要。良好的握拍是成功击球的关键。

(二)发球和接发球

发球是羽毛球重要的基本技术之一。它可以通过不同的发球手法,发出不同弧度、不同落点的球来控制对方,为本方创造进攻得分的机会。尤其对初学者来说应该引起充分重视。

发球可分为正手发球和反手发球。一般来说,发平高球、平快球、网前球均可以用正手或反手发球的技术来完成,而发高远球则必须采用正手发球(见图10-36)。

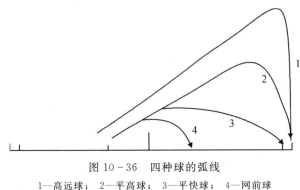

图10-36 四种球的弧线
1—高远球; 2—平高球; 3—平快球; 4—网前球

1. 正手发球(以右手握拍为例)

发球站位:单打发球站在中线附近,离前发球线后1m左右。双打发球站位可靠近前发球线。

准备姿势:身体左肩侧对球网,左脚在前,右脚在后,重心在右脚上。右手持拍向右后侧平举起,肘部放松微屈,左手拇指、食指和中指捏住球的中部,举在胸腹间。发球时,身体重心由右脚移至左脚。用正手发球,无论是发何种弧线的球,其发球前的准备姿势都应该一致,这样就会给对方的接发球造成判断上的困难。

(1)高远球。球的运行轨迹又高又远,下落时与地面垂直,落点在对方场区底线附近的球叫高远球。单打比赛时,常采用这种发球迫使对方退到最远的底线去接发球。在一定程度上限制对方一些进攻技术的发挥,也可使对方消耗更多的体力。

发球动作要领:发球时,左手把球举在身体的右前方并自然放下,使球下落,右手同时持拍由大臂带动小臂,从右后方沿着身体向前并向左上方挥动。球落到右手臂向前下方伸直能触到球的一刹那,握紧球拍,并利用手腕的力量向前上方发力击球。击球之后,球拍顺势向左上方挥动缓冲。

(2)平高球。这是一种弧度比高远球低,速度较高远球快,具有一定攻击性的球。

发球动作要领:发球前准备姿势和发球动作过程同发高远球大致相同,只是在击球的一刹那,小臂加速带动手腕向前上方挥动,拍面要向前上方倾斜,以向前用力为主,球击出的弧线以对方伸拍打不到的高度为宜,落点在对方场区底线。

(3)平快球。这种球比平高球的弧线还要低,速度还要快。在对付反应较慢,站位较前,动作幅度较大的对手或是初学者时,效果往往很好。

发球动作要领:准备姿势亦同发高远球。站位比发平高球稍后些(防止对方很快回球到本方后场),充分利用前臂带动手腕的爆发力向前方用力,球直接从对方肩上稍高位置越过,直攻对方后场。发平快球关键是击球的动作要小而快,但前期动作应和发高远球一致。发平快球时应注意不要超手、超腰犯规。

(4)网前球。发网前球是在双打中主要采用的发球技术。单打比赛时,如发高球怕遭到对方球员较快的直接攻击时,或为了主动改变发球方式借以调动对方时采用。

发球动作要领:准备姿势同发高远球。击球时,握拍要放松,大臂动作要小,主要靠小臂带动手腕向前切送,用力要轻,注意手腕不能有上挑动作。另外,落点要在前发球线后附近,发出的球要贴网而过,这可免遭对方扑杀。

2. 反手发球

反手发球的特点是动作小,出球快,对方不易判断。在双打比赛中多采用此发球技术。

(1)发球站位。站在前发球线后 10~50 cm 及发球区中线的附近。

(2)准备姿势。面向球网,两脚前后开立(左脚或右脚在前均可),上体稍前倾,身体重心在前脚上。右手反手握拍,左手拇指和食指掐住球的两三根羽毛,球托明显朝下,球体与拍面平行或球托对准拍面放在拍面前方。

(3)发球动作要领:击球时,小臂带动手腕朝前横切推送。发网前球时,用力要轻,主要靠"切"送,发平快球时,发力要突然,击球时拍面要有"反压"动作。

3. 接发球

发球与接发是一对矛盾,发球方想方设法发出各种不同弧线的球,以此来控制对方;而接发球方则后发制人,来达到反控制的目的。羽毛球比赛就是在这种控制与反控制的争夺中给人以刺激、乐趣和启示。

(1)接发球站位。不论是单打还是双打,都应选择一个合理的接发球站位。一般情况下,单打的接发球站位离前发球线约 1.5m 处,在右发球区应站在靠中线的位置,在左发球区则站在中间稍偏边线的位置,主要防备对方发球攻击反手部位,双打接发球时站位可靠近前发球线。

(2)接发球的准备姿势。单打接发球应左脚在前,右脚在后,侧身对网,重心在前脚,后脚脚跟稍提起,收腹含胸,持拍于右身前,两眼注视对方。

双打接发球准备姿势基本同单打,但重心可随意放在任何脚上,注意力要高度集中。

4. 正手发球技术动作规范要点

(1)准备发球时,身体稍侧,两脚前后开立,左手持球右手持拍自然屈肘于身体右前侧。

(2)挥拍时,右臂后引,由上而下向前上方挥动,左手相应放球。

(3)击球点位于体前腰下膝上的高度。

(4)在一般情况下,以正拍面击球。

(5)按发各种球的不同需要,调节前臂、手腕的闪动发力和握拍的松紧程度及拍面角度。

(6)挥拍过程中,身体重心从右脚移向左脚。

5. 发球练习方法

(1)分解动作的挥拍教学。

要逐步将准备动作—引拍动作—击球动作和随前动作,按动作要领反复练习。

(2)将分解动作连贯起来反复练习。

(3)不要过早地要求学生用力发球。

(4)发球与接发球结合两人进行对练。

(5)设置球的飞行弧线和落点,进行发球与接发球练习(见图10-37)。

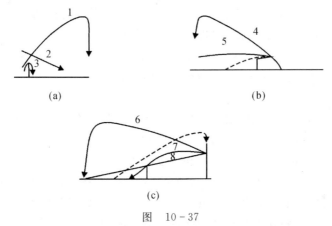

图 10-37

(a)接网前球; (b)接网前球; (c)接高远球

1—挑球; 2—扑球; 3—放网前球; 4—平高球还击; 5—平推球还击;
6—还击平高球; 7—还击吊球; 8—还击杀球

(三)击球法(手法)

初学者在掌握了握拍和发球技术之后就可以逐步进行各种击球技术的学习。

第十章 乒乓球 羽毛球 网球

羽毛球各种击球技术,按其特点进行分类,概括起来可有以下几种技术:后场高空击球技术、前场网上击球技术、下手击球技术、中场平击球技术。

1. 后场高空击球技术

后场高空击球也称后场上手击球,即在尽可能高的击球点上,还击对方向底线附近击来的高球。它具有主动性强、击球力量大等特点,可给对方造成较大威胁,是初学者首先必须学好的技术。

(1)正手击高远球。这是羽毛球上手击球技术的基础。

动作要领:首先判断来球的方向和落点,侧身后退使球在自己右肩稍前上方的位置,左肩对网,左脚在前,右脚在后,重心在右脚上,左臂屈肘,左手自然高举。右手持拍,大小臂自然弯曲,将球拍举在右肩上方,两眼注视来球。击球时,由准备动作开始,大臂后引,随之肘关节上提明显高于肩部,将球拍后引至头后,自然伸腕(拳心朝上),然后在右脚蹬地转体和腰腹的协调用力下,以肩为轴,大臂带动小臂快速向上方甩动手腕,在手臂伸直的最高点击球。击球后,持拍手臂顺惯性往前下方挥动并收拍至体前。与此同时,左脚后撤,右脚向前迈出,身体重心由右脚移到左脚。

(2)反手击高远球。在被动情况下的过渡,帮助自己重新调整站位。

动作要领:看准对方的来球落向左后场区的时候,迅速把身体转向左后方,移动到适合的击球位置,背对球网,用反手握拍,最后一步右脚跨向左后方,球拍由身前举到左肩附近,以大臂带动前臂转动,击球时前臂由左肩上方往下绕半弧形,最后一刹那时手指紧握球拍,击球点应在右肩上方为好,以手腕往右后上方或者根据还击的需要掌握好球拍的角度鞭打进行击球,把球击向后上方。击球后,转身、手臂回收至胸前。

(3)头顶击高远球。在自己的左后场区,用正手在头顶中间部位或在左肩上方将来球击到对方底线去的高远球击球法称头顶击高远球。这种击球动作是我国运动员对羽毛球技术发展的一项贡献。它较之反手击球主动性强,具有更大的攻击性,初学者应努力学好头顶击高远球技术。

动作要领:击球前的准备姿势以及击球动作同正手击高远球基本一致。不同的是头顶击高远球的击球点在左肩上方(因来球是飞向左后角的)。准备击球时,侧身(左肩对网)稍左后仰,击球时,大臂带动小臂使球拍绕过头顶,从左上方向前加速挥动。在用力击球时,注意发挥手腕的爆发力和充分利用蹬地以及收腹的力量。击球后,左脚在身后着地并立即回蹬,同时右脚前移重心移至右脚。

(4)平高球。平高球的弧线较高远球低,速度较高远球快,是一种在较主动情况下运用的击球技术。在实战中,质量较高的平高球常可以调动对方的站位,使其失去身体平衡,回球质量差,从而为己方更有力地进攻创造机会。

动作要领:同击高远球一样,只是在击球的一刹那用力主要是向前方,使击出的球弧线较低。

(5)吊球。将对方击来的后场高球还击到对方网前区的球称为吊球。它的作用是调动对方站位,以利于己方组织进攻。

吊球的动作要领:用力较小,挥拍时拍面正面向内倾斜,手腕作快速切削下压动作,称为劈吊。若劈吊斜线球,则球拍切削球托的右侧,并向左下方发力;若劈吊直线,则拍面正对前方,向前下方做切削。

另一种吊球称为轻吊(拦截吊),用力更轻一些,手法是拍面正对来球,当拍面和球接触时,轻轻一挡,将球以较平弧线,较慢速度越网垂直下落。

(6)杀球。把对方击来的高球全力向下扣压称为杀球。它的特点是力量大、速度快,是进攻的重要技术。

动作要领:击球前的准备姿势和击球动作与正手击高远球一样,不同的是最后用力的方向朝下,而且要充分利用蹬地、转体、收腹以及手臂和手腕的爆发力全力地将球向下击出,击球的一刹那要握紧球拍。不管用哪种动作杀球均可做重杀、轻杀、长杀、漂杀、直线和斜线扣杀。杀球时只要通过手腕和手指控制拍面倾斜角度、用力方向和大小,均可以扣杀出不同球来。这些不同形式的杀球主要是为了战术的需要和根据对方站位情况加以灵活运用。一般都是通过打高球和吊球来为扣杀创造机会,显出杀球的威力。

(7)后场正手高空击球技术动作规范要点。

1)挥拍前,侧身面对来球方向,两腿前后开立,前脚掌着地,两膝稍屈,身体重心落在右脚上,右手向上举拍屈肘(前臂与上臂约成 90°)置于身体右侧,腕部约与肩平,左臂自然屈肘上举。

2)向后引拍时,腿部蹬伸同时展体,右手举拍后引,肘关节向前上方抬起手腕后伸。

3)高球击球时,主要以前臂和手腕的闪动发力击球(同时握紧球拍)。

4)高球吊球时,击球点位于右肩上方略微偏前,处于自然直臂举拍时拍面中心点的高度。杀球、劈球时,击球点比高球和轻吊球时的略微偏前。

5)高球杀球时,以正拍面击球;吊球时,以正拍面或斜拍面击球;劈球时,以斜拍面击球。

6)挥拍过程中,身体向左旋转,一般在身体重心向上或达到(重心轨迹)最高点时击球。

7)击球后,右脚向前跨步,同时右手减速收拍至体前。

2.前场网上击球技术

网上击球是调动对方,寻找战机的重要手段,并可直接得分。因为它技术动作轻松而细巧,运用力量要求控制适度,所以在学习网上击球时,除了要注意动作规范之外,还应细心体会击球时手腕、手指的细微感觉。

准备姿势:侧身对网,右腿跨步成弓箭步,左脚在后自然拉开,持拍前伸约肩平,肘关节微屈,注意握拍要放松。

网上击球有搓球、放网前球、勾对角球、推球、扑球。

(1)搓球。击球前准备姿势同上。击球时,拍面稍前倾,利用手腕和手指的力量向前"切削"球托底部或向后"提拉",使球击出后旋转或滚动过网。搓球一般在对方来球较靠近网上时运用,反手搓球除握拍不同外,其他要领相同。

(2)放网前球。准备姿势同上。击球时,拍面稍朝前下方倾斜,前臂带动手腕和手指用前送动作击球托底部。正、反手放网前球时除握拍不同之外,其他要领相同。

(3)勾对角球。在网前把来球回击到对角线网前叫勾对角。准备姿势同上。击球时,拍面斜向对方右(左)网前。正手勾对角时击球托的右侧,手腕和手指带动球拍向左内勾动;反手勾对角时,击球托的左侧,同时向右内勾动。

(4)推球。在网上将来球用较平的弧线快速推到对方场区底线叫推球。准备姿势同上。击球时拍面前倾几乎与网平行,利用前臂带动手腕和手指的快速"闪动"将球击出。正手推球多用食指力量,反手推球多用拇指力量。

(5)扑球。在网上把高于网的来球迅速扑压下去叫扑球。击球时,拍面前倾,前臂带动手腕和手指快速闪动发力,击球后立即收拍,以免触网犯规。扑球时要求判断准、上步快、抢高点、动作小。正、反手扑球均可。

(6)前场网上击球技术动作规范要点。

1)击球时,侧身对右边网前(正手击球)或左边网前(反手击球),右腿前跨成弓步状,上体正直(略前倾)右手举拍前伸,肘关节微屈。

2)争取在高点击球。

3)搓球放网时,主要依靠手腕、手指的发力击球、推球、扑球、挑球时,主要依靠前臂和手腕、手指的闪动发力击球。

4)击球后,肘关节放松,然后收拍。

3.下手击球技术

下手击球一般是在防守时所采用击球技术。它虽然不像上手击球那样具有进攻性威胁,但如运用得当,往往也能起到守中有攻的效用。

下手击球有:底线抽球、挑球、接杀球。

(1)底线抽球。底线抽球主要是为了对付长杀球、平推球或对方突然回击的平高球,使自己较被动地退到底线去接球时,所采用的一种击球技术。

正手底线抽球:移动时,右脚先向右后场区迈一小步,身体也随之转向右后方,左脚用并步或交叉步向右后场移动一步,右脚再向右后场跨一大步并成弓箭步,重心在右腿上。在移动的同时,持拍臂往右后方拉,拍面稍后仰。击球时,以躯干为竖轴,做半圆式挥拍击球。

(2)挑球。把对方击来的吊球或网前球还击到对方后场去叫挑球。它是在较被动情况下为了争取回场时间而采取的一种过渡性质的击球。

动作要领:不论是正手还是反手挑球,最后一步应是右脚在前。正手挑球时,以肘关节为轴,伸拍向前并以前臂带动手腕由下向上挥动;反手挑球时,以反手握拍击球,肘关节稍抬高,并以肘关节为轴,前臂带动手腕由下向上挥动。

挑球应注意,如来球离网较远时,拍面可稍前倾向前上方用力击球;如来球离网较近,拍面应向上,击球时要有向上的"提拉"动作,以免挑球不过网。

(3)接杀球。把对方杀过来的球还击到对方场区叫接杀球。接杀球看起来很被动,但当对方杀球质量不高时,接杀球如处理得当,就会为本方创造转守为攻的机会或直接反击得分。

1)接杀近身球。所谓接杀近身球即对方杀球的落点离身体不远,不须移动脚步而在原地即可进行还击。击球时,主要依靠前臂、手腕的发力,用力大小和拍面变化要根据对方杀球的力量大小和己方回击的不同落点而变化。一般来说,回击网前球时,用力要轻,主要借助对方来球的反弹力,拍面正对网稍有后仰,球拍触球时可做"切削"或"提拉"动作缓冲来球力量。回击后场时,前臂和手腕用力要大些,要有抽击动作。当对方杀球质量较差时,可用推后场还击,其用力以手腕为主向前上方"甩"腕。

2)接杀远身球。接杀远身球即对方杀球的落点离身体较远,须移动脚步进行还击。击球时,两腿急速蹬伸同时转髋,采有两侧移动步法至击球位置,上体侧向击球点,同时右手侧伸,以前臂、手的闪动发力击球。接杀远身球回击网前或后场球时的用力及拍面变化相似接杀近身球。

接杀球时应注意:一是击球点应在身体前方或侧方附近,不是在身体后方,否则会影响手腕和手指力量的自如发挥。二是击球前的预摆挥拍动作要小,因杀球速度较快,若接杀动作幅度较大,会造成接球不及,导致失误。

以上两种接杀球技术均可用正手和反手去完成。

(4)下手击球技术动作规范要点:

1)击球前两脚左右开立(稍有前后),面对球网,两膝微屈,前脚掌着地,注意调整身体重心(便于迅速起动),上体略向前倾,右手握拍持于体前。

2)接吊球时,采用上网移动步法至前场,右腿前跨成弓步状,右手持拍前伸,上体前倾,主要依靠前臂、手腕、手指的发力击球。

3）接杀近身球。主要依靠前臂、手腕的发力击球,同时,根据需要身体积极协助挥拍击球动作,争取在体前击球。接杀远身球时,两腿急速蹬伸同时转髋,采用两侧移动步法至击球位置,上体向击球点处侧屈,同时右手侧伸,以前臂、手腕的闪动发力击球。

4）击球后,迅速回动同时收拍持于体前。

4.中场平击球技术

中场平击球主要是对付对方击来的弧线平于或稍低于网,且落点在中场附近的低平球时所采取的还击技术。在双打比赛中多采用这种技术,它的击球点在与肩同高处或在肩与腰之间。因为来球的速度较快,弧线较平,所以击出的球速也较快、较平,因而中场平击球也是一种对攻的技术。它有正、反手中场平抽球,半蹲式中场平击球两种。

（1）正、反手中场平抽球。这主要是对付来球离身体较远的平球。人站位于中心附近,两脚左右开立,面对球网,两膝微屈,右手持拍于体前。击球时,判断准来球并向右(左)侧横跨一步,同时挥拍依靠前臂和手腕的闪动发力击球。正手平抽球时,多用食指的力量向前发力。反手平抽球时,多用拇指的反压力朝前发力。此外,不论是正手还是反手中场平抽球,其击球点都应争取在身体侧前方,这更便于手臂的发力。

（2）半蹲式中场平击球。主要运用在双打比赛中,这是进行对攻的一种击球技术。这种技术是将对方击来的位于肩部或面部附近的球,在半蹲姿势下还击回去。击球时看准来球,迅速取半蹲姿势,同时举拍在正面或右肩上或头顶等位置,以前臂带动手腕快速闪动挥拍击球。

（3）中场平击球技术动作规范要点：

1）击球前,两脚左右开立,面对球网,两膝微屈,前脚掌着地,拍持于体前。

2）争取在身体侧前方击球。

3）主要依靠前臂、手腕的闪动发力击球。

4）在击近身球的挥拍过程中,下肢、上体积极协助挥拍击球动作。

5）击球后迅速收拍至原处。

注：上述技术动作规范要点均以右手持拍为例。

在基本技术规范的教学训练过程中,要特别注意对学生"眼功""手功""脚功"的培养。

在重视技术动作规范化的同时,要注意贯彻因人而异、区别对待、循序渐进的原则。练习的难度和技术要求,应符合学生基本技术掌握程度的实际情况。

(四)步法

上网的步法和手法(即各种击球法)是相辅相成、不可分割的。许多击球技术都是靠熟练、快速、准确的步法移动来完成的。

主要的步法有上网步法、后退步法、两侧移动步法、起跳腾空突击步法。

1. 上网步法

上网步法包括跨步上网、垫步或交叉步上网、蹬跳上网。

不论用哪种步法上网,其上网前站位及准备姿势都是一样的。即站位取中心位置,两脚左右开立(稍有前后),约同肩宽,两膝微屈,两脚前脚掌着地,后脚跟稍提起并左右微动,上体稍前倾,右手持拍于体前,两眼注视对方的来球。

(1)跨步上网。判断准对方来球后,左脚掌内侧用力蹬地并侧身向来球方向迈出,接着右脚也向前迈一大步,以脚掌外侧和脚跟先落地,再过渡到前脚掌,右膝关节弯曲并成弓步,紧接左脚自然地向前脚着地方向靠上小半步。击球后,右脚蹬地用小步、交叉步或并步回到中心位置(见图 10-38)。

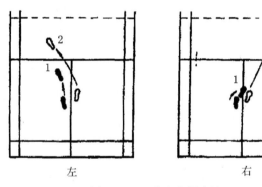

图 10-38 跨步上网步法

注意事项:右腿成弓步时,要防止因上网前冲力过大使重心越过右腿而失去身体平衡,另外,前脚脚尖应朝着边线方向,而不应朝向内侧。

(2)垫步或交叉步上网。判断准对方来球后,右脚先迈出一小步,左脚立即向右垫一小步(或从右脚后交叉迈出一小步),左脚着地后,脚内侧用力蹬地,右脚再向网前跨一大步成弓步,身体重心在前脚。击球后,前脚朝后蹬地,用小步、交叉步或并步退回中心位置(见图 10-39)。

垫步或交叉步上网的特点:步法调整能力强,在被动情况下,能利用蹬力强、速度快的特点迅速调整脚步,去迎击来球。

注意事项同前。

(3)蹬跳上网。蹬跳上网是在预先判断准来球的基础上,利用脚蹬地,迅速扑向球网,以争取在球刚越过网时立即进行还击。比赛中常用此法上网扑球。其步法是站位稍靠前,对方一有打网前球的意图后,右脚稍向前刚一点地便起蹬侧身扑向网前。击球后应立即退回中心位置。

注意事项:蹬跳上网既要快,又要防止因前冲力过大而触网或过中线犯规(见图 10-40)。

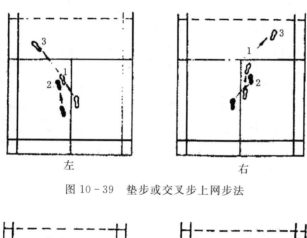

图 10-39 垫步或交叉步上网步法

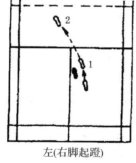 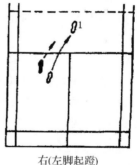

图 10-40 蹬跳上网步法

2.后退步法

正手击球后退步法和头顶击球后退步法,可用并步或交叉步移动后退,实战中可根据场上情况和个人特点灵活使用。反手击球后退步法应根据离球距离的远近来调整步法。最后一步都是右脚在后,重心在右脚上。如反手部位击球,须右侧髋部转向左后方背部朝网,击球后,迅速回中心位置(见图 10-41)。

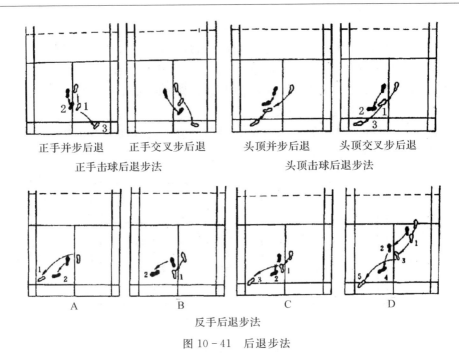

图 10-41 后退步法

3. 两侧移动步法

两侧移动步法多用于接对方的扣杀球和打来的半场低平球。其移动前的准备姿势及站位基本同上网步法。

(1)向右侧移动步法。判断准来球后,上体稍倒向左侧,用左脚掌内侧用力蹬地,右脚同时向右侧跨大步,髋关节随之右转,上体稍倒向右侧,重心在右脚上。若距来球较近,可采用上述动作,若距来球较远,则须左脚先向右脚垫一小步再起蹬,右脚同时向右侧跨大步(见图 10-42)。

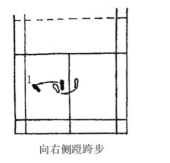

图 10-42 向右侧移动步法

(2)向左侧移动步法。判断来球后,上体稍向右侧,用右脚掌内侧用力蹬地,左脚随髋关节的转动同时向左侧跨大步。若来球较远,左脚先向左侧移一小步,紧接着右脚往左侧方向起蹬并转身(背对网)向左跨大步(见图10-43)。

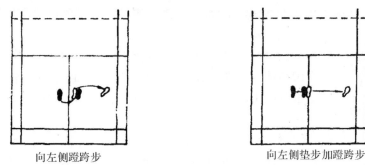

向左侧蹬跨步　　　　　　　向左侧垫步加蹬跨步

图 10-43　向左侧移动步法

4.起跳腾空突击步法

起跳腾空突击步法主要运用于向左、右两侧稍后的位置移动,突然起跳拦截对方击来的弧线较低的平高球。它的特点是起动快、动作突然,常在对方尚未站稳之际,给其以防不胜防的一击。

当判断准对方来球飞向右侧底线且弧线较低时,右脚先向右后跨一步,接着左脚自右侧后蹬地,右脚起跳,身体向右侧后方跃起,截住来球,用正手击球技术扣杀或劈吊对方空当,当来球飞向左侧底线时,用右脚掌蹬地,左脚起跳,用头顶击球突击对方。

在运用起跳腾空突击步法时,应注意击球后落地时要控制好身体平衡,并立即回到中心位置。

对上述羽毛球步法中最基本的几种步法,初学者在平时的练习和比赛中,应按照要求去体会和掌握,并应该在比赛中不断地去摸索这些步法移动的规律,以适应比赛中瞬息万变的情况。

下面介绍步法移动中具有规律性的一些问题,这对更好地运用步法有很大帮助。

(1)站位。不论是单打还是双打,在步子移动前都应该选择一个有利的站位,这既有利于向各个方向运动去迎击来球,又可使对方不易找到攻击的空当。在一般情况下,上网步法或后退步法,其移动前的站位均应取中心位置,但在某些特定的情况下,选择站位应有所变化。例如:己方网前技术较好,但后退步法较慢,其站位要适当偏后。以平高球控制了对方后场之后,对方被动地回一网前球,这时己方站位应偏前,准备迎击网前球。当在网前搓出既旋转又贴网的近网球时,站位可靠前些,因对方一般不可能回出有较大威胁的球。即使对方打后场球时,也只能被动挑高球(因己方搓球的质量很高),这时己方有充裕的时间从网前回到后场。总之,步法移动前站位的选择不是固定不变的,合理适当的站位常能使自己把握场上的主动权。

(2)站法。站法与双方的打法特点与来球的落点有密切关系。一般的站法有两种:一是前后站,右脚稍前或左脚稍前。二是平行站,防守或接两侧来球,多采用平行站法。上网或后退时采用前后站法。这两种站法虽各有利弊,但可以根据不同情况不断地变换站法。

(3)起动。起动是各种步法移动的前提,只有起动快,才能迅速到位。这不但能取得较高的击球点,争取时间上的主动,还能更好地完成各种击球技术。

要做到起动快,应该注意以下要点:准备时,两脚不能站实(即以全脚掌着地),这样不利于蹬地起动,而应稍提脚跟,并使两脚保持微动。在起动时应提高预判能力,即根据对方击球的习惯动作,提前判断来球的方向,以便及早做好起动的准备。这一点对于初学者来讲往往是不容易的。但只要在平时的练习和比赛中细心观察,分析对手的击球特点和习惯动作,就会为预判提供依据。这也是一种心理训练。在学习打羽毛球的初级阶段,如能将这种心理训练很好地和技术、战术训练结合起来,就能更快地提高水平。

(4)回动。所谓回动,就是在接球后,立即回到适当的位置(原则上回中心位置),准备接下一个来球。如不善于立即回动,则极易暴露自己的空当面遭对方的攻击,若在后场吊对方网前球后,匆忙地朝前场跑,在前场放了网前球后又盲目往后退,这些都是回动不当的表现。要解决这些问题:①要增强回动意识,每击完一球后,不停留在原地,也不盲目前后跑动,而是积极调整步法,原则上回到中心位置。②在上网时要保持身体平衡,充分利用右脚的回蹬回动。③后退时最后一步重心要在右腿上,击完球后,身体重心应随右脚前移,上体前压,协助回动。④不论是上网、后退,还是两侧移动,如出现脚步混乱,则应立即以小步尽快调整至正常步法。

(五)羽毛球的基本步法与练习

1. 羽毛球运动的基本步法与练习

(1)分解步法练习。把羽毛球场上的综合步法分解成单一运动方向的步法进行训练的练习,则称为分解步法练习。主要包括正、反手上网步法练习,正、反手接杀步法练习,正手后退击球步法练习,头顶后退击球步法练习,杀上网(前后场连贯步法)练习和后场反拍击球步法练习。

(2)结合击球动作练习上述相应的步法。

2.常见错误及其纠正方法

(1)上网常见的错误步法:最后一步的大跨步用脚前掌着地。应该是大跨步出脚时膝要自然伸直向前伸腿,不能屈膝伸腿,前脚落地时应稍有外展。

(2)后退常见错误步法:起跳击球着地后重心后倒,影响回动。

纠正方法:先着地的脚应该向后拉大着地的距离,并使着地脚的前脚掌的拇指根部内侧先着地,然后脚掌内侧着地,以保证落地后身体能前倾,有利回动。

三、羽毛球运动的基本战术

战术与打法的关系是很密切的。在实战中,战术是根据双方的打法和场上的具体情况而定的。"以己之长,攻彼之短"是一大原则。下面简单介绍一些常用的战术。

(一)单打战术

1.发球抢攻战术

从发球的第一拍起,争取控制对方,以攻杀得分。这种战术,一般为发网前球结合平快球、平高球,争取第三拍的主动进攻。用这种战术对付应变能力较差的对手或实施于比赛的关键时刻,效果往往很好。实施这一战术时,应有高质量的发球予以保证,否则很难成功。

2.攻后场战术

此战术是通过击高球,重复压对方的底线两角,造成对方的被动,然后寻找机会进攻。用它来对付初学者或后场还击能力较差,或后退步法较慢以及急于上网的对手是很有效的。

3.攻前场战术

对网前技术较差的对手,可运用此战术先将其吸引到网前,然后再攻击其后场。采用此战术,自己首先要有较好的网前击球技术。

4.打四方球战术

若对手步法较慢、体力较差、技术不全面,可以用快速、准确的落点攻击对方场区的四个角落,寻找机会向空当进攻。此战术的主要目的是通过打落点,逼迫对方前后奔跑,被动应付,并在其回球质量下降或露出破绽时乘虚而攻之。

5.杀、吊上网战术

对手打来的后场高球,本方先以杀球配合吊球把球下压,落点选在场区的两条边线附近,致使对手被动回球。若对手回网前球时,本方迅速上网搓球、勾对角球或平推球,创造在中场大力扣杀的机会。这种战术必须能很好控制杀、吊球的落点,在使对方被动回网前时,才能主动迅速上网。

6. 打对角线战术

对付身体灵活性差、转体较慢的对手,不论是进攻还是防守,均应以打对角线球为主,这样,对方会因移动困难而被动,为我方创造进攻机会。

7. 防守反击战术

在对方主动进攻、我方被动防守时,我方可高质量地接杀挡网;或抓住对方攻杀力量减弱或落点不好的机会,以平抽底线球还击对方后场,扭转被动局面,并进行反击。

(二) 双打战术

双打比赛不仅仅是竞赛双方在技术、战术、体力上的较量,同时也是双打同伴相互间配合程度的较量。因此,在学习双打战术之前,首先要了解两人之间站位形式上的配合。

一般情况下,有两人一前一后站位和两人分边(左右)站位两种形式。一前一后站位即在后场的人分管后半场的球,站在前场的人则负责前半场的球这种站位形式有利于进攻,而不利于防守。所以,一般在本方进攻时多采用此站法。分边站位多在防守时采用,这样各人分管半边场地,在防守时就没有什么空当了。

站位形式不是固定不变的,它在比赛中随着进攻与防守之间的不断转换而变化。

1. 攻人战术(二打一)

集中攻击对方中有明显弱点的人,并伺机攻击另一人因疏忽而露出的空当,或对此人偷袭。双打比赛中的配对选手的技术,一般一人好,另一人稍差些。即便两人水平相差不多,但若能集中力量攻击其中一人,也可给其造成很大的心理压力,从而使其出现失误。

2. 攻中路战术

当对方分边站位防守时,将球攻击到对方两人的中间,当对方前后站位时可将球下压或平推两边半场,这样可使对方防守时互相争抢或互让而出现失误。

3. 攻后场战术

对方后场打杀能力差,本方可采用平高抹、推平球、接杀挑底线,把对方一人紧逼在底线两角移动。当对方被动还击时,则抓住机会大力扣杀。如另一对手后退支援时,即可攻网前空当。

4. 后攻前封战术

当本方处于主动进攻前后站位时,站在后场的队员见高球就杀或吊网前,迫使对方接球挡网前,这为本方前场队员创造了封网扑杀机会。前场队员要积极封锁网前,迫使对方被动挑高球。一旦对手挑高球达不到后场,就为本方创造了再进攻的机会。

5. 防守反击技术

在防守中寻找反攻的机会,以便摆脱困境,被动转为主动。例如,挑底线球,即不论对方从哪里进攻,本方都应设法把球挑到进攻者的另一底线。如对方正手后场攻直线,就挑对角线,如对方攻对角就挑直线。这是一种容易争得主动的防守技术,在女子双打中运用更为有效。时机有利时,即可运用反抽或挡网前回击对方的杀球,从守中反攻,争得主动权。运用此战术时,要注意挑高球一定要到底线,否则将会出现对方连续攻杀而本方无力反击的局面。

四、羽毛球场地

羽毛球场地是一个长 13.4 m,双打宽 6.10 m,单打宽 5.18 m,场地中央被球网(两边柱子高 1.55 m,中间网高 1.524 m,平均分开的长方形场地(见图 10 - 44)。

羽毛球场地横向被中线平分为左右两个半区,纵向被分为前场、中场、后场。前场从前发球线到球网之间的一片场地;后场是指从端线到双打后发球线之间的一片场地;中场是指前发球线与双打后发球线之间的一片场地(见图 10 - 45)。

五、羽毛球专项身体素质及练习方法

俗话说"七分靠腿,三分靠手",就是羽毛球运动的真实写照。因此良好的身体素质,尤其是羽毛球运动的专项身体素质,是打好羽毛球的基础,才能在羽毛球运动的攻与守、控制与反控制的对抗中,忽左忽右、忽前忽后地完成各种急停、起动、移动、跨跳、挥臂击球等动作,才能体会到羽毛球运动的魅力所在。

羽毛球的专项身体素质,就是在一般身体素质的基础上进行该项运动时所需要的特殊的力量、速度、耐力、灵敏和柔韧,其中力量是基础,速度是核心。

如何提高羽毛球专项身体素质呢?下面就结合羽毛球运动的特点,介绍一些简便易行的羽毛球专项身体素质练习方法。

1. 提高羽毛球专项力量素质的练习方法

在进行一般性力量训练的同时,应着重进行一些负荷强度小、速度快、重复次数多的速度力量和力量耐力训练。

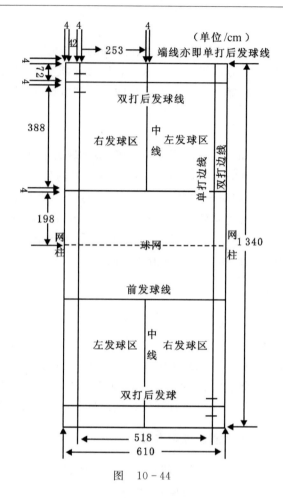

图 10-44

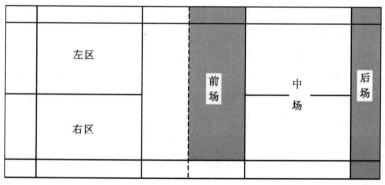

图 10-45

常用的练习方法如下：

(1)哑铃快速推举、前臂头后举、侧平举、体前平举、两臂上下绕肩、前臂屈伸、手腕屈伸、体签收完绕 8 字等(每个练 20 次左右，依次循环为一组)。

(2)橡皮筋拉伸，同哑铃的动作。

(3)下肢力量练习：全蹲向上起跳，双腿收腹跳，双腿向前、向后、向左、向右跳，全力向上纵跳，单脚原地左右前后轮换跳，弓箭步前后交叉跳。

(4)腰腹肌练习：屈体后仰，仰卧交叉举腿，侧卧抬腿，。

2.提高羽毛球专项速度素质的练习方法

(1)听口令进行各种直线冲刺跑练习。

(2)变速跑。

(3)后退跑。

(4)两侧并步跑。

(5)各种场地跑练习(直线进退跑、左右两侧跑、低重心四角跑)。

(6)击墙壁球练习。

3.提高羽毛球专项灵敏素质的练习方法

(1)各种抛接球练习。

(2)跳绳综合练习：前后交叉跳、高抬腿跳、双腿前后左右跳、左右单脚跳等。

(3)各种下肢综合跑练习：小步跑、高抬腿跑、后踢腿跑、左右侧身并步跑、前后交叉步侧向移动跑、双腿向后跳。

(4)髋部灵活性练习：前后交叉起跳转体、原地转髋跳、高抬腿交叉转髋、单足轮换踏小密步。

4.提高羽毛球专项耐力素质的练习方法

(1)各种长时间的综合跑跳步练习(方法同专项灵敏素质，只是加长练习时间)。

(2)长时间的单、双脚跳绳练习(练习方法同专项灵敏素质跳绳练习，加长时间)。

(3)综合步法练习。

(4)多球练习。

5.提高羽毛球运动专项柔韧素质的练习方法

(1)压肩、拉肩。

(2)正、侧、后压腿。

(3)快速正、侧、后踢腿。

(4)快速前后绕肩。

(5)原地左右快速转体。

(6)腹背屈伸、腰部大绕环。

第三节 网 球

下面介绍网球的基本技术。

一、握拍法

握拍是所有击球的基础，它主宰着挥拍的方式，击球时拍面的角度、击球点以及控制、力量等最重要的击球品质。在当今网坛中，基本的握拍法大致分为四类：东方式、大陆式和西方式。选择何种握拍法，关键是此种方式是否最适合并能最大限度地发挥力量和掌握平衡。

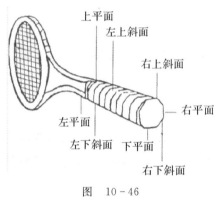

图 10-46

（一）东方式握拍法

因此握拍法最先在美国东海岸一代流行，故取名为东方式。

东方式握法很像握手的姿势。先将球拍水平放置，拍面与地面垂直，拍柄朝向自己，然后以手握手状握住球拍。握法要点：食指下关节压在拍子的右垂直面上，食指与其余3个手指稍分开，拇指垫自然弯曲，从拍下平面绕过来。击球时右手掌根与食指下关节控制球拍。这种握拍的优点在于手掌与拍柄接触面积大，容易发力，挥拍范围大，不足之处是在反手击球时，握拍的稳定性相对较差，需要变换握拍方法。

（二）大陆式握拍法

此种握拍法流行于欧洲大陆。

大陆式握法要点：食指下关节紧贴在右上斜面上，手掌根部贴住上平面，与拍底平面对齐,其余 3 个手指稍分开。这种握拍法的优点在于无论是反手还是正手都能以不变的握法进行击球,但由于在打球时需要相当的腕力,力量不足的选手使用这种方法很难打出好球。

(三)西方式握拍法

此握法在过去美国西部海岸加利福尼亚一代流行,因而取名西方式。西方式最形象的表述就是"一把抓"。它是将牌子平放在地面上,再用手直接抓起来。西方式握法要点:拇指与食指几乎成直角,拇指伸直紧压住拍子平面,食指下关节压住右上斜面,手掌根部贴住右下斜面,与拍底平面对齐。这种握拍法在打高球时能有很大的威力,在回击身体正面来球时,需要下蹲,但对近网低球、低空截击球等比较难处理,打锐角球也较困难。

二、击球落地

(一)正拍击球

正拍击球指的是在本人握拍手同侧的地方对落地球的打法,是网球基本技术中最常用的击球方法,是初学者最先学习的技术。正手击球的动作,从理论上讲,动作比较深长,击球有力,速度也快。而在比赛中正手击球的机会比较多,正手击球后,可使本人在场上的位置更有利。由于现代网球速度的加快,不少网球爱好者过多地担心反手球的质量,因此经常采用偏近于反手的正手握拍法,结果在正拍击球时使用了许多手腕动作,以致造成偏差和失误。下面以右手握拍者为例介绍正拍击球的动作要领。(以后介绍的各项基本技术均以右手为例)。

1. 正拍击球的动作要领(见图 10-47)

(1)准备姿势。面对球网,双脚向前自然开开与肩同宽,双膝微屈身体略向前倾,重心落在双脚的前脚掌上,右手握拍,左手轻托拍颈,双肘微屈,球拍舒适地放在身前,托面垂直于拍头指向对方,两眼注视对方来球,做好击球准备。

(2)后摆引球。当判断来球须用正拍回击时,转动双脚,左脚跟抬起并向右侧前方上步,右脚向右转 90°与底线平行,同时转肩转髋带动右手向后摆动引拍(此为关闭式步法,适用于初学者转体,另一为开放式步法,左脚不必上步,两脚平站但需要更多的向右转体动作),引拍时肘部弯曲自然下垂,拍头低于膝盖,左手伸向前方,保持身体平衡,后摆引拍时身体重心移向右脚,左肩对着右侧的网柱,手腕固定,挥拍转动约 180°,拍头指向后挡网。

(3)击球动作(前挥击球)。向前挥动时紧握球拍,手腕后伸固定,用力蹬脚,转动身体和挥拍,正拍的击球点在身体的右侧前方不超过腰的高度,击球时的挥拍速度最快,球打在拍面的中心,击球挥拍时的拍头是自上而下地挥动,使球稍带上旋球。

(4)随挥跟进动作。球触拍后,使拍面平行于网的时间尽量长些,挥拍沿着球飞行的方向前送,重心前移落在左脚,身体也随着转向球网,挥拍动作在左肩上方结束,拍头指向上方高出头部。随挥跟进动作要比后摆动作大而充分,保证击球的稳定性,随挥跟进结束,立即恢复准备姿势,准备下一次击球。

图 10-47

2. 几种不同的正拍击球方法

从球的旋转性能分类,有上旋球、下旋球、平击球、侧旋球(内侧球)等不同旋转的打法,网球的各种打法与旋转很有关系,下面介绍几种不同的正拍击球法。

(1)上旋球。正拍上旋球是球拍自后下方向前上方挥动摩擦整个球体产生球由后下方朝前上方转动,故叫作上旋球。这种打法是在击球时,加大向上提拉挥动的幅度,使球产生较为急剧的上旋。上旋球的特点是飞行幅度高,下降快,落地弹起的反射角度较小,前冲力较大。打上旋球最大的优点是便于加力控制,是正拍击球中既能发力重大,又能控制进入场区减少失误的击球方法,由于在快速跑动调整精确的击球点很难,而上旋球有较大的把握,其他击法容易失误,另外,正拍上旋球的飞行路线呈彩虹状,过网后有急剧下降的特点,可以打出短的斜线球,把对方拉出场外回击取得主动。上旋球还是破坏对方上网的有力武器。较低的上旋球落在对方上网人的脚下,使其难于还击。

(2)下旋球。和上旋球相反方向的是下旋球,俗称"削球"。击球时,球拍稍向后倾斜,挥拍是由后上方至前下方打球的后下部产生下旋转,球是由前上方向后下方旋转并向前飘行,过网时很低,落地后弹起也很低并伴有回弹(走)现象,下旋球的落点容易控制,也可以打对方的深区,常用于随击上网,可以协调连贯地把随击与上网结合起来,利用球的飞行时间和深而准的落点冲至网前截击,也可以作为变换旋转和节奏的打法,扰乱对方的节奏,使之失误。

(3)平击球。挥拍击球的路线向上较平缓,击球时拍面几乎垂直地面。击球的正后部,用同样的力量击球,平击球的球速最快,球落地后前冲力大,球的飞行路线较平直,但其准确性和控制力较差,因此这种击法在比赛中较少使用。

(4)侧旋球。击球时球拍由后部向内侧平行挥动(也称"滑击"),使球产生由外向内的侧旋转,故称侧旋球。这种球飞行路线呈水平向外侧的弧线飞行,落地后向外跳,常用于正拍直线进攻。在实践中,球的旋转常是混合性能的,球的旋转与来球的方向、力量、旋转速度和击球时的挥拍路线、触球时的拍面角度等因素有关。因此,要掌握正拍击球的不同旋转球方法,需要在平时训练中反复练习。

(二)反拍击球

反拍击球指的是与握拍手相反的落地球打法,它和正拍击球一样,也是网球的基本技术中最常用的击球方法。初学者一般先学习正拍后再学反拍,这是因为用右手的人,习惯于在身体的右侧做事,正拍的拉拍动作既方便又容易,身体向右转动已成习惯。正拍有了一定的基础,对球的弹跳规律已熟悉,再学反拍就比较容易。反拍的许多动作要领与正拍相似,只是方向相反,反拍击球是左眼和右手,由于三叉神经不协调,使人感到别扭。

1、反拍击球的动作要领(见图 10-48)

(1)准备姿势。面对球网,双脚向前自然分开与肩同宽,双膝微屈,腰部略向前,用非握拍手轻托拍颈,拍头与下巴齐平,双肘弯曲,将球拍舒适伸在前面,身体前倾,重心落在双脚上。当判断对方来球朝反拍方向飞来时,轻握拍颈的左手应该迅速帮助右手握拍变换为反拍握拍法。正拍若使用东方式的正拍握法或西方式握法,在打法时应变化为相应的反拍握拍法,否则反拍是打不好的。双手握拍的人,大多也需要变化握法。

(2)后摆引球。向左肩转髋带动右手向左后方摆动,左脚向左转 90°与底线平行,同时右脚向左前方上步,左肩对着球网,手腕绷紧、后伸,双肩夹紧,右手拇指靠近左腿的上部。后摆时肘关节自然弯曲下垂,重心移向后方的脚上。反拍的后摆动作应比正拍后摆更早地完成。单手反拍时,左手可轻托拍颈,伴随着向左转的协调动作－若是双手反拍挥臂,需要更充分的转体动作,右肩转向左侧的网柱。

(3)前挥击球。从后摆进入向前挥动时应紧握球拍,手腕固定,右脚与网成45°,转动双肩、躯干和臀部,挥拍向球,反拍的击球点应在身体的左侧前方,击球时球拍与右脚应在一条直线上。击球瞬间,拍头的挥动最快,对准来球把球打正,肘部应伸直,球拍与手齐平,双眼盯住球。随着身体重心从后脚移向前脚,反拍上旋球的击球动作其拍头轨迹是自上而下的。

图 10-48

(4)随挥动作(跟进)。球击出后,拍面平行于网的时间尽量长些,挥拍沿着球飞行的方向前送,球拍随球向前的距离小于 60cm,重心前移,落在右脚,身体也随着转向球网,挥拍在右肩上方结束,拍头指向上方(削击球则不同),完成好随挥动作有助于控制球的落点和方向。随挥动作要比后摆动作大而充分,从而保证击球动作的完整和稳定。随挥跟进动作结束,身体转向球网,迅速恢复原来的准备姿势,准备下一次击球。

2. 几种不同的反拍击球方法

从球的旋转性能分类,反拍与正拍一样,也有以下几种不同的旋转的击球方法。

(1)上旋球。球拍自左后方向前上方挥击,这时球由后下方向前上方旋转,故称为上旋球。要想产生急剧上旋,须加大向上提拉的幅度。

(2)下旋球。俗称"削球",和上旋球方向相反,它是由后上方向前下方挥拍,打在球的后下部产生旋转,球由后前方向下方旋转,成下旋球。下旋球的飞行路线是向上的弧线。

（3）平击球。挥拍击球的路线是从后向前上方较平缓地挥击，击球拍面几乎垂直地面，击球的正后部。平击球准确性较差，尤其在快速奔跑中用平击球的打法很难控制球的准确性，易造成球失误或出界。

（4）侧旋球。击球前的动作与平击相似，击球时球拍由后部向内侧"滑击"（平挥动），使球产生由外向内的侧旋转，球飞行路线呈水平向外侧的弧线飞行，落地后向外跳，常用于正拍直线进攻。

以上是反拍的几种不同的打法，在实践中球的旋转常是混合性能的，因为这与球的方向、力量、旋转、挥拍路线、击球时的拍面角度等因素有关，因此，要掌握反拍击球技术，需要在平时训练中反复练习。

三、发球与接发球

（一）发球

现代网球技术中，发球是最重要的技术之一。发球是进攻、得分的开始。而稳定情绪又是发球必不可缺的前奏，就让我们从这里开始，看看怎样能发出一个好球。

1. 稳定情绪

心浮气躁的情况下是很难发出一个好球的。通常的做法是在发球的位置上做几次深呼吸，再拍拍球，然后站定准备发球。由于每个人的习惯不同，因而稳定情绪的做法也各有差异，但这一环节最好不要被忽略掉并且应尽量延续至准备动作当中去。

2. 握拍

当今球员发球常采用大陆式握拍，但过去的几年里，有些顶尖选手采用介于东方式正手和大陆式握拍之间的握法。许多网球初学者都喜欢用东方式正手握拍进行发球，这可能是底线击球所留下的"后遗症"。其实一试便知，如果采用此种握拍在右区而且是用正常动作发球的话，球出手后十有八九会偏向外角一侧，因为手腕在自然情况下所形成的拍面就是如此的角度，若想使拍面偏向内角则必须向内转手腕，而经常做此动作不仅相当别扭而且易使手腕受到损伤。所以在可能的情况下最好不要用东方式正手握拍进行发球。

3. 准备动作

众所周知，发球要发在对角的发球区内才算好球，发球员若站在单打右区发球，那么球应该落入对面的 A 区之内，若站在左区发球则球应落入对面的 B 区之内，靠近发球线的 C，D 两个角一般被称为内侧角，靠近边线的 E，F 两个角相应地被称为外侧角。球员在发球之前对球出手后的方向、落点、旋转、速度等都应做先期的预算,盲目发球出手无疑是在浪费先发制人的好机会。发球前具体的准备动作,双脚自然分开站立,两脚的连线根据球员的习惯可与底线相垂直,也可以保持另外一个合适的角度。身体自然前倾,最好只持一个球,球自然着落在持球手拇指、食指及中指三指上,无名指和小指自然屈于球的后部,切忌用力将球握在手里或捏在手里。许多初学者喜欢拿起球、拍,走到发球位置后立即就开始抛球并挥拍击球,仿佛球和拍是不相关的两样东西,这显然是很草率的,最好能改一改。球拍相合,不仅能够给球员一个集中注意力的提示,告诉自己"我要发球了",同时也是稳定情绪和整理思路的延续,初学者应该养成此习惯。

4. 抛球

准备动作稳定下来以后,顺势就是抛球及挥拍击球。这两个环节能否配合得好是能否发好球的关键,而抛球的质量又是关键的关键。位置得当、出手平稳的抛球将为挥拍击球创造了稳定的条件,反之则会给下面一系列环节制造一个动荡的外部环境。很少有人能在前后左右飘忽不定的抛球之下发出保质保量的好球,初学者更是如此,所以学发球的第一步是先学抛球。

(1) 抛球的方法。在准备动作的基础上,持球手的肘部渐渐伸直并向下靠近持球手同侧的大腿,然后从腿侧自下而上将球抛起,在整个动作过程中,手臂保持伸直的状态,其走势与地面垂直,掌心向上,以拇指、食指、中指三指将球平稳托起,尽量避免勾指、甩手腕等多余的手部小动作,以免影响球的平稳走势,球在空中的旋转越少越好。球脱手的最佳点在手掌走势的最高点,脱手过早容易造成球在空中旋转或晃动,出手过晚则会令球"走"向脑后失去控制。脱手时托球的三手指已最大限度地展开,球不是被扔到空中而是被"抛送"到空中去的,初学者应对此多做体验。

(2) 球脱手后在空中的位置。根据不同的需要,球出手后在空中相对于身体的前后位置也不尽相同。一般来说,第一发球强调出球的速度与攻击力,击球点较靠前,因此球也抛得较靠前。第二发球较为保守,在保证成功率的前提下强调球的旋转和控制球的落点,击球点也就相应后移,因此球自然要抛得靠后一些,基本上与背弓时身体的纵轴线相一致。抛球的位置也可参照球落地后相对于前脚的位置来确定。一般来说,第一发球抛球后球应落于前脚前一个拍头的位置上。

(3) 抛球的高度。球抛到空中的高度当然不能低于击球点的高度,但究竟多高才合适要视个人情况而定,因为此高度限定了挥拍击球所用的时间。从准备姿势到抛球出手,身体重心还有个后靠至后脚再前移至前脚的过程,同时髋部前顶、腰背呈"背弓"状,然后反弹背弓并发力挥拍击球。在下文中还将对此有详细的论述。刚刚开始学发球时肯定要面临总是抛不稳球的难题,没关系,"再抛一次"是最好的攻关办法。因为抛球的稳定性建立在一定的手感基础之上,所以一般在学发球动作之前最好能专门花一点时间练习抛球,在以后的实际发球练习中也要注意要领,如果偶尔没有抛好的话,接住重抛就是了,千万不要勉强发球出手,否则很容易破坏掉辛辛苦苦学来的动作。

5.挥拍击球

抛球与挥拍击球是同时开始进行的。挥拍击球的环节包括以下几方面:

(1)后摆球拍。以准备姿势为基础向持拍手一侧转身,同时持拍手引导球拍贴近身体像钟摆一样将球拍摆至体后(不一定要直臂后摆但掌心一定要朝向身体)。一发抛球,球的位置较靠前;二发抛球,球的位置较靠后。

(2)背弓动作。球拍后摆至一定高度后(此高度因每个人的习惯而异,至少大臂不应紧夹在体侧),以肘为轴,小臂、手、拍头依次向体后、背部下吊,同时屈双膝并伴随身体后展呈"弓"状。

(3)击球。在屈膝、背弓动作的基础上自下而上依次蹬直踝部、膝部,反弹背弓并向出球方转体,与此同时仍以肘为轴带动手、拍头摆向击球点,最后在力的爆发点上击中抛送于空中的球。发力是自下而上一气呵成的,其间的快慢由个人掌握,习惯、素质不同,速度也就不一样,但共同的一点是球拍走势最快、最具爆发力的一点应在到达击球点那一瞬间,到击球点时身体已全部面向出球方,拍面自然地稍向内侧以便击于球的侧后部,发出侧上旋球或侧旋球。

(4)搔背动作。挥拍击球时肘部有一个引导小臂、球拍下吊至背后再以肘部为轴带动臂、拍摆向击球点的过程。这一过程好像在用拍头给后背搔痒,故被称为"搔背动作",其目的是为了持拍手能有一个足够的获得摆动速度的过程,为到达击球点一瞬间力的爆发做充分的准备。搔背动作完成得是否到位,关键要看搔背时手、臂是否得到了充分的放松,如果在手、臂十分僵硬的情况下完成此动作,那么到达击球点时球员一定会感到整个身体的弹性都已被破坏掉了,发不出力也就在情理之中。

(5)击球点的位置。球员手持球拍在空中所能争取到的最高一点就是击球点。当然屈膝、弓背积蓄力量及蹬地、发力是一个比较理想化的说法,因为根据第一发球和第二发球的不同需要,击球点是相应要有前后变动的,但"力争高点"却是在选择击球点时最基本的原则。有了"制高点"不仅动作可以最大限度地、舒展地做出来,更重要的是在控制球路和球的落点以及对球施加压力上,高点击球有着显而易见的优势。

(6)随挥。击中球时虽然挥拍击球动作已告完成,但整个发球过程却仍在继续。到达击球点后球员应顺着身体及挥拍的惯性做收腹、转肩和收拍的动作,最终拍子由大臂带动收向持拍手的异侧体侧,结束发球动作。这一过程被称为随挥,即随球挥动,与底线击球的随挥异曲同工。很多初学者往往习惯于将拍子收于持拍手同侧的体侧,这不仅有违于发力、转体的惯性,更多的情况是击球者很容易将拍头敲在自己的小腿腔骨上,从而造成伤痛。非持拍手在送球脱手后不应立即放下或紧夹于体侧,而应帮助身体掌握平衡并在随挥结束时接住已处于末势的球拍。

(二)接发球

要接好发球必须掌握比较全面的基本技术,因为接发球之前,接球员对于对手可能发过来的球方向、旋转、力量、速度等都无法控制。一旦对方将球发出来就要迅速作出判断和反应,并且选择恰当的击球方式来完成接发球动作。从接发球图示中我们可以看出,应该注意以下几点(见图10-48)。

(1)接发球站位。一般位于端线附近,力求在接发球时向前移动击球。

准备姿势:保持着两脚平行站位,比肩略宽,右手持拍者一般右脚稍前,两膝微屈,上体稍前倾,脚跟提起,将球拍置于体前。

(2)在接发球的全过程中眼睛始终要注视来球,一直到完成还击动作。

(3)对方第一次发球时多采用大力发球,站位应偏后一些,如果是第二次发球时可略向前移,利于采取攻击性的还击。接大力发球时不要做大幅度的后摆动作,主要是控制好拍面角度并握紧球拍以免拍面被震转动。

(4)还击来球之前要观察对方行动,对自己的回球路线和落点要有所考虑。选择好接发球落点,对控制对手发球后抢攻有重要意义。

接发球选手得分的捷径是接发球抢攻直接得分,为了提高回球得分的概率首先必须掌握一定的技巧。就像在打棒球时发现投手的破绽极为有利一样,接发球抢攻重要的是看出发球人的破绽。具体步骤如下:

1)边确定球从哪儿飞来边站好位置。

2)站定位置后,快速敏捷地带左肩转身,此时只考虑转身。

3)击球瞬间,紧握球拍,使其不发生颤动。

4)最后的随球动作中,径直顺着拍头的方向继续快速挥拍之后自然返回。

接发球是比较难掌握的技术,但有一个重要的事实就是优秀运动员在比赛中接发球失误率约占25%,它说明绝大部分的球是能够顺利还击的。

四、截击球、高压球与挑高球

(一)截击球

截击球是网前技术中的一种攻击性击球方法。球在落地之前,将球击回到对方半场区它回球速度快、力量重、威胁大,目前国内外优秀网球运动员都普遍采用发球上网或接球上网战术因而截击球技术被提到攻击性打法不可缺少的重要地位截击球的后摆动作不应过大,击球点应保持在身体前方30～60 cm,要向前迎击来球注意拍头不要下垂,要保持拍头高于手腕,击球时手腕固定拍子,应紧握击球时拍子不能移动高于网的球截击时平击的成分可多一些,打出具有进攻性的力量较大的深球或斜线球。低于网的球,必须充分下蹲保持拍头仍然要高于或平行于手腕,以利身体重心的稳定。截击球的中下部,成为切削下旋,这种低于网的截击球,不宜打得力量太大,应以推深落点为目的。如果对方来球力量太重,自己就不应再主动发力,只要握紧球拍打准落点即可。截击球除要求打深落点和打斜角度以外,也可以用截击打法回出短球,这项技术需要较好的手上,感觉和良好的控制能力,上网截击要十分警惕对方的破网和挑高球,因此站位的选择是很重要的。一般要站位于对方破网的直线和斜线之间所形成夹角的平分线上,并多注意保护直线空当。

1. 正手截击动作方法(见图10-49)

(1)当对方球飞来时,迅速上前。

(2)在自己最能使上劲的位置击球,要领是认为自己就要打出制胜一击。

(3)随球动作幅度要大,并迅速调整姿态迎接下次击球。

图 10-49

2. 反手截击动作方法(见图10-50)

(1)反手击球时,大多数球员都采用两手握拍法。

(2)将拍头与球平行。为了成功截球,在击球瞬间要用尽全身力量。

(3)与制胜球同样的要领,为了不使手腕扭伤,接着用腕部动作随挥。虽说球是以较高的高度飞过来,但也没必要特意在肩的高度击球。不如等球落至胸与腰之间位置再打,这样比较容易用上劲。记住要用上旋球要领来打。

图 10-50

(二)高压球

高压球是一项绝对的强攻性技术,一般来说打高压球就意味着得势、得分,如没有这样的信念,那么掌握高压球技术也就失去了意义,因为实际比赛中打高压球的机会是不多的,而即使是不会打高压球的人也照样能够堂而皇之地活跃在网球场上,他们可以等球落地后反弹至合适的高度时以击落地球的技术将球处理回去。初学者不必在高压球上太费心思,把它当成一项有益但不十分必要也不必掌握得十分周到的技术稍加演练就可以了,等球技全面精进后再"充电",这样不但不迟也比较安全。

1. 高压球的种类

高压球可分为凌空高压球、落地高压球、前场高压球、后场高压球等几种,其动作与发球相似(见图 10-51)。

图 10-51

凌空高压球指的是不等来球落地,在空中就将其扣杀回去,此种球杀伤力极大但击球者须具备良好的空中定向、判断能力及熟练而精准的脚步移动能力,对初学者而言有点儿勉为其难。落地高压球则相反,一般是在来球虽高但飘忽不定或很难取到最佳点将其凌空击回去的情况下,让球落地反弹后再寻高点扣杀,初学者可以此为练习高压球的手段之一。前场高压因为位置靠近网前,所以基本上是应该得分的,除非大意或技术实在太糟糕。后场高压一般是在上网后被对方反击一个超身球(过头球)情况下的抢救性措施,虽然看起来高压因为位置靠近网前,所以基本上是应该得分的,除非大意失荆州或技术实在太糟糕。场高压一般是在上网后被对方反击一个超身球(过头球)情况下的抢救性措施,虽然看起来有些被动,但发挥好了一样可以重创对手乃至得分。

2. 握拍

高压球与网前截击球都是大陆式握拍。

3. 准备

上网或在上网途中随时都要准备,并且是心理上的准备,动作外形与一般情况无异。

4. 后摆球拍

以准备姿势为基础,在脚步开始调整、身体位置相应变化的同时转体、侧身,并以最短捷的动作将球拍摆至肩上。

(1)指向来球。高压球在移动定位时非持拍手应指向空中的来球,避免将手吊在体侧,这不仅有助于测寻击球点的位置,而且对保持身体的平衡也有积极的作用。

(2)背弓动作。后摆时除伴随有转体、侧身动作外,还应有适度的屈膝及背弓动作以备发力之需。高压球不单纯依靠手臂或手腕的甩动发力,而是靠腰腹、腿部及身体整体的协调发力,这与发球是一样的道理。

5. 挥拍击球

判断准击球点并移动到位后,以双脚为支撑向击球点方向蹬地、转体、收腹(反弹背弓)继而挥拍击球。发力程序和感觉与发球相似,但击球点在能保证球过网的前提下,其位置越靠前越利于发力和控制球出手的角度。越靠前越具有杀伤性,这与发球时力争高点是不同的。到达击球点时身体应已完全面向对方(已完成转体)。

手臂挥拍动作与发球一样,有个搔背再迎击来球的过程,不要硬压大臂以期高压来球,而是要将小臂和拍头甩出去,当然,在这里"甩"的含义并不包括乱甩乱动手腕,手腕的张弛适度对击任何球都是十分重要的,因为不合时宜的紧张将导致整个手臂的僵硬,任意乱甩又极容易使球失去控制。高压球不必过分苛求施加旋转,只要注重力量和一定的角度就足够了。

6. 随挥

高压球的随挥动作仍与发球类似,击球过后顺势将球拍收于持拍手异侧的腿侧就可以了，这在击球点比较合适（如在身体的前上方）的情况下比较容易做出来。如果击球点很靠后或很偏，不适合正常发力，那么随挥动作就有可能被强行的扣腕或旋腕动作所代替，这要求击球者具有良好的腰腹力量及手腕的控制能力，初学者遇到这样的情况时最好能够量力而行，若勉强为之同样容易受伤。

7. 步法

打高压球对步法的灵活性及准确性要求比较高，因为来球不受己方控制，是"高空作业"，球在空中飞行时可能会因风向、旋转等因素而产生一些难以预知的变化，这就要求击球者快速反应、灵活移动、准确取位以获得理想的击球点，否则很难打好高压球。

对初学者来说，当在场上的移动还没达到"一步到位"的取位水平而又非常想打几个漂亮的高压球时，补拙的唯一办法是：不到最后击球的关头就不停止脚步的调整，哪怕已经处于很好的位置了，双脚也要不停地在原地做碎步的调整。这对保持重心灵活是很有好处的，如果你的双脚很容易"钉"死在一个地方，那你可能也就很容易被突如其来的哪怕一点点儿变化弄得措手不及、步履蹒跚。请试一试，体验一下其中的不同之处。

还有一点必须强调的是，打高压球时无论以什么样的方式移动身体，最后都应尽全力采用双脚一前一后的方式站位。与持拍手相异一侧的脚在前，另一脚在后，两脚连线与球网近乎垂直。跳起扣杀时也是如此，在落地时还要注意膝、踝关节的缓冲，并且以快速的回位来准备下一次击球。

高压球在实际击球过程中对重心的转移并没有很严格的要求，虽然如图那样由后脚移至前脚是最理想的，但若击球点不合适则很难做到这一点。其实无论在什么情况下，击球者只要保持重心稳定，身体不东倒西歪，能够做出收腹发力的动作就可以了。跳起高压的动作与羽毛球的跳起扣杀动作极为相似，一般以与持拍手同一侧的脚蹬地起跳，落地时异侧的脚先着地、缓冲，挥拍击球时双脚在空中有个前后换位的动作，这是转体发力的副产品。初学者在体验跳起打高压球时不要急于求成，骤然发力容易导致受伤。需要再次强调的是，高压球发力的根本在于蹬地、腰背的反弹及手臂摆向击球点的速度，初学者千万不能以手腕动作代替身体动作作为发力的源泉，否则危险极大。

有时候球员会遇到一个百分之百能得分的打高压球的机会，但由于心情太过迫切反而把百分之百变成了百分之零，这是非常可惜的一种情况。不过球员大可不必为此埋怨自己，初学者所要做的是尽快忘掉这些失误而只把正确的动作要领和曾经打出的漂亮球深深记在脑海中，时刻想着去重复它们、再现它们。

(三)挑高球

高压球与挑高球也是互为矛盾的两样武器,但在网球场上,挑高球并非只与高压球成双配对,击球者无论处于什么状态都可以挑高球,因为挑高球本身就既可是防守性的也可是进攻性的。比如在球员极度被动的情况下可以以挑高球作为一种过渡和缓冲的手段,而当对方上网时,己方可击出一带强烈上旋的高球,利用此种球弧顶高、下坠急、落地后前冲猛的特点令球越过对方头顶以逼迫对方反身回追,这往往就是破网得分的一击,至少也可致对方于被动的境地。由此,击球者应该在任何情况下都能够做出挑高球的反应并且挑出不同效应的高球,这样才可以在增加自己防守实力的同时也多拥有一样得分的本领。对网球初学者而言,更可以把挑高球练习作为磨炼基本功的有效手段,如果能够在不失误的情况下与同伴做连续 20 个回合的挑高球练习,那么你已经在网球场上初尝"随心所欲"的滋味了。20个球不失误、20个来回,初级阶段完全可以把这个数字当成任何一项技术的练习目标。

1. 握拍

挑高球可以分为平击高球和上旋高球两种,握拍也据此而有区别。最简单、初学者最易掌握的是平击高球,它只要求拍面按照出球的角度打开就可以了,所以握法比较随意。上旋高球的握法与底线击落地球的握法相一致。

2. 技术

下面以平击高球为例讨论如何挑高球。

从连续图中(见图 10-52、图 10-53)可以看出,挑高球在技术外形上与底线击上旋球很像,事实上也确是如此。挑高球时关键要掌握好的两点是拍面的控制及发力程度的控制:在底线动作的基础上,平击高球时拍面的开放而发力则必须相应地有所节制,若挥击太随意的话,球肯定是很难驾驭的;上旋高球则相反,拍面要稍关或近于垂直而发力必须迅捷、充分,以强大的爆发力击球出手,出手时拍子、手臂、身体的走势不能太过前压,而应沿着一个与地面近乎垂直的面向上方提拉,如若不然则很难制造出强上旋、高弧顶、急下旋、猛前冲的出球效果来。

初学者常常体会不到"发力有所节制"是一种什么样的感觉,可做下面这个实验:先用球拍平托住一张纸,然后像颠网球一样去颠这张纸,不要让纸掉下来。如果能够让这张纸听你的话,那么你多少也就体会到了一些"发力有所节制"的感觉。学过高压球与挑高球,网球基本技术的介绍也就可以告一段落了。相信各种知识相结合会使读者的网球水平有整体的提高。

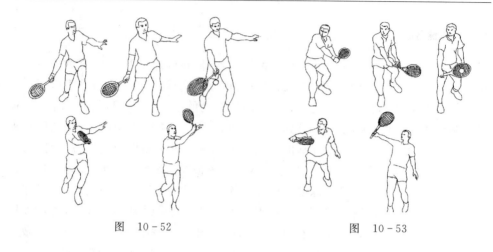

图 10-52　　　　　　　　图 10-53

思考题十

1. 乒乓球运动有几种握拍方法？
2. 乒乓球运动的基本战术有哪些？
3. 乒乓球运动中正手快攻技术的动作要点是什么？
4. 在羽毛球运动的发展历史中，有哪几个关键的发展阶段？
5. 如何能够快速掌握和灵活运用羽毛球的各项技术？应该注意哪些关键的环节？
6. 在教学比赛或者业余比赛中，如何根据对手和自身的情况，选择合理的羽毛球战术？
7. 为了学好羽毛球，试根据自身的身体情况，制定一套符合自己的提高身体各项素质的练习方法。
8. 现代网球技术中，主要的握拍方法有哪些？
9. 发球技术的动作要领是什么？
10. 接发球技术的动作要领是什么？
11. 截击球、高压球与挑高球的动作要点都有哪些？

第十一章 定向运动与野外生存

本章摘要：本章主要介绍定向运动的基本概念；定向运动与地形知识；定向运动中地图的使用；定向运动基本技术训练与竞赛；野外生存的物质准备和生存技能等内容。通过学习，学生应了解定向运动的概念、形式、内容及起源；定向运动的锻炼价值；学习定向运动地图的使用，掌握地图语言；定向运动中用图的技能以及选择最佳路线的技能；了解定向运动基本技术训练与竞赛，熟知野外生存所需的各种器材、设备；掌握野外生存技能；熟练掌握急救常识及技术方法。

第一节 定向运动概述

一、定向运动的概念及分类

(一) 定向运动的概念

定向运动是指运动员借助定向地图和指北针（见图11-1），按组织者规定的顺序和方式，自我选择行进路线并到访地图上所标示的地面检查点，以通过全程检查点，用时较短者或在规定时间找到检查点得分较多者为胜的一种体育运动。

 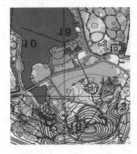 

图11-1 地图和指北针

定向运动通常在野外森林进行，也可以在城市的近郊、公园和较大的校园等各种地形进行。其比赛的成败在于个人的识图用图、野外定向和奔跑能力的强弱，因此适于各种年龄、性别的人参加。为了增加比赛的乐趣,也可以在判定比赛成绩的方法上有所区别。定向运动有多种分类,一般比赛可有接力定向、夜间定向、记分定向等。文中所指的定向运动实指定向越野,是指以徒步方式进行的。

(二)定向运动的分类

1. 常见的定向运动形式

定向越野(即徒步定向)是各种定向运动形式中组织方法较为简便、开展最为广泛的一种。由于其比赛的成败在于个人的识图用图、野外定向和奔跑能力的强弱,因此适于各种年龄、性别的人参加。

为增加比赛的乐趣,也可以在判定比赛成绩的方法上有所区别,如可以个人跑计个人成绩、个人跑计团体成绩或个人跑计个人与团体成绩等。

(1)接力定向。接力定向是展现团体间实力的最佳竞赛形式。其成绩好坏有赖于每个队员个人能力的发挥。在接力比赛中,比赛的路线被分成若干段(国际比赛通常为四段),各选手只完成其中的一段(使用另一张同地点地图),各段选手的成绩相加为该队的最后成绩。为便于观众欣赏各选手之间的激烈竞争,接力定向的场地必须设立一个"中心"站,各段选手的交接(即"换段")均在这里以触乎方式进行(不使用接力棒),接力定向的观赏性较好。

(2)滑雪定向。滑雪定向也可以按个人、团体或接力比赛等形式进行。它与个人徒步定向的区别是选手需要使用滑雪工具(非机动)供比赛用的滑道,则需要使用摩托雪橇提前开辟。同一比赛路线上的滑道通常不止一条,以便选手自行选择。

(3)山地车定向。山地车定向是选手们骑在地自行车上进行的定向运动。它需要的场地比徒步定向略大,区域内的大小道路要能构成网络,以便选手骑行。由于不便频繁看图,山地车定向的选手比徒步定向盼选手更需要培养地图默记的能力,同时,在崎岖地形上熟练地驾驶山地车的技术也是必不可少的。山地车定向也可以按个人、团体或接力比赛等形式进行。

(4)轮椅定向。轮椅定向是专为伤残人士特别设计的定向运动形式。基本赛法是:在野外道路的两侧设置若干"检查点群"(每处3~6个,点标),选手们需要按照地图与"检查点说明"的指示,在每个"检查点群"处像做选择题那样,挑选出唯一正确的那个点标。这种赛法,既可以让乘坐轮椅车的伤残人士加入到定向的活动中来,又可以供新手进行定向基本技术的训练,同样也是一种能让所有参加人都饶有兴趣的专项技能比赛。

(5)夜间定向。这是定向运动的一种高难度的比赛形式。由于是在视度不良的夜间进行的,不仅增加了比赛的难度,同时对观众和选手自己增加了吸引力和刺激性。夜间定向所用的器材，主要是点标本身或其上附有被动式的反光材料，只要有一点光线投射到它上面即有反光。参加入亦须携带用于查看地图的照明设备：它可以很小，如微型手电筒；也可以很大、很专业，如洞穴探险头灯等；也可以自制其他方便携带的照明装置。

(6) 公园定向。主要在城市公园、小城镇、民居小区或类似地形上举办的徒步定向比赛。

该项目的出现源于近几十年部分定向人(包括我国的爱好者)对定向运动加入国际奥林匹克运动会的渴望。专门举行这个项目比赛的世界性组织叫作"世界公园定向组织。PWT试图用定向运动在公园、城镇里举办的方式，改变那个年代的传媒技术较难在山林地中宣传定向比赛的现象。通过电视转播等直观、详尽的技术手段，把定向的魅力展现在人们面前，以此增强定向的影响力和商业价值。

(7) 记分定向。记分定向通常以个人方式进行。它是在比赛区域内预先设置许多的检查点，并根据地形的难易程度、距离远近、点的位置的相互关系不同而赋予每个检查点以不同分值。选手必须在规定时间内自行寻找若干或全部检查点，以积分最高者为优胜。

(8) 专线定向。这种比赛与其他比赛的最大区别是在地图上明确地标出了比赛的路线，运动员必须按这些规定的路线行进，并将途中遇到的检查点位置标绘到图上去。成绩以检查点位置标绘的准确程度和所用时间的长短确定。此方法用于现地用图训练有不错的效果。

(9) 瑞典五日定向。这是瑞典独有的一项特别吸引人的比赛项目。比赛共进行五日，比赛路线由若干段组成，每次都单独记录下个人的成绩，最后再算出总成绩。在几十公里或者100余公里的多条比赛路线中，除设置了许多检查点外，还设有若干营地，供运动员与观众休息或参加丰富多彩的文化娱乐活动。近年来，瑞典的五日定向比赛组织得十分频繁，每次参加比赛的来自世界各地的选手都超过15 000人。因此，瑞典五日定向现在已演变成世界最大规模的定向运动赛事，若称其为全世界的"定向旅游节"，绝对名副其实。

2. 其他形式的定向运动

作为上述定向比赛的补充，目前国际上还流行着一些其他形式的定向运动，如：

(1) 校园定向。在学校的教室、体育馆或操场上为孩子们设计的各种定向游戏扶手定向。

通常专为年幼孩子们设计的初级的定向活动形式。在为他们设计的路途中，全途或局部用鲜艳的缆绳、彩旗等标示起来，以便他们安全地熟悉、融入山林地中，同时学习定向运动。

(2)星形定向。起点设在赛场的几何中心,各检凌点分布在起点四周。比赛时,选手每找到一个点就须回到中心(起点),可用于新手的练习(方便他们保持簿切接触并进行交流)以及简单的接力式比赛。

(3)特里姆定向。在一定的区域内设置许多固定性的检查点,不规定完成时间,以寻找的点数给予记录或纪念品以资鼓励。

在有些国家,人们还常常以家庭为单位进行比赛,并尝试了使用不同交通工具的定向运动比赛,例如乘坐摩托车、独木舟或骑马等。

定向运动也是国际军体理事会的正式比赛项目之一,每次举办的比赛都能吸引众多成员国的军队派队参加。

在保证基本性质不变的情况下,定向运动组织的形式弹性很大。各社会界别、各行各业、各种人群,只要具备了一定的条件(设备、技术和经验),均可依据自身的需要组织起这项活动。

二、定向运动的起源

19世纪末20世纪初,欧洲北部斯堪的纳维亚半岛广阔而崎岖不平的土地上覆盖着一望无际的森林,散布着无数的湖泊、城镇、村庄稀疏散落,人们的交通主要是依靠那些隐现在林中湖畔的弯弯曲曲的小路。在这样的地理环境中生活,理所当然地要比别的地方更需要地图和指北针,否则要想穿越莽莽林海是十分困难的。正因为如此,那些经常在斯堪的纳维亚半岛山林中行动的军人们,便成了开展定向运动的先驱。他们深知,如果不具备在山林地辨别方向、选择道路和越野行进的能力就不能完成保卫国家的重任。

图11-2 吉兰特

1917—1935年任斯德哥尔摩体育联合会主席,是定向运动富有创意的领导人、赞助人

开展定向运动的基本器材——地图,原是为保障军队的行动而测制的。最早是在瑞典(1888年)和挪威(1895年),军人利用它进行体育竞赛。

1897年10月31日,在挪威组织了第一次面向民众的定向运动比赛,当时参赛的人数仅有8人,其后在挪威还举行了一些小规模的比赛。到了20世纪初,定向运动在挪威销声匿迹,但在瑞典却逐步得到重视。1919年3月25日,一次影响深远的定向比赛在斯德哥尔摩南部 Nacka 的林中举行,参赛人数达到 217 人,它的组织模式与规格标志着定向运动作为一个独立的体育项目的诞生,结束了它在准备时期的长期探索。因此,时任瑞典斯德哥尔摩体育联合会主席的吉兰特(Ernst land-er)便被人们视作现代"定向运动之父"(见图 11-2)。

由于这个比赛适应的人群广泛,既能提高运动员野外判别方向的能力,又能促进其学习使用地图;既培养和锻炼人的勇敢顽强精神,又具有娱乐性和实用性,且其场地和器材的花费也不多,因此人们对它的兴趣倍增,此项运动就如星火燎原,迅速传播开。

为使定向运动在全世界得到更好、更大的发展,1961 年 5 月,十几个国家的定向运动积极分子在丹麦首都哥本哈根成立了国际定向运动联合会,科学地划分、确定了全世界统一的正式专业体育项目、主要赛事、主要比赛项目,并制定了一系列的比赛规则与技术规范。国际定向运动联合会(以下简称"国际定联")成立时有成员国 10 个,截至 2003 年年底,已有成员近 70 个国家和地区。

国际定联早在 1977 年就成为国际奥委会承认的"世界单项体育组织",并长期得到国际奥委会的精神与物质支持。

国际定联还是"国际世界运动会协会""国际单项体育联合会总会"的成员。在 2001 年,定向运动成为"世界运动会"的正式比赛项目。

三、定向运动的锻炼价值

定向运动是通过积极的、以户外运动为特征的活动,使学生接近大自然,增进健康,锻炼意志,陶冶情操,培养团队意识,学会生活生存技能。

与常规体育活动(主要以竞技体育项目为主线)相比,定向虽然在时间上受一定条件的限制,但它是一种综合意义上的文化体育活动,对学生的全面素质发展非常有价值。

如何更有效地发挥高校体育对大学生全面素质培养的重要功能,使学生在接受学校教育的阶段,全面地提高生理、心理素质和社会适应能力,是当前学校体育课程改革的目的。教育部颁布的全国普通高等学校体育课程教学指导纲要中,将研究和开发野外生活生存课程列为我国高校体育课程改革的重要方向,从而将高校体育课程的开设从学校走向社会、走向大自然,既符合现代课程改革的发展趋势,又丰富了体育课程体系。在野外活动过程中,由于地形复杂、气候多变、灌木丛生,对参加者的体能、技能和团队协作意识与能力要求较高,学生在心理和体能方面能够经历全方位的、艰巨的考验,同时也能得到全面的提高。定向运动作为一门体育课程,具有显著的锻炼价值。

第二节 定向运动与地形知识

与其他图种的地图相比,定向越野地图(简称越野图)更为清晰易读。越野图是按一定比例尺表示地物、地貌、平面位置和高程的正射投影图,它是定向运动必不可少的工具之一。要参与该运动就必须学会判读地图,自然就必须学习地形图知识。

一、地图概述

(一)地图的特点

地图是地球表面的平面缩写。它是按照一定的数字法则,用特定的图式符号和文字注记,将地球表面的自然现象及社会现象,经过一定的制图方式,综合测绘于平面图纸上的图。我们经常接触的有公路地图、城市地图、交通地图等(见图11-3至图11-5)。

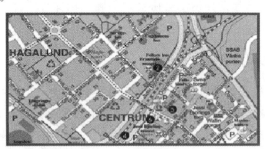

图11-3 公路地图

图11-4 野外地图

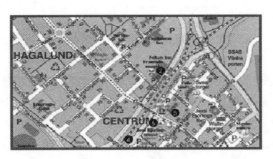

图 11-5 城市地图

按此定义,地形图必须具备以下 5 个特点:

(1)有一定的数学法则。地球是一个极不规则的球体,其表面是起伏不平的,而地图则是一张平面图纸,因此,要将该起伏不平的球体绘成平面图形,就必须通过一定的数学法则,才能将球体表面自然和社会现象描绘到平面图纸上,这样才能在平面图上进行尺度、距离、高度、角度、面积和坐标等的量读和计算。

(2)有特定的图式符号。地球表面物种繁多,形状、大小各异,而有些是依比例表示,有些却不依比例表示,为了将其更好地表示在地图上,就必须采用特定的图式符号,使地形图清晰,易于判读。

(3)有规定的颜色。地球表面地物色彩丰富,由于各种原因,在图上又不可能原本表示,但为了增强地图的地理景观,规定在地图上用与自然相类似的颜色表示。蓝色表示水系,如河流等;绿色(注:定向比赛地图增加白色和黄色)表示植被,如森林等;棕色表示地貌,如冲沟等。

(4)有规定的文字、数字注记地物的名称、数量等。在实地有的是看不见,在图上难以用符号表示。为了提高地图的使用价值,在地图上以规定的字体、大小,用文字或数字注明,使之具体化,如桥梁注记。

(5)经过一定的制图方式综合。由于地球表面的自然和社会现象是无穷的,测绘时不可能一一表示在图上,因此,制图时就应遵照制图规范,对那些复杂的或数量较多的物体进行简化或按其重要程度,有选择地取舍,以确保地形图的清晰易读。

(二)地图的分类

地图的种类繁多,分类方法也不一样,就地图的某些特征可分别归纳成一定的种类,通常按其比例尺、内容、制图区域范围、用途和使用形式等标志划分。地图按内容可分为普通地图和专题地图两大类。

1.普通地图

普通地图就是人们常见的一种通用地形图,它综合地反映地球表面地理景观的外貌,较全面地表示自然条件、社会经济以及人类改造自然的成果。它所表示的内容有水系、地貌、道路、植被、居民地等,其详简程度则由地图比例尺的不同而定。

地形图也是普通地图的一种,按比例尺可分以下 7 种:1∶10 000,1∶25 000,1∶50 000,1∶100 000,1∶2000 000,1∶500 000,1∶1 000 000。

国际定联的地图规范为 1∶10 000,1∶15 000,等高距为 5 m。若要适当表示地形需要,可采用不同的比例尺(1∶20 000 或 1∶25 000)或等高距,但必须征得大会许可。而野外休闲运动用图应选不小于 1∶50 000 的地形图,因为 1∶50 000 地形图对地形的显示比较详细精确,是实地调查测绘而成的,有一定的清晰度和判读性。

2.专题地图

专题地图又称"专门地图"或"主题地图",是以普通地图为底图并着重表示某一专题内容的地图,如水文地图、人口图、交通图等。

二、地图上的比例尺与地图语言

(一)地图上的比例尺

要想将地球的整个表面展绘在图纸上,就需要缩小,要缩小就须有一个比例关系,以这种比例关系作为两者之间的计算尺度,这个尺度就是平常我们所说的地图比例尺。

比例尺为 1∶10 000,说明地图上的 1 mm 等于实际地形 10 000 mm(10 m)。不同比例尺下的距离对照参照表 11-1。

表 11-1 不同比例尺下的距离对照

尺寸 比例尺	10 mm	20 mm	30 mm	40 mm	50 mm	60 mm	70 mm	80 mm	90 mm	100 mm
1∶1 000	10 m	20 m	30 m	40 m	50 m	60 m	70 m	80 m	90 m	100 m
1∶5 000	50 m	100 m	150 m	200 m	250 m	300 m	350 m	400 m	450 m	500 m
1∶10 000	100 m	200 m	300 m	400 m	500 m	600 m	700 m	800 m	900 m	1 000 m
1∶15 000	150 m	300 m	450 m	600 m	750 m	900 m	1 050 m	1 200 m	1 350 m	1 500 m

自我检测:

(1)在比例尺为1∶1 000的地图上测得3 mm的距离,其地面实际距离为多少?(3 m)

(2)在比例尺为1∶5 000的地图上测得5 mm的距离,其地面实际距离为多少?(25 m)

(3)在比例尺为1∶10 000的地图上测得60 mm的距离,其地面实际距离为多少?(600 m)

(4)在比例尺为1∶15 000的地图上测得30 mm的距离,其地面实际距离为多少?(450 m)

(二)地图上的语言

1.地物符号

地球上的地物,在地图上是用统一规定的符号注记表示的,这些规定的图形符号叫地物符号。它是构成地图的重要因素,没有它就无法绘制出地图。因此,人们通过识别地物符号了解江河的河宽、水深、流速及森林情况(见图11-6)。

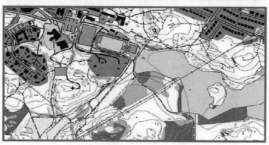

图11-6 实景航片与定向地图1∶1对照

(1)符号的特点。按符号图形的形状有如下三个特点,如图11-7所示。

图形特点	符号及名称		
与平面开关相似	居民地 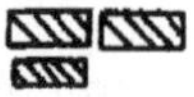	河流、森林	公路、桥梁 
与侧面形状相似	突出阔叶树	水塔	烟囱
与有关意义相应	矿井	气象站	变电所

图 11-7 地物符号的图形特点

第一，地物与图形的平面形状相似。这些图形符号与地物正射投影后的平面形状相似，且有一定的比例关系，叫正形图形。它一般表示实地较大的地物，如河流、森林等。

第二，图形与地物的侧面形状相似。这些图形与地物的侧面形状相近似，叫侧形图形，如水塔、烟囱等。

第三，图形与地物有关意义相应。这些图形按会意、象形的方法构图，则为象征图形，如变电所、气象站等。

（2）符号的分类。按符号实物的比例关系，可分以下 4 类：

第一，依比例尺符号（轮廓符号）。

实地较大的地物，如大江、湖泊等，其外部设备轮廓是按比例尺缩绘的，文字注记是按需要配置并填绘（见图 11-8）。在图上可了解其分布形状，可量取相应长、宽、面积。特别注意其轮廓转折点的位置精度较高，可作训练、比赛设置检查点，也可供队员确定站立点乘方向，但注记不代表其位置。

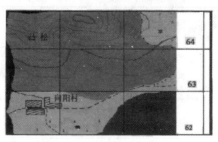

图 11-8 依比例尺表示的符合

第二,半依比例尺表示的符号(线状符号)。

实地上的线状地物,如长城、道路、土堤,其长度依比例尺而宽度不依比例尺,但其转折点、交叉点的位置是按实地精确测定的,因此队员在训练和比赛时可选择转折点、交叉点作为方位物(见图11-9)。

以符号的中心线表示其真实位置	以符号的底线表示其真实位置

图 11-9 半依比例尺的符号

第三,不依比例尺表示的符号(点状符号)。

实地面积很小,如亭、塔等,它无法按比例缩绘,只能用符号表示在图上,可了解实物的性质和准确位置,不能量其大小,其准确位置在符号的定位点上(见图11-10)。

定位	符号及名称		
图形中有一点的,定位点在该点上	三角点 	亭 	窖
几何图形、定位点在图形的中心	油库	独立房屋	发电厂 
底部宽大的、定位点在底部中心	水塔	气象站	碑
底部为直角的、定位点在直角的顶点	底标	突出阔叶树 	突出针叶树 
两个图形组成的,定位点在下方图形中心	变电所	散势塔 	石油井 

图 11-10 不依比例尺表示的符号及其他位点

第四,说明和配置符号。

说明符号只用来说明某些符号不能表述的内容,如河流的流向箭头。而配置符号主要是用来表示某些区域的植被和土质分布特征,如草地、露岩等。它们都只表示实地地物分布情况,不表示地物的真实位置及数量。

2.符号的规定

(1)注记。以上四种符号只能表示地物的形状、位置大小和种类,不能表示其性质、数量及名称,因此,还须用文字和数字,扩加以注记,作其补充说明。注记可分三种:名称注记、说明注记、数字注记。

第一,名称注记。城市、村庄、高地、江河、水库等地理名称,分别用水闸颜色、字体、大小的文字来表示。

第二,说明注记。公路路面质量、桥梁的性质等均用不同颜色的文字注在符号一旁。

第三,数字注记。山的高程,桥梁的长、宽,江河的宽、深、流速等均用不同颜色的数字表示。

(2)符号的颜色。为了提高地图的表现力,使地图层次分明、清晰、易读,地物符号采用不同的颜色来区分其内容,原则上地形图有四种颜色,如黑色、绿色、棕色、蓝色,见表11-2。

表11-2 地形符号颜色的规定

	原色	使用范围
四色图	黑色	人工物体——居民地、道路、垣栅、管线、境界及其注记等
	绿色/(白色+黄色)	植被——森林、果园等普染、空旷地
	棕色	地貌——等高线及高程注记,公路普染
	蓝色	水系——河岸线注记及普染雪山地貌等

(3)地图上符号示例。地图上的符号示例主要有5类(见图11-11)。

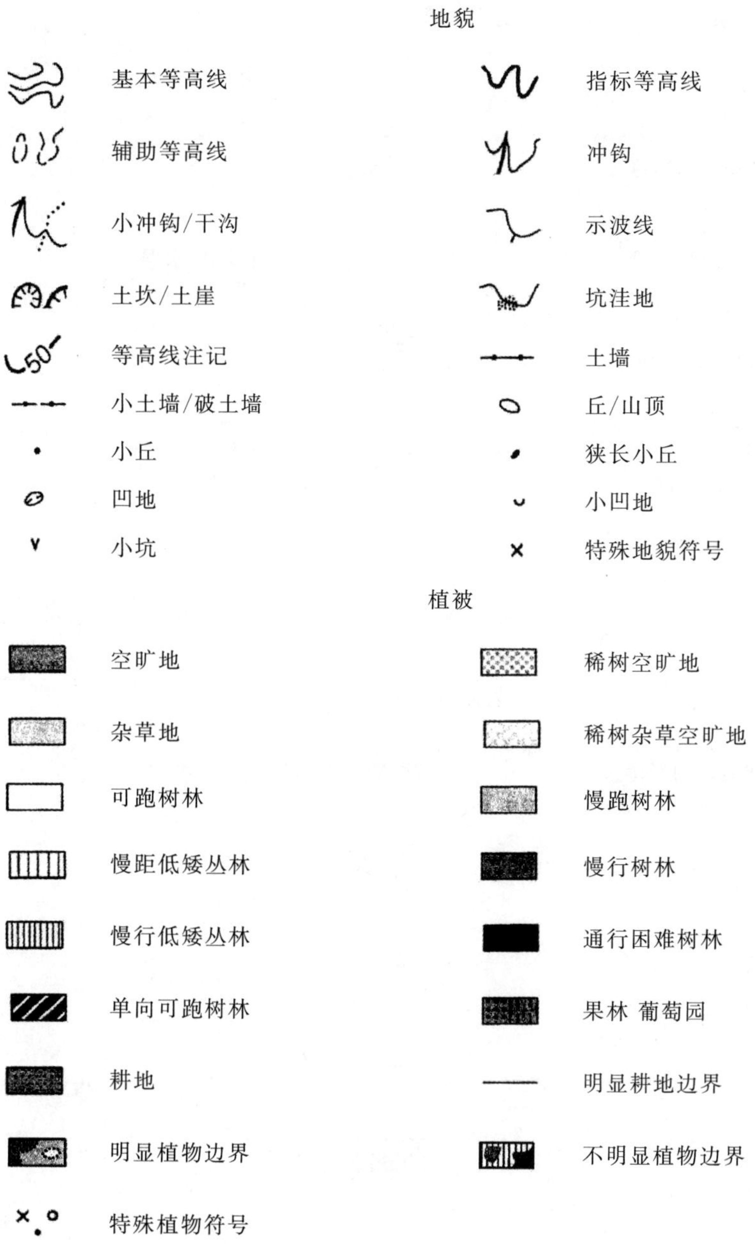

第十一章　定向运动与野外生存

地貌

〰	基本等高线	〰	指标等高线
○〰	辅助等高线	〰	冲钩
〰	小冲钩/干沟	〰	示波线
〰	土坎/土崖	〰	坑洼地
50	等高线注记	•—•—•	土墙
—·—	小土墙/破土墙	○	丘/山顶
•	小丘	•	狭长小丘
○	凹地	⌣	小凹地
v	小坑	×	特殊地貌符号

植被

▬	空旷地	▨	稀树空旷地
▤	杂草地	▤	稀树杂草空旷地
▭	可跑树林	▬	慢跑树林
▦	慢距低矮丛林	▬	慢行树林
▥	慢行低矮丛林	▬	通行困难树林
▨	单向可跑树林	▬	果林 葡萄园
▬	耕地	——	明显耕地边界
▬	明显植物边界	▦	不明显植物边界
×∘	特殊植物符号		

图 1-11

水体与湿地

	湖泊，池塘		地坑，井
	不能通过的河流		河流
——————	溪流/水渠	— — — —	季节性溪流/水渠
	不能通过的湿地		湿地，泉
⁀	细沼		季节性湿地
✕	特殊水体符号		

岩面与石块

	不能通过的石崖		可通过的石坎
⌣	崖墩/悬崖		岩坑，山洞
·	石块	•	巨石
∴	石群	▲	石堆
	砾石地		沙地
▬	石坪		

续图 11-11

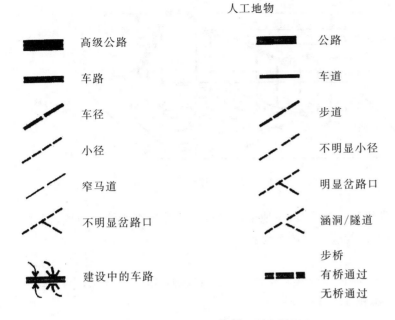

续图 11-11

3. 等高线显示地貌

(1) 等高线显示地貌的特点。

第一,在同一条等高线上各点的高度相等,每条等高线都是闭合的。

第二,在同一张地形图中,等高线多而间隔小,则山高而坡陡,等高线小而间隔大,则山低而坡缓。

第三,等高线弯曲形状与实地地貌形状相似。

(2) 等高距的规定。相邻两条等高线间的实地垂直高度叫等高距。

(3) 等高线的种类及作用。

等高线按其作用可分以下四种(见图 11-12)。

第一,基本等高线又叫首曲线,在地图上按规定等高距测绘细实线,以显示地貌的基本形态。如在 1∶50 000 图上首曲线依次为 10 m,20 m,30 m,……

第二,加粗等高线又叫计曲线。规定从高程起算面起,在地形图上每隔四条首曲线描绘的加粗实线。用以数计图上等高线与判读高程。如 1∶50 000 图上的计曲线,依次为 50 m,100 m,150 m,……

第三,半距等高线又叫间曲线,在地形图上按 1/2 等高距测绘短虚线,用来补充基本等高线不能显示的局部地貌。

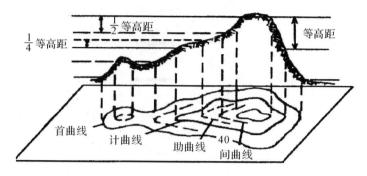

图 11-12 等高线的种类

第四,辅助等高线又叫助曲线,在地形图上按 1/4 等高距测绘短虚线,同样是为了补充半距等高线不能表示的局部地貌。

4. 地貌识别

地貌是千差万别,但它都是由某些基本形态组成的,如山顶、凹地、山背、山谷、鞍部等(见图 11-13、图 11-14)。

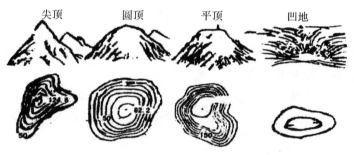

图 11-13 山顶和凹地

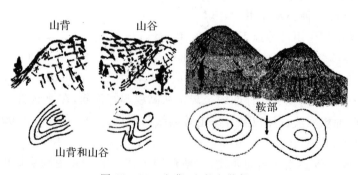

图 11-14 山背、山谷和鞍部

山顶:以等高线中最小环圈表示,有时用示坡线表示斜坡方向,绘在环圈外侧。

凹地:除环圈形等高线表示外,还必须在环圈内侧绘有示坡线,示坡线在等高线内侧。

山背:等高线向外凸出部分表示山背,各等高线凸出部分顶点的连线为分水线。

山谷:等高线向里凹人的部分表示山谷,各等高线凹入部分顶点的连接线为合水线。

鞍部:用一对表示山脊和一对表示山谷的等高线显示。

第三节 定向运动中地图的使用

一、地图与现地对照

地图与现地对照就是要使地图上的地物与现实地物相对应。这样明确自己与周围地形的关系位置,以确保运动附有一个明确的行进目标和方向。

(一)标定地图

标定地图,就是使地形图的方位和现地方位一致,地图的方位是上北下南、左西右东。

标定地图有如下几种方法:

(1)利用指北针标定用指北针标定地图,一般按磁子午线标定(也可按坐标纵线标定)。地形图与南北内图廓线分别绘有注记,磁北和磁南用虚线连接,这两点的连线就是磁子午线。标定时先使指北针的直边切于磁子午线(纵坐标线),转动地图使磁针北端对准地图"北",且磁针与磁子午线(纵坐标线)平行,地图即标定完毕(见图 11-15)。

(2)利用直长地物标定。当站在直长地物(如道路、河渠等)边时,可先在图上找到这段直长地物符号,将图平放,转动地形图,并对照两侧地形,使图上和现地直长地物方向一致,即已标定地图。

(3)利用明显地形点标定。先选定图上和现地都有的两个或两个以上明显地形点(如山顶、独立地物等),平放地图,并转动地形图,使地物符号与现地两个或两个以上明显地物相一致,即已标定。

(4)利用北极星标定夜晚,可利用北极星标定地图,具体操作方法是面向北极星,使地图的上方朝北,转动地图,使其子午线对准北极星,即已标定。

图 11-15　利用指北针标定地图

(二)确定自己在图上的站立点

地图标定后,就应确定自己在地形图上的具体位置,熟练地掌握在图上确定站立点的各种方法是学习使用地图的关键。对于确定站立点的方法,除了要记住它们各自的步骤、要领,尤其重要的是要学会根据不同情况,对它们进行选择使用和结合使用。有以下几种方法。

1. 利用明显地形点判定站立点(目测法)

利用明显地形点确定自己的站立点在图上的位置,这是运动员最常用的方法。因为训练和比赛的地形图都是 1:10 000,1:15 000 或 1:25 000 等的地形图,其精确度较高,地形图上的地物自然就较详细。

当自己所处位置是在明显的地形点(如山顶、桥梁、岔路口等)上时,从图上找出该地形点的符号,即是站立在图上的位置。这是一种在行进中,特别是奔跑中最常用的方法。当站立点在明显地形点的附近时,先标定地图,对照周围明显的地形地貌,找出其与站立点的位置关系,即可判定站立点的图上位置(见图 11-16)。判读者站在山背,根据左侧是冲沟、前面是山顶位置关系便可确定自己在图上的位置。

图 11-16　利用明显地形点判定站立点

明显的地形地貌有:现地地物的拐弯点、交叉点(呈"十"字形)、交汇点(呈"丁"字形)和端点。

面状地物的中心或者有特征的边缘,可以称得上是明显地形点的地貌主要有:山地、鞍部、洼地等。

特殊的地貌形态:陡崖、冲沟等,谷地的拐弯、交叉和交汇点,山脊、山背线上的转折点、坡度变换点。

2.截线法

当站立点在线状地物(道路、土堤等)上时可利用此法确定自己在图上的位置。其方法是:

(1)标定地图。

(2)在线状地物上或侧方选择一个图上和现地都有的明显地形点,如图11-17所示三角点(高程点)。

(3)进行交汇。交汇时,地图方位不动,先将指北针直尺边切于图上的地形点符号的定位点上,移动直尺的另一端,瞄准现地该地形点,然后沿直尺边作线,该方向线与线状地物符号的交点,就是你的站立点。

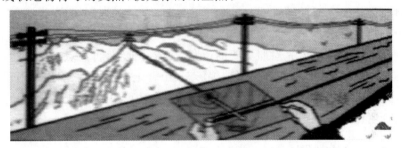

图11-17　用截线法确定站立点

3.后方交汇法

当附近没有明显地形点时,可用后方交汇法确定自己的站立点。如图11-18所示,其操作过程是:

(1)标定地图。

(2)选择离自己较远且已经通过了的图上和现地都有的两个或两个以上明显地形点。

(3)进行交汇。交汇时地图方位不动,先将指北针的直尺边分别切于图上两个(两个以上)地形点符号的定位点上,移动直尺另一头依次瞄准现地相应的地物,然后沿直尺边向后作线。图上两方向线的交点,就是现地站立点在图上的位置。

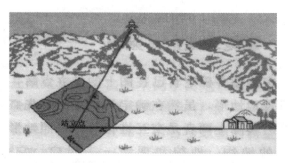

图 11-18　用后方交汇法确定站立点

确定站立点时应注意：

(1)不论采取何种方法确定自己的站立点,都应该首先仔细分析周围的地形,以免判断错点位,选错目标。

(2)选择地形点作已知点时,图上位置要准确。

(3)标定地图后,地图方位不能变动,并随时检查。

总之,标定地图和确定站立点后,就可进行现地与地图对照。队员在训练中一般都采用目测法,先对照特殊明显的地形,后对照一般的地形,再由近到远,由点到线,逐段分片进行对照。

对照平原的地形,可先对照主要的道路、河流等地物,再逐点对照。

对照山地、丘陵的地形,可根据地貌形态、山脊走向,先对照明显的山顶、山脊,后顺着山脊、山背、山谷的方向进行对照。在对照过程中,应多分析附近的地形特征,准确判明图上与现地的地形,这样做到心中有数。

(三)现地与地形对照图

在标定地图并确定自己在图上的站立点后,就应全面详细对照现地地形,虽然在确定站立点时首先必须粗略对照地形,但实际上两者是交互进行的。对照地形,就是使地形图上的地物、地貌和现地一一对应。它包含三个方面：

第一是现地与地形图上都有的,要一一对应起来。

第二是现地有的而地形图上没有的,应确定其在地图上的位置。

第三是现地没有的而地图上有的,在现地确定其原位置。地形与现地对照时,先是主要行进方向,后是次要方向；先对照大而明显的地形,后对照一般地形；由近到远；由现地到图上,再由图上到现地；以大带小,由点到面逐段对照。

其对照方法是,根据自己在图上的站点及行进目标方向、距离、特征及目标与附近地形的位置关系,进行对照。对照时一般用目估法,必要时才用其他的方法。

当地形复杂、不便观察时尽快离开该位置,找到视野好的开阔地进行目估。

对照山地地形,应首先在图上判读山地分布状况、主要的高地位置、山脉基本走向,然后具体对照。在对照时根据地貌形态,先对照明显的山顶、山脊、谷地,然后顺着山脊、谷地的走向,具体对照各山顶、鞍部、山脊等细部地形。

对照丘陵地形,方法基本同于山地,但丘陵地形山顶浑圆,形状相似,在对照时应特别仔细。一般以山脊为主,沿山脊线、山背、鞍部、山谷与地物的特征有关系的位置进行认真对照,同时可根据耕地形状变化、谷地、居民地的形状、大小等特征进行分析判定。

对照平原地形时,可先对照主要交通路线、河流、居民地、独立地物和高地,再根据它们的分布情况和位置关系进行细部地形对照。

现地对照时要注意:比例尺越小,图就越概略,因此现地一些小的地形细部在图上找不到。另外随着社会建设的发展,有些地形由于建设的需要有较大的变化,这时应根据地形变化规律,仔细分析对照,才能得出正确的结论。

二、定向运动中利用地图行进

熟练地掌握使用国际定向越野图与指北针的各种方法,在定向越野中具有特殊的重要意义。认知越野图是为了正确地使用越野图,因此,在学习定向越野必须选择最合适的场地,用较多的时间去进行使用越野图与指北针的训练。下述内容中,有的是属于最基本的和必须通过反复练习熟练掌握的,有的则可以根据具体情况,选择最适用的方法进行训练,以便收到触类旁通、由浅入深、循序渐进的学习效果。

按地图行进,就是利用地形图选定运动路线,通过地图与现地对照,以保持沿设定的路线,到达预定的检查点的行进方法;按方位角行进,是在按地图行进过程中的一种辅助方法。

它利用运动指北针,按图上测量的方位角,并保持正确的行进方向,接近检查点的方法。在生疏复杂的地形上运动时,如果不会识图、读图,就无法通过所有的检查点。

(一)定向运动中按地图行进

利用地图行进是定向越野的基本运动方式。运动员前面所学习的辨别方向、识别越野图、标定地图以及对照地形确定站立点,都是为了能够熟练地利用地图行进。因此,在实践中要根据地形情况、个人特点,选择下述对自己最适合的方法,反复练习,融会贯通,以便在比赛时保证运动速度的情况下,始终正确地行进在自己选定的路线上,顺利到达目的地。

1. 选择行进路线

(1)在图上选择最佳行进路线。根据训练和比赛中预先设在地形图上的各检查点的具体位置,选出行进的最佳路线。选择时应着重考虑和研究路线上与行动有关的地形因素,如地貌起伏、森林带、桥梁等状况,在越野训练和比赛时,应记住路线上转弯点的明显方位物。

在夜间定向时,则应注意选定夜间便于识别的方位物作参照物。

(2)在图上标绘行进路线。标绘行进路线和方位物,就是将选定的行进路线和方位物,用彩色笔醒目地标绘在地图上,以便行进中一一对照检查。

(3)估算里程及时间。在地图上估算行进的距离及通过的时间,做到心中有谱,如两点距离估算1km,需要5min,如果跑了10min还没到位,这就很可能过位了,就必须重新找出自己在地图上的站立点。

(4)熟记行进路线。熟记行进路线的方法,一般按行进的顺序,把每段的里程、行进时间、经过的居民地、两侧方位物和地貌特征,特别是道路的转弯处、岔路口的方位物的地形特点都熟记在脑中,力求做到心中有图、未到先知。

2. 定向运动中徒步沿道路行进的方法要领

(1)在出发时或出发后,先标定地图,对照地形,判定出检查点的位置与起点之间的关系,明确行进的道路和方向,然后计时出发。

(2)在定向越野过程中,为了便于行进中掌握方向,先明确自己的站立点和将要到达目标的路线,然后转动身体,使地图与现地的方向一致,并用拇指压于站立点一侧,再开始行进。行进中要根据自己所到达的位置,不断移动拇指,使地图保持与现地的方向一致。还应沿线选定明显突出又不易变化的目标作参照物,如行进路线上的转弯点、桥梁等建筑物以及路线两侧的高地。应根据记忆,边跑边回忆自己与起点及首个检查点之间的地理位置关系,边跑边对照,随时明确自己所处在地图上的位置,随时明确前方将要通过的方位物,及将要到达的位置以及自己与首个检查点和其他检查点之间的位置关系。要按行进的顺序,分段地记住路线的方向、距离、经过的地形点、两侧的辅助(参照)物。通过记忆,应该使自己具备这样一种能力:现地的情景能够不断地与记忆的内容"叠影"、印证,力求"人在路上走,心在图上移"(记忆法)。

(3)在经过岔路口、道路转弯处时,及时对照现地地形,明确自己在图上的位置,转动地图的方向,始终使地图与现地一致,使之始终处在自己前进的方向上,以保持正确的行进方向。

(4)在遇到现地地形变化与地形图不一致时,应采用多种方法仔细对照地形、地貌,整体分析前后的变化关系位置,确定自己的位置和行进方向,做到"有疑不走,方向不明不走"。

(5)当检查点位于线状地形或其附近时,要先明确站立点,然后利用易于辨认的线状地形,如道路、围栏、高压线、山背线、坡度变换线等,作为行进的"引导",使自己运动时更有信心。由于沿着线状地形前进犹如扶着楼梯的栏杆行走,因此,国外称这种方法为"扶手法"。

(6)当站立点距离检查点较远,途中地形又很复杂时,可以采用"导线法"。行进过程中,要多次利用各个明显地形点,确保前进方向与路线的正确性。但需注意:

切勿将相似的地形点用错。

(7)当在现地找不到目标,同时又无法确定站立点时,就是迷失了方向。

下面介绍迷失方向后寻找正确方向的几种常用方法。

沿道路行进时:标定地图,对照地形,判明是从哪里开始,发生的错误以及偏差有多大,然后根据情况另选迂回的道路前进,返回原路再行进。

越野行进时:应停止行进,标定地图后选择最适用的方法确定站立点,然后尽量插到原来的正确路线上去,否则返回原路。

在山林地中行进时:根据行进方向、大概距离,找出发生偏差的地点,并以此为基础,确定站立点的概略位置。如果确定不了站立点,就要在图上看一看附近是否有较突出的明显地物(最好是线状的)或突出的明显地貌,如果有,就要果断地放弃原行进方向向它靠拢,并利用它确定站立点。如果没有这个条件,那么就返回原路,待途中能够确定站立点后,迅速向目的地靠拢。在山林中行进,最忌讳在尚未查明出错程度和正确的行进方向,就迅速跑离行进路线,到山林高处观察,切勿匆忙轻易行进或斜插,否则会造成在原地兜圈子。

(二)定向运动中按方位角行进

当训练和比赛时,处于地形地貌起伏较小、障碍较少、通行方便以及夜间大雾、雪地等不良情况,都常用按方位角行进。

1. 训练和比赛的准备

(1)先进行地形分析,一般选择地貌起伏较小、通行方便、地形特征明显的地段进行按方位角行进,但一般各点距离在1km左右。

(2)测(估)算好各点之间的磁方位角及距离,并注记在各检查点附近。

(3)各点附近主要地形特征及转弯点附近的明显地物依次编号注记。

2.训练和比赛行进要领

(1)出发后首先在地形图上找到出发点准确位置,查清从起点到第一个检查点的磁方位角,并注记沿途通过的重要地形特征,然后指针和现地地图方向一致,同时调节刻度盘使指针指向零度,转动指北针上的方向线,使其指向下一个检查点。这时指北针上的方向线就是队员所要找的检查点的方向,行进时一般都是直线越野。

(2)在定向越野过程中,随时根据地图上的地物、地貌,对照地形,用指北针检查前进的方向。遇障碍物时,应根据不同情况灵活运用。如可走正四边形或平行四边形的方法绕过,也可根据自己绕行后偏差多少,加以修正。

(3)山林地进行训练和比赛时,因为山地起伏大,山脊重叠,纵横交错,林木丛生路少,缺少明显方位物,通行极为困难,此时应采取按地图和方位角相结合的方法进行。

但同样要注意以下几点:

(1)图上选择路线时,应依照"有路不越野,有脊不走沟"的原则,在山地要认真选择转折点和方位物,并尽可能选择有明显特征的地形,如山顶、鞍部、岔口等。

(2)量算各点的方位角、距离及估算通过各点的时间,判明总的方向及各点间的关系,做到心中有数。山林地通行速度比一般地形慢1~3倍。

(3)在山林地行进,要随时掌握方向,每行进一段,都要知道自己在地图上的位置,认真明确下段路线的行进方向,边跑边左右观察地形,并记住现地路线的方向变化,当发现行进路线上的地形与地图不一致时,应立刻确定自己在地图上的站立点,以免越跑越错、越错越跑的恶性后果。在穿越林地时要严格按照预先测定的磁方位角行进,但在行进中可沿山背、山脊、鞍部等明显地形行进。

(4)在识图训练中还要时刻对照地图,随时判定到达检查点的图上位置。对照时应抓住地形的主要特征,如山的大小、高低及走向,道路与河道的位置关系,林木的种类等,用各种方法确定自己在地图上的位置,必要时应离开行进路线到高处观察,但来回要按照正、反方位角行进,否则回不到原位置。但当发现走错路或迷路时,应冷静回忆走过的地形,细致观察对照,远近结合,判断站立点。判断不了自己的站立点,应扩大范围进行地形地貌判读,找出站立点或返回到发生错误的地方,分析地形图再走,做到"站立点不清不走,方向不明不走"。

第四节　定向运动基本技术训练与竞赛

定向越野的训练是队员在平时的训练中,如何运用地形图与现地的统一。首先要分析地形图,识图,读图,然后选择正确的行进路线,找出各检查点及终点。对于初学者来说应由浅入深,正确掌握定向运动的基本技术。

一、初学者

目前占主导地位的独生子女所处的宁静的校园环境和舒适的家庭环境与定向运动所处的环境是不同的。定向运动是培养队员坚忍不拔的拼搏精神、独立思想、快捷反应、果断处事的能力,这也是在宁静的校园、舒适的家庭所学不到的。因此,对于初学者来说,应传授一些野外生存及防护的知识,让他们对野外环境有一个大概的了解。这样从未知到已知,既解决了学生自信的心理障碍,也给以后的训练提供了方便。

让学生了解野外环境知识方面:

(1)可请生物老师及专家结合实际,讲解有关野外知识。例如:有关蛇的知识,让学生对蛇有一定的了解,知道如何防与治。

(2)在条件许可的情况下组织一些野营,让队员对野外有一个认识,让他们了解一些什么是恐惧与焦虑、伤病与疼痛、严寒与酷暑、饥渴与劳累、厌倦与烦躁、隔绝与孤独等。作为好的定向队员应该且必须充满自信,对遇到的事情能应对自如。

二、结合地形图与现地

一个好的训练计划离不开切实可行的训练方法,只有运用科学的训练方法才能更好地完成各训练计划。因此,对于定向运动初学者来说,首先必须学习好地形知识,并结合实际,运用所学的地形知识去分析地形图,完成从未知到已知、从知之甚少到知之甚多的过程,切不可纸上谈兵,而应该真正做到"心在图上,身在地上"的统一。具体操作过程可分为以下几个部分。

(一)单点法

1.现地与地图的单点法

就是在不规定时间的情况下,教练员带领队员在现地行进过程中(人手一份与现地一致的地形图和运动指北针),每行进到现地较明显的地物或地貌时,如桥梁、山顶、鞍部、河渠等,让队员在地形图上找出该地物符号或地貌,并确定站立点。具体步骤是:

第一步:让队员先标定地图。

第二步:标定好地图再分析地图与现地的关系。

第三步:确定站立点在地图上所在的位置。

2. 地形图与现地的单点法

在不规定时间的情况下，教练员带领队员在现地行进过程中，每到一地方，教练让队员在地形图上找出远方某个明显地物地貌（可直视出明显地物地貌）在地形图上的位置。具体步骤是：

第一步：让队员先标定地图；

第二步：标定地图后进行分析地图与现地的关系，确定站立点；

第三步：确定现地能直视的某个地物或地貌在地形图上的位置。

(二) 多点法

1. 多人多点法

教练在地形图上预先设定若干个标绘在地形图上的检查点或转折点，让队员按事先设定的各点顺序找点。具体步骤如下：

第一步：教练预先设定若干个标绘在地形图上的检查点或转折点；

第二步：队员利用指北针标定地图，并分析地形图与现地的关系，确定站立点；

第三步：选择正确的行进路线；

第四步：带领大家到达地形图上点所在的现地位置。

2. 一人多点法

一人多点训练应从易到难、由浅入深，切不可急于求成，应循序渐进。从训练的情况来看可分以下几步进行：

第一步，开始进行一人多点训练时，地形不宜太复杂，总距离也不宜太长，但在设点时尽量让队员做到"有路不越野"的习惯，在时间和训练条件许可的情况下，教练尽可能统观全场训练，认真了解各队员在训练中的不足，经过一段时间的训练后，逐步增加难度，因此在该过程中要求队员布点、找点相结合，力求准而后快；

第二步，就是模拟比赛场地进行训练，增加训练难度，在距离方面应增加20%进行训练，但在外场训练时，每块地形只能进行3~4场训练，起终点都不能相同，因为对于定向队员来说在熟悉的场地上训练技术很难得到提高，只能是事倍功半。

三、定向运动专项身体素质训练

定向运动队员不但要掌握一定的地形知识及越野技能，还要有良好的身体心理素质。

(一) 专项身体训练

为了获得理想的成绩，就必须具备良好的身体素质，还必须有合理的技术和顽强的意志品质。定向运动的全过程是以有氧代谢为主,因此在进行专项身体素质训练时,要解决好速度与耐力两个基本问题。速度的提高主要通过短距离快跑训练进行,提高耐力主要通过长距离跑进行。

(二)训练中还必须注意的问题

(1)训练有连续性,防止波动,要有适应阶段,不要随意加减。

(2)训练后教练一定监督队员进行恢复,放松活动,恢复得好坏直接影响第二天的训练安排。

(3)注意个性特点以及生物、生理等方面及气候、场地、队员健康水平等,并在训练方法强度上加以体现。

(4)身体训练必须包括一定数量的游戏、球类活动,以调节队员的状态。

(5)队员的训练日记是教与练的对话,应认真对待队员每一次日记并及时做出正确的回复。

当然在对待业余选手方面,应做到具体问题具体分析,在条件许可的情况下,适当进行一些一般耐力及专项耐力训练还是有必要的。

(三)越野技能

定向运动在训练和比赛中都存在一定的越野跑的技术,由于地形环境的变化,因而技术也因条件的变化而变化。

一般在道路上,采用基本等同中长跑技术,并尽量保持重心稳,注意路面情况。

在山地、上坡时,身体前倾,前脚掌着地,一般上山走"之"字形路线或沿上山路行进,下坡时身体稍后倾,并以脚掌或脚跟着地,且利用惯性的两脚自然向下迈步。坡陡应侧脚掌着地,走"S"形或沿下山路行进,在速度快的情况下可用手牵拉树枝,减慢下山速度,以免造成不必要的伤痛。在野外训练和比赛中,要特别注意个人安全,特别要防止被树枝戳伤。

四、定向比赛

(一)定向比赛程序

定向比赛的基本程序是:报到处—出发区—进行比赛—终点处—重返会场。定向比赛场地布置如图11-19至图11-21所示。

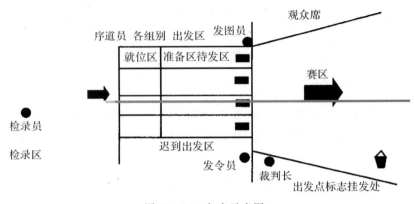

图 11-19 起点示意图

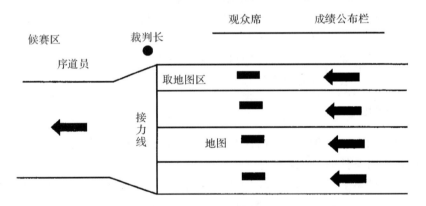

图 11-20 接力区示意图

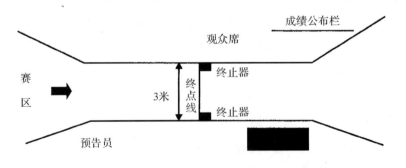

图 11-21 终点示意图

1. 报到处

运动员在比赛前被带到赛区的报到处,办理登记手续,领取出比赛号码布。在会场内可查阅运动员的出发时间或有关该次比赛的资料。

2. 出发区

运动员须在出发前 10min 到达出发区,通常出发区距离会场有一定的路程,运动员须依从赛会指引,自预时间前往,避免迟到。如因个人延误迟到,所损失的时间将不获补偿。

3. 进行比赛

各组的运动员每隔 1min 或若干分钟出发一队,出发后运动员必须离开出发方格,以免阻碍其他运动员出发。出发后必须寻找所要到访的控制点然后返回终点报到。

4. 终点处

运动员通过跑道,越过计时器后,计时员会把他到达的时间记录下来,然后在地图收集处交回地图及控制器。运动员返回终点后,须迅速离开,以免妨碍后来到达的运动员。

5. 重返会场

运动员可以从布告板上查阅比赛成绩。如有投诉须在成绩公布后 5 min 内提出,颁奖后,可各自离场。

(二)世界/国际定向运动赛事

(1) 瑞典五日定向比赛。每年 7 月,世界规模最大的定向运动赛事和旅游节都能吸引世界各国 2 000 名男女老少定向运动员相聚瑞典。

(2) 世界定向越野锦标赛。最权威的传统定向比赛,每隔一年举行一次。

(3) 芬兰 24 h 白昼接力赛。世界最大的定向接力赛。每年 6 月在芬兰白昼地区持续进行 24h 的比赛。

(4) 瑞典 10 km 夜间定向接力。世界最刺激的夜间定向接力赛。每年 4 月末在瑞典举行。

(5) 定向越野世界锦标赛。

(6) 世界青年定向越野锦标赛。

(7) 世界大师定向越野锦标赛。

(8) 世界公园定向循环赛。

每年在世界各地公园巡回举行的职业精英赛,设总奖金总排名。只有世界排明前 25 名男运动员和前 25 名女运动员有资格参赛。

第五节 野外生存前的物质准备

一、个人装备

(一)着装准备

野外旅行时,需要使用到的着装很多很杂,但每一件都很重要,缺少了任何一件都可能带来很大的麻烦。所以,在出发之前应该细心地挑选并准备好每一样东西。野外活动时,着装应以宽松、舒适、耐磨、随意内基本原则,即使是在盛夏也要尽量减少皮肤的裸露部分,因为无论是爬山还是钻丛林,各种带刺的植物都可能会毫不留情地伤害到皮肤,大量的蚊虫也会随时发起进攻。

牛仔衣裤也不适合在野外穿着,因为过厚的面料不利于透气和散热,还会影响肢体运动的灵活性。

(二)鞋和袜子

在野外生活时,我们不能像在城市生活中依赖各种交通工具。在负重10～20 kg的情况下只能依靠我们的双脚完成大部分的行程,因此选择适的鞋是非常重要的。鞋子必须轻,有鞋帮。穿上时,能散热、透气。鞋底必须坚硬、耐磨。

根据野外生活的计划安排,在可能的情况下,应选择防潮防寒的短靴。尽可能准备一些专用鞋,如溯溪鞋、攀岩鞋等。别忘了带一双拖鞋,在宿营时会大有用场。

选择袜子时,要选择较厚的棉袜和尼龙袜,因为它们有较好的吸汗作用,可以弥补脚与鞋之间的间隙,防止鞋对脚的摩擦。袜子最好选择棉织品。穿两双可有效地保护脚部。

(三)背包

一个真正好的背包,背在身上的时候应该感觉像衣服一样穿在身上。进野外生存活动时应根据活动内容选择体积为40～100L的背包,选择背包以牢固性、舒适性和多功能性为原则。尽量选择在顶部侧面和底部有多口的背包,在行走时便于分配背包内部的重量,取放物品也比较方便。

背包的填装是很重要的,在装填背包的时候,需要经常取用的东西如地图、指南针等应该放在背包的侧兜;不需要经常用的东西如睡袋和暂不换穿的衣服应该放在背包的最下面;比较小的东西如炉子、灯具等应该定在靠近背包顶端并贴紧背部的地方；容易破碎的玻璃制品和刀具应该放在包的最上面。背包内部安排如图11-22所示。

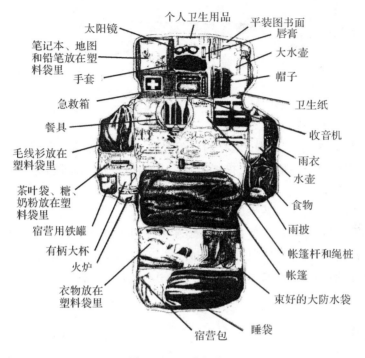

图 11-22　背包安排

为了不至于取东西时把所有的东西都翻出来，在打包时应注意合理。背包里所有的物品都必须完全防水、防湿。把背包里的物品分类放置，用单独的塑料袋包装，然后用一个塑料袋包起来放进背包里。

二、宿营设备

(一)帐篷的搭建方法

1. 小型圆顶形轻便帐篷搭建方法

这种帐篷是由篷布、玻璃纤维的架、钉绳构成的。搭建步骤如下：平整地面后将帐篷布摊开；将各组骨架接起来，穿过帐篷上缝成管状布；将骨架的末端插入帆布的四角或六角洞；用钉子将营帐固定在地面，如图11-23所示。

(a)　　　　　　　(b)　　　　　　　(c)

图 11-23　帐篷

2. 临时简易帐篷的搭建方法

临时简易帐篷主要是利用现有的自然条件,借助一些简单设备进行搭建的。常用的方法有:用树枝插土来支撑帐利用斜挂的树枝吊起帐篷;利用树干撑起帐篷;利用树枝叶避风。

3. 搭建各种三角形简易帐篷的方法

用绳子系在两棵距离合适的树上,要在帐篷四周钉上木桩;系好四角斜拉的绳子;用塑料布或帆布拦腰搭横拉的绳上面;帆布多余部分沿下坡的方向折向内面;再在帐篷里面铺一个塑料布隔潮;帐篷四周用石头压好;根据条件,因地制宜搭成各种形状的三角形帐篷。

(二)寝具

在旅行中有 1/3 的时间用于睡眠,以消除疲劳,养精蓄锐。因此选择舒适的寝具至关重要。寝具主要包括以下物品。

(1)睡袋。睡袋的选择应把握轻便、温暖、舒适与易挤压的原则,即使最贵的睡袋,也不能完全把人体与冰冷的地面隔开。睡垫能提高绝缘,也能防潮。

(2)防潮垫。防潮垫可将人体与冰凉潮湿的地面隔开。

(3)衬垫。棉质衬垫保持周围的热量不被散发。它能保护睡袋不易磨损,与睡袋相比,也较易清洗。

(4)充气枕。充气枕属于便于携带的必备物品。

三、烹调设备和自备食物

(一)炊具

为了防止森林火灾,野外的许多地方均禁止使用明火。野外活动应准备好燃料炉和燃料。餐具包括碗、杯、盘、开水壶、锅、汤匙等。为减背包的重量,除合金制品外可选择塑料制品。

(二)自备食物和饮用水

野外旅游时,要准备一些热量高、重量轻、体积小的碳水化合物和蛋白质含量较高的食物随时带在身边,这些食物在关键时候往往能起到很重要的作用。食物可选用饼干、八宝粥、火腿肠、罐头食品、肉干、果脯、咸菜、水果糖、茶叶、咖啡、巧克力和可可粉、奶粉、少量的盐和糖,以及复合维生素丸。饮用水可每天自备3L的矿泉水,特别是在炎热的夏天,3L水可提供一天行走的需要。

自备食物和水应根据野外生活的气候环境、生活天数以及是否在中途可以补给等情况来控制数量和品种,以免增加背包的重量和体积。

四、技术装备

(一)通信及定向装备

(1)卫星电话。可以在地球任何一个角落与外界取得联系,尽管价格昂贵,但是求生的最佳设备。

(2)移动电话。有的地方移动电话网络覆盖不到,出发前应向有关电信部门查询野外生活地区的网络覆盖情况。

(3)对讲机。对讲机便于团体进行野外生活的联络。

(4)GPS。全球卫星定位系统。

注意:以上设备均应保证有充足的后备电源,并做好防潮措施,否则会影响正常的使用。与外界保持联络是非常重要的。

(二)绳索

应准备直径不小于 8 mm、长 50 m 的主绳和直径不小于 6 mm、长 50 m 的辅绳若干条,主绳用于人身保护,特别是攀岩和岩降时使用,辅绳用于捆扎物品。

(三)其他应准备的物品

应准备安全带、上升器、下降器、岩锥、岩石锤、救生衣等专用技术设备以及望远镜、照相机、摄像机、指针式手表、瑞士军刀、开罐器、当地地图和足够的现金。小刀、哨子、指针式手表等,为防止丢失应挂在脖子上。

(四)求生盒

(1)钓鱼钩和钓鱼锤:准备大量的钓鱼钩、浮子和小的鱼钩。

(2)钓鱼线:用结实的钓鱼线钓鱼、捆东西。

(3)解剖刀:解剖刀有多种用途,把刀刃放在浸油的原装袋里。

(4)铅笔:用铅笔记日记、画地图。

(5)安全别针:它可以用于固定衣物,或者在特殊情况下当作针、鱼钩使用。

(6)细金属线:细金属线有较好的柔韧性:易弯曲但不断裂。

(7)钢丝锯:钢丝锯可以用来锯断木棍、树枝等。

(8)缝纫包:购买大孔针眼的针和防水线并把它们保存在塑料袋里。

(9)塑料袋:它可以用来装水,也可以用作蒸馏器或者植物蒸发袋。

(10)指北针:最好选择有发光标志的指北针。

(11)抗生药片:仅适用于紧急情况下水的净化。

(12)膏药:能防止伤口感染,或贴在脚上的水疱处,帮助康复。

(13)高锰酸钾:它可有多种用途,比如放入水中起到消毒杀菌的作用。

(14)净水剂:这种药剂可在水质较差、无法得到饮用水的情况下发生重要作用。

(15)放大镜:利用放大镜把太阳光聚焦在易燃物上将其点燃。开始燃烧时可以逐渐加燃料,直到完全燃烧为止。

(16)蜡烛:它既可作为光源,也可作为火种。

(17)打火机、火柴:在火柴头上涂上一层蜡可防水,擦火柴前把蜡去掉。

(18)储存罐:把求生用品放在一个有盖的罐子里。为保持干爽可用胶带密封。每次用完后把它放回原处,这样便于拿取,储存物品应在储存罐上标注。

第六节 野外生存的技能

一、野外判定方向

(一)利用北极星判定

北极星是正北天空的一颗较亮的恒星,位于小熊星的尾端。因为小熊星座比较黯淡,所以通常根据大熊星座(即北斗星,俗称勺子星)和仙后星座(即女帝星座,有人叫 W 星座)来寻找。

大熊星座由7颗明亮的星组成,形状像一把勺子,将勺底端甲、乙两星的连线向勺子口方向延长,约在两星间隔的5倍处,有一颗比较大且较明亮的星,就是北极星。

仙后星座由几颗明亮的星组成,形状像一个"W"。从中央的星算起,在"W"缺口方向,约为缺口宽度的2倍处,就是北极星。

大熊星座和仙后星座分别位于北极星的两侧。在北纬40°以北地区,两个星座都能看到。在北纬40°以南地区,有时只能看到其中一个星座。另一个则移到地平线以下,如图11-24所示。

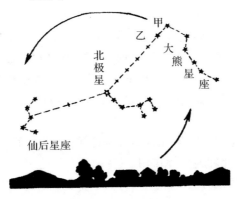

图11-24 星座

(二)利用地物特征判定

有些地貌和地物的特征与方向有关,可以概略判定出方位:独立的大树,通常是南面枝叶茂密、树皮光滑,北面则相反。独立的大树被砍伐后,树桩上的年轮,北面间隔小,南面间隔大。

突出地面的物体,其南面干燥,青草茂密,冬季积雪融化比较快;北面潮湿,易生青苔,冬雪融化比较慢。凹陷入地面的物体,则正好相反。

北方平原地区较大庙宇、宝塔的正门和农村房屋的门窗多数朝南开。

二、野外行走

(一)野外行走技巧

出发前最好准备一根手杖或长棍,这样不仅能减少旅途的艰辛,还可以作为防卫武器,用来打草惊蛇,驱赶某些野兽。

在平路行走时,应保持行走的节奏。特别是刚开始出发时,应避免走得太快而造成疲劳,使情绪低落,影响后面的行程。有规律地调整休息,平均每走1h应休息10～15min,坐下来观察队友的情况,必要时调整各自的负重以便更舒适一些。

上坡时身体前倾,步伐小,可采用外八字形步伐并保持匀速前进。

下坡时身体后倾,步伐小,可采用内八字形步伐,适当加快速度。上、下很陡峭的山坡可采用侧身走,或采用"之"字形路线横向行走,必要时使用安全绳。

(二)特殊条件下野外行进注意事项

1. 热带丛林行进

在热带丛林中行进,为防止蚊虫、蚂蟥、毒蛇等的叮咬,应穿靴子,并要扎紧裤腿和袖口、领口,最好把裤脚塞进靴子里面,有条件的应戴手套。在鞋面上涂驱避剂和肥皂,可防止蚂蟥上爬。为了防止毒蛇的袭击,行进中可用木棍"打草惊蛇"。同时,也应注意树下有无毒蛇,休息时,要仔细观察后再坐下。

2. 夜行

一般来讲,夜间不会是漆黑一团,尽管是这样,也不能完全看清一些物体,因此就会偏离方向,这时指北针会发挥作用。

在树林中比开阔的地方会更暗一些,因此应尽可能沿开阔地行进。夜间观察物体时观察其轮廓和边缘。

黑暗中听觉会更有用,如河中流水的声音,会告知它的流速。黑夜里应缓慢前进,步幅要放小,重心前移之前应试探一下。如果是下坡,可以使身体重心后移拖住脚走。

另外,眼睛对黑暗需要一个适应过程,一旦适应了以后,其能见度会有好转。但注意不要再让眼睛受光亮的刺激,否则恢复这种视觉又需要相当长的时间。如果一定要用光,可以捂上一只眼睛,以保证另一只眼睛的视力不下降。

3. 山地行进

山地行进时,既要注意在节省体力的同时提高行进速度,又要注意不能迷失方向。为了安全快速地到达目的地,应力争做到"有道路不穿林翻山,有大路不走小路,走高不走低"的原则。可沿山脊线行走,亦可沿山体斜面行走,这样便于夜间观察目标和方向。

行进中要密切注视,及时观察是否有断崖滑坡,防止跌伤。上坡时身体重心前移下降,必要时手脚并用;沿山体斜面行进时,身体尽量向山体一侧倾斜,两脚侧面用力。

第七节 野外急救的方法

急救是指对突发性的伤病,由本人或别人所做的临时处理措施。对伤者的紧急处理措施越快实施效果越好。

若遇到不知如何处理的事故时,在保证伤者无生命危险的情况下,不可随意移动伤者,否则会使情况恶化。在进行野外生活前,每一个成员都应接受急救培训。

一、急救常识

受伤者处于昏迷状态,应当检查一下他的心肺功能是否正常,按照以下三个步骤检查。如果怀疑是背部或颈部受伤,则应注意不移动他/她的头,并尽快将其头部固定。

如果受伤者昏迷不醒,则最好将其按复苏姿势摆好,这样,受伤者的舌头就不会堵住喉咙,口水从口中流出,以保证其呼吸道通畅。

二、人工呼吸

人所呼出的气体中氧气占16%。通过做人工呼吸,可以促进病人的血液循环。如果病人停止了呼吸但还有脉跳,则每分钟做10次。直到病人能够自主呼吸。

(1)让伤病者仰卧平躺在地面上,为保证其呼吸通畅,要把口中的阻塞物去掉。把一只手放在伤病者前额上,捏紧鼻子,另一只手放在其下巴下面,使头略微向后仰。

(2)用拇指和食指捏紧伤病者的鼻子,嘴对嘴将空气吹入病人肺部,持续2 s,然后停止吹气,让病人的胸部完全瘪下去。

(3)重复步骤(2),每分钟做10次,直到伤病者能自主呼吸为止。测其脉搏,如果脉搏停止,就对其施行心肺复苏治疗。

三、休克

各组织的氧气和养分供应不足,会导致全身血液流量减少,从而引起休克。如果病人得不到及时的治疗,其重要器官就会停止工作,导致死亡。

对休克病人的处理方法如下:

(1)把病人双腿抬高(略高于头部),使其保持清醒。解开衣物,让病人放松,然后测量其脉搏。

(2)在病人的背部和胸部盖上睡袋或大衣,测量其呼吸及心跳。尤其是当病人失去知觉时,如果呼吸和心跳停止,施行心肺复苏治疗。

四、烧伤和烫伤

当有烧伤或烫伤发生时,应迅速采取措施阻止组织进一步坏死。因此应立即阻止燃烧,减轻疼痛和肿大,防止伤口感染。黏在烧伤处的任何东西都不要除去。具体做法如下:

(1)迅速将伤者移离险境,就地扑灭身上的火(打滚、泼水、衣服覆盖等)。

(2)冷却烧伤部位。冷水冲洗或浸入水中,直至皮肤恢复正常。

(3)在伤处肿胀前,尽快小心脱去或剪去伤处的衣服、饰物等,尤其对被高温液体或化学药剂沾湿的衣物,可先倒上适当的食醋,以防表皮被揭掉。

(4)用消毒敷料或手绢、床单、保险纸等覆盖伤部。

(5)注意观察伤者的全身情况,防止休克、窒息、创面污染等,严重者要入院治疗。

(6)切勿强行去除伤口的异物,涂抹油脂或药膏,刺破伤处水泡或用水浸泡时间过久(防止体温过低)。

五、中暑

在高温下脑内的恒温器会失效,导致体温超过40℃。中暑的症状包括头痛、头昏目眩、皮肤发热发红、脉搏快、失去知觉等。

对中暑的处理应注意:

(1)轻者可转移至阴凉透风处休息,可服人丹、藿香正气水等。

(2)高热型中暑采用物理降温:用26~29℃的温水或30%~50%的酒精擦身,冷敷额部(如冰袋),用扇子扇风让患者散热。

(3)痉挛型中暑需补钠:重点补充葡萄糖生理盐水或口服盐水。

(4)循环衰竭需实施心肺复苏操作,用针刺人中。

六、冻伤

冻伤的定义与其字面上含义一致,就是指在低于0℃的气温下人体皮肤和组织受到冰冻而导致的创伤。冻伤通常发生在人体的身体末端。这些部位包括双脚和脚趾、双手以及面部大部分区域,特别是鼻子和耳朵。

对冻伤的处理意见:

(1)增加食物的摄取量,以便给身体提供充足的热量。

(2) 增穿衣服,多层衣服形成的空气层将有利于保持体温。
(3) 保持衣服干爽整洁,潮湿肮脏的衣服会加速热量的散发。
(4) 避免过多饮酒,酒精会使皮肤毛孔扩张,加速热量的散发。
(5) 注意头部和脚部的保暖。
(6) 最好是不要吸烟,因为吸烟会影响行动能力。
(7) 不断活动身体的各个部位,能够有效加速局部部位的血液循环。

七、大出血

成人体内总血量约为本人体重的1/10,若骤然出血达总量的1/3时,就有生命危险,所以及时止血非常重要。可以通过直接或间接加压及抬高受伤部位来控制出血。控制出血可减少感染和休克的可能性。具体做法如下:

(1) 露出伤口,用力按住伤口的两侧。如果伤口处有异物,把皮肤往有异物的一侧挤压。

(2) 病人平躺在地上,检查其受伤的四肢是否骨折。然后把病人受伤的胳膊抬高,在伤口处放上纱布垫或干净的敷裹布,并用手指或手掌按住,以控制流血。

(3) 在伤口处放一块消过毒的敷裹布,干净的布料也可以。在绑扎时,应抬高伤者手臂。如果没有敷裹设备,可以用手按住伤口直到不再流血为止。

(4) 包扎伤口,但不要过紧以免影响血液循环。如果血液从绷带溢出,上的皮肤,直到它们变白,然后松手。如果正常的话,其颜色应立即能恢复正常。如果指甲或皮肤仍呈白色,则表明敷裹包扎得太紧,应放松些。

八、骨折包扎

只要是有骨头的地方都有可能是发生骨折的部位。发生骨折时,一般立即有剧痛、红肿出现,而且渐渐不能移动,严重时骨折部位会变形。

完全骨折时,患者自己会感觉到。不过不知道是否有骨折的时候,最好视为骨折来处理。检查时随便用手乱按时,可能会伤到周围的组织,所以不可以乱动。

在骨头未露出伤口的情况下,不要动骨折的部位,须立即用木板固定之。替代木板所使用的材料有板子、棒、伞、瓦楞纸、报纸等,只要是能够固定骨折部位者均可。再者,骨折部位即使有变形,也不可自己拉直回复原状,因为这样会伤到周围组织。

在骨头露出伤口的情况下,突出的骨头就让它维持原状。当出血严重时用止血带处理,在伤口上用清洁的纱布敷着,并且以绷带包扎使其不致脱落,以止血带、绷带包扎伤口,用木板支架固定之。

类似此种骨折发生时,有时会陷入休克状态,导致出冷汗,颜面及手脚的血气逐渐消失,呼吸变浅而急促等症状发生,必须引起高度注意。

九、拉伤、扭伤和淤伤

拉伤、扭伤和淤伤是在野外生存中常见的伤势。尽管这些伤都很普通,但它们有时也会非常严重地削弱人的体力,并且在特殊情况下使生存环境变得更加危险。

对拉伤、扭伤和淤伤的处理应注意:
(1)将伤员和受伤的部位安置好。
(2)用冰块或者冷敷布来冷敷受伤的部位,给伤口降温。
(3)压裹受伤的部位。
(4)将受伤的肢体抬高。

十、痉挛

肌肉痉挛是因为化学物质在肌肉中积聚所引起的。通常,肌肉痉挛是和体力活动联系在一起的。对于野外自助旅游者来说,肌肉痉挛是一种常见的麻烦,而且如果痉挛没有得到及时诊治的话,其所引发的肌肉强烈抽搐会让患者的肢体在较长时间内丧失活动能力。肌肉痉挛常见于患者的腿部,常采用按摩受伤肌肉的方法来治疗。经过治疗后,肌肉痉挛一般应该在一两分钟之后消失。

十一、腹泻和呕吐

食物中毒、天气变化、传染病以及进食过量都可能会导致腹泻和呕吐,如果腹泻和呕吐持续不停并且情况比较严重,那么脱水就会成为一种严重的威胁。对付脱水的主要办法就是给患者补充水分,在每一升水里面加上半茶勺的盐和 8 茶勺的糖,对于治疗脱水效果会更好。但要注意的是,在给患者补水的时候,24 h 之内最好不要给患者吃任何食物。在此期间之后,就可以给患者供应食物了。

十二、动物咬伤

动物咬伤会引起细菌感染。因此,为安全起见应接种破伤风疫苗。

对动物咬伤处理时应注意:
(1)被动物咬伤后,皮肤破损,细菌会深入到皮下组织。可以用冷水清洗伤口 5 min 以上,以防止感染。
(2)如果咬痕很深并出血,用纱布垫按压伤口止血;抬高伤口处,使其略高于心脏并用绑带固定好纱布垫。

十三、毒蛇咬伤

毒蛇咬过的伤痕周围会剧痛并发红变肿,同时会引起恶心和呕吐、视力模糊、流涎或出汗,并会出现呼吸困难甚至停止。这时应把伤口清洗干净以免伤口感染。

对蛇咬伤的处理应注意:

(1)切勿惊慌失措和竭力奔跑,以免加快血液循环而加快毒液的扩散和吸收。

(2)应迅速用绳子或衣服在距伤口 5cm 处靠近心脏一端紧紧缠绕住,以防毒液蔓延,但必须隔 20min 放松一次,否则会引起肢体坏死。

(3)结扎完成后,立即用冷开水或自来水冲洗伤口,然后用小刀在伤口处作"十"字形切开,以帮助毒液流出。

(4)用拔火罐的方法,或在紧急时用嘴将毒液吸出(口腔破溃者忌用),然后用清水反复漱口。

(5)使用解毒药,把蛇药涂敷在伤口,并及时到医院治疗。

思考题十一

1. 什么是定向运动?
2. 常见的定向运动形式有哪些?
3. 简述定向运动的起源及锻炼价值。
4. 什么是地图比例尺?
5. 定向地图的符号分为哪几类?分别用什么颜色表示?
6. 标定地图的方法有哪些?确定站立点的方法有哪些?
7. 选择最佳的路线应遵循哪些原则?
8. 定向比赛的基本程序是什么?
9. 熟知野外生存所需的各种器材设备,简述并实践搭建简易帐篷的方法。
10. 野外辨别方向的简易方法有哪些?
11. 山地行进时应注意哪些问题?
12. 在进行野外生存时,如何避免被蛇咬伤?
13. 讨论如何熟练掌握急救技术以应对可能出现的各种意外事故。

参 考 文 献

[1] 韦俊芳,等. 公共体育教程[M]. 杭州:浙江大学出版社,2003.
[2] 朱建春,等. 现代大学体育选项教程[M]. 北京:人民体育出版社,2009.
[3] 杜宇峰,等. 新编体育与健康[M]. 西安:西北农林科技大学出版社,2009.
[4] 游春栋,李明,等. 体育与健康[M]. 北京:清华大学出版社,2006.
[5] 《国家学生体质健康标准解读》编委会. 国家学生体质健康标准解读[M]. 北京:人民教育出版社,2007.
[6] 郭贤成. 高校体育与健康[M]. 北京:北京体育大学出版社,2005.
[7] 田麦久. 运动训练学[M]. 北京:人民教育出版社,2007.
[8] 何志林,等. 现代足球[M]. 北京:人民体育出版社,2005.
[9] 斯力格. 足球竞赛裁判手册[M]. 北京:人民体育出版社,2004.
[10] 张瑞林. 羽毛球运动[M]. 北京:高等教育出版社,2005.
[11] 中国羽毛球协会. 羽毛球俱乐部[M]. 北京:中国铁道出版社,2002.
[12] 侯文达. 高等学校乒乓球教材与训练[M]. 北京:北京大学出版社,1994.
[13] 陶志祥. 网球运动教程[M]. 北京:北京体育大学出版社,2007.
[14] 张晓威. 定向越野[M]. 北京:星球地图出版社,2003.
[15] 何晓知,汤万辉. 定向运动[M]. 长沙:湖南大学出版社,2008.
[16] 张惠红. 野外生存生活训练指导手册[M]. 北京:人民教育出版社,2002.
[17] 蔡狄秋. 野外求生急救手册[M]. 台南:文国书局,2000.
[18] 丁绍虎. 野外生存手册[M]. 石家庄:河北科学技术出版社,2005.